米文集·遇见

佳作网 主编

浙江工商大学出版社
ZHEJIANG GONGSHANG UNIVERSITY PRESS
·杭州·

图书在版编目(CIP)数据

米文集. 遇见 / 佳作网主编. —杭州:浙江工商大学出版社,2022.3

ISBN 978-7-5178-4845-5

Ⅰ. ①米… Ⅱ. ①佳… Ⅲ. ①作文—中小学—选集 Ⅳ. ①H194.5

中国版本图书馆 CIP 数据核字(2022)第 016145 号

米文集·遇见
MIWENJI·YUJIAN
佳作网 主编

责任编辑	厉 勇
责任校对	何小玲
封面设计	沈 婷
责任印制	包建辉
出版发行	浙江工商大学出版社
	(杭州市教工路198号 邮政编码310012)
	(E-mail:zjgsupress@163.com)
	(网址:http://www.zjgsupress.com)
	电话:0571-88904980,88831806(传真)
排 版	杭州朝曦图文设计有限公司
印 刷	杭州高腾印务有限公司
开 本	880mm×1230mm 1/32
印 张	14.25
字 数	339千
版印次	2022年3月第1版 2022年3月第1次印刷
书 号	ISBN 978-7-5178-4845-5
定 价	58.00元

谨以此书，献给 192 位米文小作家。

| 目　录 |

第一辑　　爱是默默守候

第二辑 指缝流淌过的阳光

第三辑　　一双特立独行的鞋

第四辑　　秋天的田野

第五辑　　宁波的风格

第六辑　　时间茶壶

第七辑　　记忆中的那口井

第八辑　　幸福的味道

第九辑 　老房子的自述

第十辑　　稻田里的守望者

爱是默默守候

那一刻，我被父母深夜的守候深深感动了，

若不是因为爱，

谁会在三更半夜为你守候？

外公的爱

是今早梦乡中的情景吧？我刚刚醒来！

朦胧中，外公骑着一辆电瓶车，载着我，带我去声乐兴趣班。我一边看着手中的乐谱，一边欢快地唱着上节课刚学的歌曲。唱完后，外公的赞扬声，犹如一股微风，飘进了我的耳朵。那时，我的自信心增大了许多，仿佛我是一位鼎鼎大名的歌唱家一样，在无比宽敞的剧院中，唱着悦耳动听的乐曲。

之后，我又上了小学，恍恍惚惚中，我又要去参加新年春节联欢晚会。准备要上台时，我看着那一台台巨大的"怪物"，又被吓得直打冷战。这时，外公又鼓励我，温柔地说："恬恬，外公知道你最勇敢了！跳完舞以后，外公带你出去玩，吃美食，好不好？"年幼的我听后，连忙答应了！

放学之时，我又跟着外公去买菜，但我一转头，外公就已经无影无踪了。我大哭着，想要找到外公，我又望着四周，却还是没找到外公，我坐在水泥地上，开始号啕大哭起来……

我被吓醒了，便从床上坐了起来，走出卧室，外公的照片静静地挂在那洁白无瑕的墙面上。

我凝视着外公的照片，仿佛又回到了那天，我和外公在一起的欢乐场景。但令人可惜的是，时间是在飞快地流逝的，再也回不到以前了。

原来，是我忘记了，外公已经离开了我们，永远离开了这个美丽的大千世界。

想到这里，我的眼角一片湿润……

我可以忘记这世间的一切事物，但永远忘却不了外公对我的爱和外公的模样。也改变不了我对外公的爱，直到我从这颗星球上离开的那一天……

董子言/文，五年级　指导老师：凌陈

我的妹妹

我的妹妹叫雪言。也许是因为我们在2015年的冬天里堆了一个雪人，第二年的冬天，她就诞生在了小雪和大雪的节气之间，所以名字里就带了一个雪字。又因为她的脸蛋圆圆的，像一片小树叶，我们给她取了个小名叫叶子。

叶子有一头乱蓬蓬的自然卷发，这让我想起了《神奇校车》里面的卷毛老师。她的眼睛小而有神，能看出我有的东西而她没有。她咧嘴一笑，就会露出一排黑巧克力一般的乳牙，也许是因为她太爱吃卤鸭染黑的，但是她每次都很乐观地说："等我长大了，它就会变白的。"

叶子是个好学的小学霸。她虽然只有五岁，却总跟在我后面学我学习。我做作业时，她也会像模像样拿来一张白纸，开始歪歪扭扭地写起她认识的字母和数字。我背古诗时，她也会摇头晃脑地站到我身边，口中开始念念有词地念起她不太懂的"咒语"。我一直觉得她只是在玩，却没想到聪明的叶子跟着我学了不少成语和古诗。有一次，家人们在玩成语接龙，刚提到"叶公好龙"，她居然兴奋地大叫"龙飞凤舞"，一提到"狐假虎威"，她得意地一蹦三尺高，大叫"威震天下"，大家都为她鼓起掌来。还有一次我在背宋词，正开了个头："春花秋月何时了……"她立马接上说："往事知多少……"并把这首词背完了。这真让我想到了那士别三日当刮目相待的吴下阿蒙。

叶子也很有爱心，她看楼下的野猫们很可怜，就经常把餐桌上吃不完的小鱼小虾带给野猫们。她通常会拿出一些小鱼呼唤小猫咪们，当以"巧克力"为首的小猫们跳出来与她亲热的时候，她却常会害怕得退缩逃走。小猫咪们这时会好奇地望着她，她要看好久，觉得它们不会再接近她，才会小心翼翼地哆嗦着小手把小鱼小虾喂给野猫们。

这就是我可爱好学又有爱心的小妹妹，她给了我成长中最美好的陪伴。

齐晞言/文，三年级　指导老师：潘敏

改掉爸爸的"坏毛病"

　　我的爸爸是个非常矛盾的人。爸爸想我的时候，对我热情似火；看手机的时候，对我冷若冰霜。这让我每时每秒都处在情感的挣扎中。为了父子感情长久的和谐，我决定改掉爸爸爱看手机的毛病。

　　但是，我发现爸爸爱看手机的毛病很严重。

　　有一次，我晚上不知怎么突然感冒了。爸爸回来了，妈妈让他倒点水来，爸爸爽快地答应了，可好久都不见人影。妈妈去找爸爸，结果发现爸爸正躺在床上津津有味地看着手机呢！这一下可不得了，妈妈大发雷霆，对爸爸连打带骂，把爸爸的耳朵震个稀巴烂都不罢休。可妈妈这一波操作，就如同一缕青烟似的，爸爸两秒之后毫不费力地将它吹到了九霄云外。晚上，我起床去上洗手间，发现爸爸正坐在沙发上看手机。我不由得倒了下去，起也起不来，因为我已经被爸爸气晕了。

　　还有一次，我和爸爸去购物，爸爸因为看手机理都不理我，害得我不断叫他而累得气喘吁吁。他因为留恋手机低头走路，还不小心撞了好几个人……被撞的人都对爸爸怒目圆睁，爸爸却浑然不觉，哎，爸爸真是无药可救了。

　　看手机太久会严重伤害眼睛，而且影响与他人的沟通。于是，我下定决心，一定要彻底改造爸爸。我找了一个空闲的时间跟爸爸说了我的这个想法，爸爸同意了。之后，地狱式魔鬼训练正式开始实施。当爸爸看手机的时候，我就把手机快速地抢过来，然后我昂首挺胸头也不回地走了。当爸爸在洗手间里偷看手机的时候，我会以迅雷不及掩耳之势猛地冲进去，把爸爸的手机夺走……

就这样过了三四个月，爸爸现在很少看手机了，也更加爱我了。我很高兴，我改变了爸爸，我真厉害！

仇梓卓/文，三年级　指导老师：杨丽慧

我的妈妈是变色龙

变色龙，一种树栖爬行类动物，最大特征是"善变"。在我的家中，也有这样一条"变色龙"。她时而温柔，时而暴躁，时而让我觉得可爱，时而让我觉得可怕，这就是我的妈妈。

妈妈温柔的时候是粉色的，像个美丽的公主。记得一次篮球公开赛决赛前夕，很不巧我生病了。第二天，经过艰苦卓绝的小组赛之后，我们团队终于进入了最关键的冠军争夺赛。很遗憾的是，由于我体力不支，打了一节后就再无力参赛。最终，团队得了亚军。那一刻，我感到很懊丧，我没有为团队做出应有的贡献。妈妈温柔地抱住我，抚摸着我的背对我说："儿子，你已经尽力了，你很棒，妈妈看到了你以及你们团队的努力。人总是在不断磨砺中才会成长，只要不放弃，就会有希望。妈妈相信你，也相信你们的团队！"那一刻的妈妈，让我感觉到无比美丽、温暖和心安。那一天，也让我明白了一个道理，要学会不放弃，要学会拼搏！

妈妈暴躁的时候是黑色的，像个冷酷的女巫。有一次，因为妈妈晚上有事回来要很晚，我就承诺妈妈自己会主动自觉且高质量地做作业。结果妈妈到家后，发现我由于贪玩才做了一点作业，而且错误很多。妈妈就大发雷霆，把我狠狠地批评了一顿。妈妈说："第一，你没有遵守承诺，在规定时间内完成。第二，你没有认真做作业，态度不端正，明显是敷衍。今天，无论多晚，你必须保质保量完成作业。"呜呜，好残忍的妈妈。那天晚上，妈妈陪我写作业到十一点。但也是那天晚上睡觉前，妈妈让我明白了什么叫小信成则大信立，以及认真做事、对自己负责的道理。

当我做错事妈妈批评我的时候，我会觉得妈妈有点狠。可是，更多的时候，我看到：妈妈会每天下班后顾不得疲倦认真地辅导我做作业；妈妈会每天早上给我一个轻轻而又温柔的拥抱；妈妈会每天晚上睡觉前陪我一起聊聊天；妈妈会每天对我至少说一句"儿子，我爱你"；妈妈会在每个假期都带我出去放松心情；妈妈会在我伤心难过的时候给我鼓励和安慰；更难得的是，妈妈从我出生的那天起，就为我写成长日记，记录着我成长的点点滴滴……

虽然妈妈对我的态度变化多端，可是，有一点，永远也不会变，那就是妈妈对我的爱！

变色龙妈妈，我也爱您！

仇梓卓/文，三年级　指导老师：杨丽慧

天上的风筝哪儿去了

"最近怎么回事啊，作业又错了这么多？""差不多了，别再看书了，明天还要早起上学呢！""晚上睡觉记得盖好被子，天气转凉了，别感冒了！"伴随着爸爸妈妈的唠叨声，我睡觉了。脑海里全是父母苦口婆心的教导，丝丝柔情的感化，大发雷霆的怒脸……然而，这一切又能怎样呢？我还是那个我行我素的自己。

渐渐地，我的意识开始模糊，我发现自己变成了一只风筝。我在天空中飞翔，别人都投来羡慕的目光。只是，我一点也不自由，每当我要向更高的地方飞去的时候，就被那根长长的线拉住了。

我多么渴望自由，我想要属于自己的那片天空，可那根线让我无奈、愤怒。

一阵风吹过，终于，在风的帮助下，我离开了风筝线。

我开始无拘无束地飘荡，或高，或低，或远，或近。我冲上云层，在云的海洋里乘风破浪；我俯视大地，看着金黄的梯田和绵延起伏的山脉；我和小鸟起舞，和雄鹰比高；我掠过小溪，再看波光粼粼的湖面……

我越飞越高，别的风筝对我说："别再飞高了，如此下去，总有一天你会坠入万丈深渊的。"我说："无所谓，我既然选择了高飞，那就会为自由而执着！"

突然，天上乌云密布，狂风大作，豆大的雨点倾泻而下。我一下子就被冲得东倒西歪，像一叶孤舟航行在波涛汹涌的海面上，一道道闪电从我身边划过。终于，我坚持不住了，被无情的风雨吹散了架，急速地坠向深渊。

"不要，不要啊！"我大喊着惊醒过来，却看见妈妈那慈爱的脸庞。"宝贝，做噩梦了吧？快醒醒，爸爸给你做了美味的早餐呢！"我深吸了一口气，闭上双眼回想起梦境里的那只风筝，眼角湿润了。

直到那一刻，我才明白，风筝向往蓝天，但却不能少了线的牵引。风筝线本来就是保护风筝的，而父母的教导和关心就像风筝线一样，爱得越深，抓得越紧。

魏嘉/文，五年级　指导老师：朱笑娟

我的老顽童爷爷

我的爷爷是个老顽童，虽然已经八十高龄了，但他还是闲不下来，喜欢动动脑、动动手，做一些自己喜欢的事，喜欢搞出一些特别的事。

去年我们家门口的李子熟了，因为树太高，摘不到李子，他就自己动手用一些废木料做了一个梯子，可是人爬上梯子摘李子，摘下来的李子放哪呢？他就把白糯米酒的塑料壶口子剪去一大半，又在酒壶把手那里按上钩子，成为摘李子时放李子的专用工具，把它挂在树杈上，摘下来的李子随手一丢，多方便啊！

有一天我去爷爷家，又看到了爷爷的新发明，他居然将一个装洗洁精的大塑料瓶，用刀斜切掉一半，制成了一个畚斗。爷爷真的太厉害了，经过他的手，废物都能变成宝。

因为奶奶前不久去世了，我们怕爷爷住楼上不方便，就把爷爷从二楼转移到了一楼。爷爷提出要给他房间装上防盗窗，爸爸有些不乐意，说："这好好的别墅装上防盗窗像什么样子呀！"妈妈就劝爸爸说："你还是由着老人家吧，他要装你却不给装，他就不开心了，老妈已经走了，他活了八十岁有他自己的生活习惯，你以后还是顺着他吧，他喜欢咋样就咋样，你改变不了他，还是先改变自己吧！让老人家照着自己的生活习惯开开心心地安度晚年吧！"爸爸终于接受了妈妈的劝导，改变了自己，一切按照爷爷的要求装修，经过一番忙碌，一楼终于装修一新，爷爷也就开开心心地搬到了一楼。

但没想到的是，爷爷居然把刚装修好的淋浴房当成了一间储藏室，杂七杂八的东西全往里面放，这还咋洗澡啊！他的新房间也成了他的工作室，每当我傍晚放学给他去送报纸时，爷爷总是在房间里面忙个不停，也不知道在搞什么名堂，地上放满了一袋袋的东西。

你知道我爷爷这几天又在为啥事忙吗？因为家里刚装修过，有许多换下来的旧电线，爷爷说旧电线这样卖掉不值钱，把铜丝剥出来卖才值钱。于是他就自己动手做了一台剥线机，开始了他剥电线的大工程，所以这几天爷爷每天在忙着剥一根根的电线哩。

哎，我的爷爷真的是一个老顽童，一个经常使我们感到又无奈又可爱的老顽童。俗话说：家有一老如有一宝！爷爷你就是我们家的宝！

严佳音/文，六年级

全世界最好的妈妈

今天是妈妈的生日，哥哥姐姐为妈妈定制的蛋糕上写着"全世界最好的妈妈"。我觉得这句话用在妈妈身上是最合适的。妈妈的爱是无微不至的，妈妈的爱是无处不在的，妈妈的爱是最伟大的！

当我生病的时候，她总是陪在我身边；当我需要她的时候，她总第一时间出现在我眼前，哪怕深夜在睡梦中听到我的叫声，她也会立刻跑到我的床前；每当我想要买什么自己喜欢的东西，只要轻轻告诉她一声，凡是不会影响到学习的，她一定会尽量满足我的需要；有时不小心受了点小伤，她就会很耐心地为我按摩，安慰我；有一次我在学校不小心割破了手，老师为我简单处理后让我回家，妈妈看到伤口还在渗血，就立刻帮我重新包扎，但是看到伤口有点大，血没法止住，又万分焦急地含着眼泪把我送到医院包扎……如果我说今天特别想吃什么东西了，她就会分分钟给我变出来，那味道一定是我最喜欢的！

我印象最深的一件事情，应该是三年级时我生病了，在学校里呕吐，把吃进去的食物吐得一干二净了，还不断地吐清水。于是妈妈第一时间赶到学校，急急忙忙把我接回了家，无微不至地照顾我，给我烧粥，喂我喝粥，还不断抚摸我的肚子以减轻我的痛苦。在妈妈没日没夜的照顾下，我的身体恢复得特别快，但妈妈整个人却显得特别憔悴和疲惫……

啊！妈妈，您真的是世界上最好的妈妈。

严佳音/文，六年级

大人都爱骗人

爸爸爱骗人
他告诉我说
牙齿都是牙仙收走的

后来我发现
有个木盒子被他珍藏
里面整整齐齐地摆着
我掉下的每颗牙齿

妈妈爱骗人
她告诉我说
礼物都是半夜圣诞老人送过来的

后来我发现
她偷看了每一封我给圣诞老人的信
那些我盼望已久的礼物
原来都是她精心准备的

外公也爱骗人
他告诉我说

他住院是为了做个很小很小的手术
完全不值一提

但从爸爸妈妈的担心里
我看得出
才没那么简单

我决定
用自己攒的零花钱给外公包个大红包
作为祝福，作为奖励

我说的全是真的
我们小孩
才不骗人

韦婷予/文，三年级　指导老师：赵越佳

别在我的未来消失

不是说好看着我长大的吗？为什么一睡不醒了，爷爷？

印象里，爷爷就在我们的秘密小花园中哼着小曲看书。小花园的入口是用玫瑰花藤制作的，"外墙"也是一大簇玫瑰花，周围有一条小河。一到夏天，蓝蓝的天上，飘着几朵洁白的云，我和爷爷与在河对面洗衣的妇女打个招呼，别提有多悠闲。水声、鸟鸣声、招呼声，那是我童年最幸福的时光了。

云还是飘着，水还是流着。妇女一如既往地在河边洗着衣服，不过花谢了，爷爷您也不在花园里了。

杭州这个大城市，没有花园中的悠闲，一切都是匆忙的。您那时在医院。我只有隔几个星期才能去看您。您总是笑着对我说："等我出院了一定还带你去看书。"我也总是笑着答应。一个月里，我每次去，爷爷每次都与我说"等我出院就……""等我出院……""等我……"我总是笑着答应。不过爷爷，您食言了。

那是一个早上，妈妈抽泣着。"爷爷……爷爷他病逝了……"我顿时泪流满面，一直哭到了学校，好不容易止住了泪，品德课老师上课提到了"家庭"，我又趴在桌上泪流不止，不管同学怎么安慰我，我就是停不下来。

花园中没有了爷爷与女孩，花开了又谢，谢了又开。我的未来没了花园，没了爷爷您。

不是说好带我去看书的吗？那只好自己去了。

准备搬走那天，我带着书，坐着小凳子，在小花园里哼起了小曲。一切又是那么悠闲啊！我哼着哼着，笑了，眼睛里流出了泪。是伤心吗？我不清楚。我又哭又笑，坐在了小花园的中央。光线急速变暗，孤独又寂静，童年化为了泡沫，从我的眼睛中流出，消逝在了时间中。

爷爷您看见了吗？您没有食言。

吴王好好/文，六年级　指导老师：俞逢恩

家

家是什么？是爸爸、妈妈、弟弟还有我？是爸爸指尖冉冉升起的青烟，还是妈妈灶头燃起的炉火？是弟弟比赛获奖嘴角扬起的微微浅笑，还是我牵着狗娃子在公园奔跑时的开怀大笑？钢筋水泥，一方天地，四口之家，温馨甜蜜，这便是我理解的家。

外公外婆也有个家，他俩加上妈妈和小姨。妈妈长大了，有了自己的家，小姨也在外拼搏，家里只剩下了他俩。外婆每次做饭都会被外公嫌弃，念叨不停，不是盐太多了，就是肉炖老了。可带着外公下饭馆呢，他又老说外面的菜没有家里的香。外婆也爱唠叨外公，感觉外公特差劲，不是太古板就是没情调，可几年前外公生病那会儿，忙前跑后心急如焚的也是她，头发都白了好多。这也是家，是老两口终日拌嘴却心怀彼此的家，是外婆逢年过节站在巷口那一双仿佛能看到世界尽头的期盼的双眼，也是外公那从我们三岁到十岁还没羞没臊总爱骑着的肩头。

爷爷奶奶也有个家，他俩加上爸爸。可是爸爸还没长大，家就破碎了，爷爷奶奶各自组成了一个新的家，而我和弟弟也就多了个小爷爷和小奶奶。爷爷早已经退休，可到了我和弟弟放暑假，他就开始"上班"，每天带着我和弟弟遛弯，找遍衢州城的每个"秘密基地"。到了晚上"下班"，总不忘给小奶奶捎上一份她爱吃的夜宵。而奶奶就特别忙，小爷爷因为脑梗，智力变得像三四岁的孩童，语言功能也丧失了很多。奶奶每天就得忙着照顾他，忙着一点点教他讲话。我们去奶奶家吃饭，会为小爷爷算对了两位数的加减法而欢呼，会因小爷爷喊对我和弟弟的名字而奖励他小红花。这还是家，虽各自为家却彼此安好。

在过往的历史中，人们经历了不少灾难，像唐山地震、汶川地震以及新冠肺炎疫情，很多家庭在这些灾难中支离破碎。但太阳照常升起，生活也得继续，许许多多原本陌生却又彼此拥有着共同苦难经历的人惺惺相惜，互助互爱，一场场煎熬带来一份份关怀，彼此没有血缘的人走到了一起，组成了一个个新的家。这也是家，历经生死更朴实无华的家。

家，并不是一个具象化的事物，而是一种爱，牵连着家里的每一个人，是相互信任相互依靠，是相互付出相互关怀。家，也可以很具体很微不足道：是每天放学，爸爸带着我奔赴的目的地；是打开门，妈妈端起的那一碗热汤。

陈浦廷/文，五年级　指导老师：汪玲玲

我家爱种植的人

我们家住在顶楼，有四开间两层楼。上面这一层楼朝南，东边、西边各有一个大阳光房，北面还有一块大露台，再加上二楼的窗口都装上了防盗窗，这些地方就都成了我爸爸的种植乐园。

我爸爸是个光头，长得很健壮，力气很大。他在家里最喜欢种植花花草草了。

有一天晚上，我爸爸从楼下搬上来了四个大快递箱，我问他这是什么，他拿起剪刀把里面的东西拆开了，说："这是四棵苹果树。"因为时间已经不早了，我就去睡觉了。

次日一起床，我顾不上洗漱，就迫不及待地先去看苹果树种哪了。

想不到就一个晚上的时间，我家北面露台上面泥土堆成了一个小山似的，原来昨天晚上我爸爸一个人从外面运来了那么多的泥土，而且已经把这四棵苹果树给种上了。

现在苹果树已是枝繁叶茂，今年硕果累累，都压弯了枝头。有欣喜也有遗憾。

记得前几年，我爸爸买来了两棵迎客松，是罗汉松品种，苍古矫健，古朴雅致，玉树临风，姿态动人，一共花了一万多元钱。

可惜养了一年多点时间，两棵树的叶子相继发黄，甚至慢慢开始枯萎。爸爸就用心施肥，精心管理，功夫不负有心人，开春后，两棵松树的树枝上都纷纷冒出了嫩芽，看到爸爸脸上洋溢着成功的喜悦，我也感到很高兴。

但是，到了下半年，楼上那棵大的松树又出状况了，叶子发黄，慢慢开始枯萎。爸爸又忙碌开了，结果再有妙手也难回春，最后枝干一折就断了，听到这"咔嚓"的断枝声，我很伤心。

　　为了保住另一棵松树，爸爸煞费苦心，看了许多书籍，咨询了不少专家。可惜另一棵松树的命运也一样，最后还是走向了死亡。

　　两棵大松树没有成活，好像并没有打击爸爸的种植热情，他开始研究为什么会叶子发黄、枯萎。

　　他觉得松树一般都生长在山上，泥土里用不了很多肥料，大的松树换了环境会影响生长，反而小的松树容易适应环境和慢慢扎根成活。

　　过了几天，爸爸又买来了两棵小松树。很少施肥，日子一天天过去，它们不仅状态很好，还在不断长大。

　　现在我家还种植了一棵大的蓬莱松，往下悬挂着非常漂亮，它也是从一棵小蓬莱松慢慢给养大的。

　　爸爸让家里都快要变成"植物园"了。

　　　　　　　　周王泽/文，四年级　　指导老师：徐映晖

我的"猫妈妈"和"猴爸爸"

我家是一个小小"动物园"，里面有许多动物：一只小猴子、一只小兔子、一只猫和一只大猴子。

"小猴子"是淘气又聪明的妹妹，爱蹦爱跳的"小兔子"是我。不过这次我要重点介绍的是我的"猫妈妈"和"猴爸爸"。

我的"猫妈妈"，她很喜欢吃鱼，每次吃饭，只要有鱼，她总是会先吃鱼。在我印象里她什么鱼都喜欢吃，从鲫鱼、鲈鱼到鸦片鱼，她都吃得津津有味。但是，不管吃什么鱼，她总是把鱼肚子上的肉给我和妹妹吃，她说鱼肚子上的肉不仅健康还没有刺。我的"猫妈妈"还很耐心，虽然她对我的期望很高，但是在我考不好的时候，她却反倒说没事，说刚好可以发现这段时间学习上的不足，希望我下次考试能有进步。

再说说我的"大猴子"爸爸。他平时喜欢和我妹妹玩骑马的游戏，在毯子上"载"着妹妹爬来爬去。大家都说我棋下得好，但是我想说，其实是因为我的"猴爸爸"超喜欢下棋。只要一有空他就在研究棋谱和下棋，连上厕所的空当都不放过，是他带动了我。他也很聪明，我给他出过许多脑筋急转弯，但都难不倒他。

虽然我的爸爸妈妈并没有别人那么富裕，但是我和妹妹在他们的翅膀下，生活得很幸福，我们都很爱他们。

郭筱宸/文，四年级

爱"管闲事"的妈妈

　　我的妈妈中等身材，一头乌黑齐肩的卷发，她很爱笑，笑的时候，就会露出一口洁白的牙齿。她是一个爱"管闲事"的人。不光管家里，连外面的事也管，是正版的"太平洋警察"。不管谁来找她帮忙，只要能帮的，她都会给予帮助。

　　有邻居生病了，妈妈会第一个去探望；谁家小孩没人管了，她会帮着照看；哪位家长没时间接孩子了，她会帮着一起接……

　　有一天下午放学，我跟着队伍来到校门口，等着妈妈来接我。左等右等，等了好长时间，也没有看到妈妈的身影。

　　我实在等得有点不耐烦了，就给妈妈打了个电话。电话接通了，妈妈说："宁宁，我现在路上遇到一点事情，你先在学校门口等一下，我过一会儿就过来。"过了十多分钟，妈妈才急匆匆地来到校门口。我生气地问妈妈："妈妈，你干吗去了？怎么到现在才来呀？"

　　妈妈告诉我，她在路上遇到了一个老奶奶，拄着拐杖，十分吃力地走着，走到一个路口，就停下来，左顾右盼，不敢过去的样子。妈妈一眼就认出，这个老奶奶是我们小区的，已经有一百多岁了。妈妈走上前，和蔼地问："阿婆，你要去哪里呀？"老奶奶一头雾水，反问道："你是谁呀？"一边回答，一边不顾是红灯就要往前走。妈妈笑着回答："奶奶，我是您楼下开超市的呀！您不认识我了？"老奶奶满脸迷茫地看着妈妈说："对呀，我不认识你，我还要回家呢！"她继续往前走，拦也拦不住。呀！老奶奶的家在府东小区，她怎么往临海小学方向走呢？走反了呀！幸好，妈妈有她亲人的电话，连忙给她亲人打电话。打完电话，妈妈怕老奶奶走了，她家里人来了找不到她，就一直陪着老奶奶。过了一会儿，她的亲人来了，握着妈妈的手，感激地说："太感谢了！要不是你，我们不知要什么时候才能找到她呢！"说完，就领着这个老奶奶回家了。

　　这就是我的妈妈，一个爱"管闲事"的妈妈！

周佳宁/文，五年级　指导老师：李美珠

红烧肉

厨房是一个音乐厅。

"今天晚上好像要做红烧肉呢!"咦?是谁在说话?哦,原来是萝卜大婶和辣椒大叔在聊天呢!"哦耶!"五花肉大叔欢呼起来,"今天我上场!""呼啦"一声大家忙开了。

水龙头爷爷打开了阀门,"哗哗"直流的水,把五花肉大叔浇成了落汤鸡,菜刀大侠来了一招"无影手",肥肉、瘦肉瞬间站成了两队。

砂锅小淘气一口将肥肉和瘦肉吞了下去,等待消化时,勺子妹妹正扭动着想方设法让小碗里素不相识的调味料变成一家亲。

"哇!"砂锅小淘气一口吐出了肥肉和瘦肉,"啪"地一起掉在平底锅姐姐的脑袋上,砸得她眼冒金星、头昏眼花。生姜同志带着三杯黄酒跑了进来,调味料一家亲也来凑热闹,大伙儿齐上阵,把瘦肉、肥肉的腥味通通赶了出去。

锅盖小黑迅速扑了上去,劈头砸在了平底锅姐姐的脑袋上。

5,4,3,2,1,好啦!锅盖小黑一下就跳到了桌上,锅铲大妈把肉们放进碗儿子的嘴里,并让主人端了出来。烧好的红烧肉油亮亮的,谁也分不清"肥肉""瘦肉"。我夹了一块就往嘴里送,红烧肉又嫩又鲜美,非常好吃。

这支厨房交响曲真妙!

金柯妤/文,四年级　指导老师:刘宏

爱是默默守候

爱是父母深夜的守候。

去西安夏令营的第一个晚上，因为来到这个历史悠久的大城市太兴奋，加上害怕陌生的环境，我直至凌晨还无法入睡。看着室友恬静的睡容，听着她轻微的鼾声，再望望黑漆漆的窗外，一种前所未有的难过与无助笼罩着我。室友陪不了我，自己又没法入睡。我想到了遥远家中的父母，这个点，他们应该已经睡了吧？辗转反侧、难以入眠的我抱着一线希望拨通了熟悉的号码。"喂，宝贝，你还好吗？"电话那头传来了母亲温柔而熟悉的声音。顿时，一肚子的委屈不受控制地发泄了出来："妈妈，我翻来覆去，睡不着……""别着急，只是一天睡不着而已，你安静地躺着，我们聊会儿天。""没事儿，还有爸爸陪你呢！"电话那头是父母抢着回答的关切声。那一刻，我被父母深夜的守候深深感动了，若不是因为爱，谁会在三更半夜为你守候？

爱是老师黑暗中的守候。

晚上，美术课下课时，母亲有事没来接我。老师热心地把我送到了家门口。"你上楼看看家里有没有人，再下来和我说一声。"我匆匆上楼，又匆匆下楼，生怕老师等着急。风淡淡，月溶溶，在路灯的照耀下，有一个身影一直守候着我。只见她一头青丝中有几根银发，如点点星光，如缕缕月光，朴实无华，却又是那么令人感动。老师看见了我，向我挥了挥手。那一刻，我被老师黑暗中的守候深深感动了，若不是因为爱，谁会在漆黑夜晚为你守候？

爱是外婆夏日的守候。

暑假，父母忙于工作，所以我得自己从培训班回来。炎炎夏日，我撑着伞，轻快地向家走来。只见外婆站在门口，双手放在身后，双脚微微张开，刺眼的阳光让她不得不眯着眼睛，朝着我回来的一片蓝天，翘首张望着。待我走到外婆身旁时，她便冲着我笑道："哟，你回来了呀！"看着外婆脸上的些许皱纹，在阳光的照耀下特别显眼，微微弯着的嘴角却洋溢着掩饰不住的喜悦。那一刻，我被外婆夏日的守候深深感动了，若不是因为爱，谁会在炎炎夏日为你守候？

爱可以是昂贵的礼物，可以是甜蜜的话语，更可以是默默的守候。都说陪伴是最长情的告白，我却发现，守候是最温情的关爱，愿我们珍惜每一次爱的守候。

兰蕙荃/文，七年级　指导老师：钱海燕

读您，似水流年里的那份情

厨房里传来有力的"哒哒"声，是多么地有节奏，随后又飘出阵阵香味。刚放学回家的我听到这个熟悉的声音，心里只有一个想法："爸爸回来了！"

爸爸在宁波一个公司的大食堂里做主厨，他每天的工作都非常忙碌，离他上次回家的日子似乎已经很久了。看着他娴熟地翻炒着小菜的背影，我想上去叫喊，可是我又止步了，生怕这只是一场梦，一喊，爸爸就会从我的梦里消失似的，留给我的只是厨房里摆放整齐的厨具。于是我静静地倚在门口，看着爸爸在厨房里忙这忙那的背影，我的神情有些恍惚。看着这熟悉的场景，我不禁想起了爸爸抱着小小的我在灶台边炒菜，还时不时夹起一块炒熟了的肉片，轻轻地吹一吹，送到我早已馋得"吧唧吧唧"的小嘴里。

当我稍微大些时，我明白了爸爸是因为工作需要不得不漂泊在外，记忆中的他有时匆匆来到家只是为了给我做一桌丰盛的晚餐，而后又火急火燎地赶末班船去单位。"爸爸一定回来过了！"当我放学看见那香气扑鼻的饭菜时，我不假思索地冲妈妈眨了眨眼，继而低下头狼吞虎咽地吃起来……

爸爸每次都是匆匆地来，又匆匆地走。一眨眼，又到了他离开家去单位的时候了。此刻的我望着他一点一点远去的背影，鼻子一阵酸楚，那背影被生活的负担压着，却又挺得那么直。

刘扬皓/文，四年级

有趣的爷爷

景之美，挥洒着自然的色彩；食之精，勾芡着乡愁的滋味；人之趣，讲述着未知的精彩。

我身边有一位有趣的人，他是我的爷爷。

印象中，爷爷个子高高的，头发花白，总爱戴着一顶画家帽，看书看帖的时候，总爱把书拿远，透过老花镜，眯着眼睛，一副聚精会神的样子。

爷爷是个风趣幽默、对生活充满热情的人。小时候，他会把哄我的话语编成歌谣："宝宝啊，宝宝啊，爷爷的孙宝宝是哪个？就是我的——马振的朝呀！"他喜欢唱的曲子，从京剧《沙家浜》到黄梅戏，再到《莫斯科郊外的晚上》《父亲的草原母亲的河》《爱你一万年》，是个十足的"麦霸"。如果你来我们家玩，爷爷一定会演唱他的拿手曲目。

爷爷不仅爱好音乐，还是个军迷。由于历史原因，爷爷没能参军入伍。他从军人朋友那儿收集各种海陆空军的军衣军帽、望远镜、飞机轮船模型……小时候，他常常和我一起玩打仗的游戏。有时我们是并肩作战的战友，有时我们是激烈对抗的敌人。这时，他真像个"老顽童"。当然最终的结果，必定是我这个"小顽童"大获全胜啰！

除此之外，爷爷还是个"馋嘴猴"。爷爷特别爱吃甜食：蛋糕、面包、巧克力、糖果、饼干，他都喜欢。他常说："爷爷小时候，我的奶奶很疼爱我，她教我读书识字，好吃的东西自己舍不得吃总留给我，在那个物资匮乏的年代，一颗糖果是多么珍贵。"后来，我渐渐懂得，爷爷这么爱吃甜食，也许是想念老祖宗了。

爷爷在生活中风趣幽默，但是在艺术追求上却勤奋执着。他是退休的教授，更是一位书法家。他参加笔会、出书、做讲座、研习古帖，自创楷书、篆体和魏碑融合的作品。早起他有晨课，晚上等我们入睡了，他还戴着老花镜在伏案书写，直至凌晨一两点。我曾好奇地问他："爷爷，您不累吗?"爷爷笑着说："我在做喜欢的事情，怎么会累？如果不让我写字，那才是要了我的命呢!"原来，爷爷是大力水手，那一个个书法字就是他的菠菜，给他无穷的力量。

我爱欣赏美景，爱品尝美食，更爱我有趣的爷爷。

马振朝/文，四年级　指导老师：章志英

我的"全能爷爷"

　　我有一个很爱我的爷爷。他皮肤黝黑、头发微卷，一双大大的眼睛炯炯有神。他看上去很年轻，一点也不像一个老年人。

　　我的爷爷不仅长得帅，而且很聪明，一双巧手有"变废为宝"的魔力。他用一块废木板就把家里的电视柜改造得焕然一新，用一根旧电线就把阳台整理得井井有条，家里的各种电器他都会修。每个认识他的人都对他的巧手赞不绝口。我对这个"全能师傅"非常佩服。

　　他的聪明还体现在他的一个爱好上——下棋。爷爷没有学过下棋，却棋艺精湛，可以说是一个自学成才的高手。他会下各种各样的棋，下得最好的是围棋和象棋，隔壁的大伯和爷爷们没有一个是他的对手，几乎百战百胜，可以说是"打遍小区无敌手"了。

　　爷爷还很有创新精神。他做得一手好菜，还经常在抖音学新菜，能很神奇地把我本来不爱吃的菜变得香甜可口。每次我大口吃饭的时候，他总是笑眯眯地看着我，好像吃到好东西的人是他自己一样。

　　爷爷很爱我，总带我玩。他带我去沙难，陪我打篮球，我第一次骑自行车、第一次游泳、第一次捉螃蟹都是他陪着我，他为我打开了一扇又一扇"新世界"的大门。我们有好多只有我们两个人才听得懂的笑话和"暗号"。

　　我爱我的爷爷。希望爷爷一直健康年轻，等我长大的时候，换我带他去看世界。

夏洛特/文，三年级

妈妈的爱

妈妈的爱像迷宫，我是探险者，
怎么走都找不到出口；
妈妈的爱像小路，我是小汽车，
怎么开都开不到尽头；
妈妈的爱像铅笔，我是橡皮，
怎么擦都擦不净那痕迹。
妈妈，祝您女神节快乐！

冯柏杨/文，二年级　指导老师：郝鸿娜

我爱我家

那往日有些单调的黑瓦白墙，如今已经张灯结彩，灯火通明。喊叫声、吆喝声、叫卖声此起彼伏。天上有时也会盛开几朵耀眼的烟花，与那十五的月光一齐闪亮……

我坐在古镇房顶的瓦片上，望着那混乱的人群，手里的灯笼发出的光也渐渐减弱。我顺手把灯笼同杆儿背上肩，然后从那约两米高的房顶爬下来，朝家的方向走去……

正月十五那天，我坐在那古镇中一间老房的黑瓦上，一切景物都尽收眼底。突然，我发现了一个情景——一群"大奴仆"在照顾一个"小国王"，"小国王"哭了，忠诚的"奴仆们"吓坏了，有的拿了玩具，有的拿了零食……可是"小国王"就是不高兴，我不禁发笑。可下一秒，我笑不出来了，这"小国王"不就是我吗？奶奶为了不让我吃厌，天天早起给我做不同的早餐；爷爷为了准备新鲜的饭菜，天天辛苦地去菜场买菜；爸爸一早起床送我去上学，妈妈早出晚归努力地工作……我看着手中灯笼内的火苗渐渐弱了下来，发现自己没带灯油，只好爬下房顶往家走。突然，不远处传来妈妈的喊声："昊昊，你忘带灯油了！"

家，是风雨中的亭子，是大雪封山中的火苗，是沙漠中的一眼清泉……"恋家的孩子长不大"这句话说得没错，可是哪个孩子不恋家呢！

叶子昊/文，六年级　指导老师：翁吉英

奶奶的微笑

　　鸟儿"唧唧"叫个不停，像是在唱歌，我觉得眼前一片绿色，披着美丽绿发的柳树姑娘在朝我微笑，小草弟弟抬起了头，他的头发尖儿上还留着一滴小小的露珠宝宝呢！花儿妹妹仰着脸好奇地盯着我们，一直看着。

　　我和奶奶来到池塘边散步，几只飞燕轻轻滑过，时而出现的鱼儿跳出水面又掉下去发出"扑通"声。我们走了许久，渐渐地，我有点渴了，于是对奶奶说："奶奶，我渴了。"奶奶说："现在离家还远着呢，过一会儿我们回家再喝。""不嘛，不嘛，我现在就要喝。"我抱怨着。奶奶只得去小卖店里买了一瓶水。我"咕噜咕噜"地扬起脸，猛喝了一通。但又马上抬起头来问："奶奶，你不渴吗?""奶奶一点儿也不渴。"可是我听着奶奶的声音有点嘶哑，还轻微咳了一下。

　　我和奶奶走着走着，感觉转了一个弯儿，前面豁然出现了一个小游乐园，我快活地冲了进去，随手就把水瓶放在了旁边的小圆木桌子上。奶奶望着我远去的背影，又看看桌子上的水瓶，叹了一口气，随后便咳了一下，摇了摇头。

　　不知道过了多久，我累极了，像刚跑完马拉松式似的汗如雨下，便快步去取桌子上的水瓶。我拿起水瓶，发现瓶里的水一滴也没少，不由得望向了奶奶，她就坐在远处的石头长椅上，不时咳几下……我看了看水瓶，里面刚好够我喝，可脑子里又想起了奶奶沙哑的咳嗽声，铁下了心，我拔腿就朝奶奶跑，边喘气边说："奶奶给你喝。"奶奶用几乎颤抖的声音说："奶奶不渴，水都给小孙子喝。""你明明很渴！"我有点急了。奶奶吸了一小口说："你喝吧。""喝光呀！"我抱怨。末了，奶奶终于喝光了水。

奶奶笑了，笑得像蜜一样甜！

揭天成/文，五年级　指导老师：孙爱燕

给父亲的一封信

亲爱的爸爸：

您好！今天是首届"中国人民警察节"，恭喜您迎来了从警生涯中第一个属于您的节日！

爸爸，对于您来说，2020年是很艰难的一年吧，春节前的一场新冠病毒肺炎疫情，让所有的警察叔叔都投入这场没有硝烟的战斗，您也不例外。年初一大清早，您就被单位召回，我们一家驱车一千多公里赶回杭州，您急匆匆和家人告别就去单位了，之后，我就没怎么见到过您。直到9月9日，您回到家告诉我，您可以每天正常上下班了。我开心极了，每天放学可以见到爸爸了，妹妹也高兴地跳了起来。而这时，我已经从您走时的小学生变成一名初中生了，妹妹也上幼儿园中班了。

回忆2020年，一开始我对您有太多的不解与埋怨，本来我们说好的，大年初一一起夜爬泰山，清晨看日出，初六全家人为我庆祝十二周岁生日，再然后，您要帮我一起准备小升初考试……这些计划是多么完美啊！但是您单位里的一个电话，就把这些计划全部打破了。

您主动报名了单位第一梯队的工作，要求迅速加入这场没有硝烟的战斗，在单位封闭式工作。我记得自己还不解地问您："如果报名第二梯队不就可以回来给我过生日了吗？"您当时就匆匆忙忙跟我说了一句："爸爸是共产党员，相信爸爸！"我当然相信您啊，我只是舍不得您、心疼您。偷偷告诉您一件事，您去工作后，我经常从家里的阳台上望着小区的大门，希望看到您回家的身影。那会儿，我真的很想您。但是作为一名警察的孩子，我知道我要坚强，您一定在我看不到的地方战斗着，所以我也要跟您一起努力。您知道吗？您没在家的这些日子里，我一直都在好好学习，还好好照顾妹妹了，小升初，我还考了年级第一。您看，我是不是很乖呀！

2020年，我第一次真真切切地感受到您工作的辛苦，也第一次深刻地感受到警察这份工作的英勇和担当。爸爸，您是一名好警察，我真为您骄傲！当然，您也是好爸爸，我生日那天，虽然您不能在我身边，但您一早就给我发来了生日祝福，虽然没有香甜的蛋糕，但您却用您的身体力行让我学会了责任和担当。封闭工作结束后，之前没有完成的计划，您都给我补上了。元旦那天，我们去爬了北高峰，在日出前，我特意绕到您身后，拍下了您熟悉又高大的背影。这个背影同您在疫情中逆向而行的背影重叠在一起，将永远刻在我心里。无论以后我从事什么工作，都会像您一样，充满责任感和使命感。

最后，想跟您说："希望今年的春节，您能够一直陪在我身边，陪我贴春联、看春晚，还要给我买蛋糕过生日。"当然，如果您还是有不得不执行的工作任务，我也支持您、理解您。唯一一个小小的愿望就是，请您一定要照顾好自己的身体呀！

祝您首届"中国人民警察节"快乐！

女儿：佳琳

2021年1月10日

刘佳琳/文，七年级　指导老师：谭静

温暖的家

　　家，是一个温馨的地方，是一首动听的歌，这首歌的主旋律充满了爱。

　　家不在于大小，蜗牛的家是一个螺蛳壳，它的家很小；星星的家是广阔无垠的宇宙，它的家很大。家的大小不会影响爱的浓度，我有一个四口之家，有我的爸爸、妈妈、我和弟弟。家给了我无穷的爱，给了我很多温暖的爱。我的家承载着我的梦想，承载着我的希望和憧憬，是我成长的摇篮。

　　我有一个慈祥的母亲，她倾注了全部的爱，在她的精心呵护下，我学会了真、善、美，用一颗美好的心灵去看待世间的人和物；我的父亲很严厉，但正是他的严厉让我变得更优秀了，让我未来的路更加明亮，更加美好。我还有一个活泼可爱的弟弟，在我伤心难过时，他会静静地陪在我身边，有时还会找有趣的笑话哄我开心。这就是我温暖的一家。

　　我的家也是一处避风的港湾。记得有一次，我考试考得不是很理想，放学后，我忐忑不安地向家走去，心里想着到家后，爸妈一定会给我一顿劈头盖脸的大骂。但到家后，爸妈得知我的成绩后，并没有责骂我，却给了我一个大大的拥抱，一股暖流顿时涌上我心头。我们一起认真分析了这次试卷的错题，分析了原因。爸妈只说了一句，我们一起继续努力……相信我们能考出好成绩。从此以后，我感觉读书不是我自己一个人的事，不只我自己一个人在努力，是我们一起在努力，我不能辜负爸妈的希望。现在，我更加自觉努力地学习了，成绩也越来越稳定，越来越好。

里耶曾说："家庭不但是身体的住所，也是心灵的寄托处。"成长的历程坎坷而曲折，家成了我坚强的后盾、唯一的依靠。我就好比徜徉的帆船，当风暴来临时，帆船显得迷茫，当发现远处的灯塔和港湾时，便再次鼓起勇气，扬起希望的风帆继续起航。其实，灯塔就是母亲的慈祥，港湾就是父亲那坚实的臂膀，保护了我弱小的心灵。

家，是我不会迷失方向的地方，是我永远的港湾，是我永远的归巢。

李昱淇/文，五年级　指导老师：杨瑶波

第二辑

指缝流淌过的阳光

这个似曾相识却又显得些许陌生的城市，
它包裹着那些田埂里飘出的童谣，
那些茶余饭后的祥和，那些稚嫩天真的脸庞。

藏在心底的阳春三月

晃荡在人来人往的街道上，陌生的脚步不停地穿插而过，眼前的灯光逐渐朦胧，一片车水马龙的繁华之后，是草长莺飞，春和景明。

深绿的邮筒，朱红的屋顶，灰青的石路……像照片显影般，次第出现在纯白的底版上。忽如一夜春风袭击冲刷掉斑驳的白漆，原本如细鞭般抽打天空的柳条终于成了熟悉的、温柔的水草，在碧空的池子里摇曳。风微微地吹拂过我的面庞，使人不知怎样拒绝春的温柔。

看着这般绮丽的景色，思绪也不免回到从前的时光。赶集市、放风筝、打水漂、摘野花、摸小鱼、吃糖人，以及肩并肩一起躺在草坪上，看缤纷烂漫的桃花纷纷扬扬地飘落，像蝴蝶般栖息在发丝间，头顶着一轮暖洋洋的春日，照耀在我们无邪的笑容上，照耀在世界的每一个角角落落，所及之处枯木逢春，生机盎然。

即使双柑斗酒间那些往日的碎片被拼凑完整，记忆的网也逐渐明晰，然而我却永远无法回到那个生机勃勃的阳春三月了。眼前的景象仍是嘈杂的大街上，这个似曾相识却又显得些许陌生的城市，它包裹着那些田埂里飘出的童谣，那些茶余饭后的祥和，那些稚嫩天真的脸庞，它带走了我的童年，留下的都是虚无与浮华背后的沧桑。

清风拂面，月上柳梢，倦鸟清啼，池鱼游弋。年少轻狂，风华正茂，但见草长莺飞处，暖风熏得三月天。

洪可儿/文，九年级　指导老师：李坤荣

绿　道

　　在放松愉快的周末里，出去玩玩总是必不可少的，若是你想锻炼身体，放松身心，绿道是一个不可多得的好地方。

　　父母小的时候，我们的科技、经济条件都很差。别说是沥青路了，乡间的石子路都不多，放眼望去，只能在杂草中隐隐约约看见几条被人们踩出来的烂泥路，一走上去就是满脚的烂泥。四周除了几棵野树，也就只有四处横生的杂草了。若是走到河边还会有一股淤泥的恶臭味，很是难闻。

　　现在，我们已经告别了那烂泥路，街道上都是一条条沥青路，人行道旁就会有许多的绿道入口。平整的大理石、青灰色的沥青铺成了一条条悠长的小路，一丛丛灌木被修得整整齐齐，每过几米就会有一两棵艳丽的桃树或是巨大的樟树。春风捎来阵阵花香，鸟儿在枝头鸣叫，河道整洁，河水清澈，鱼儿在水中吐出一串串气泡，路边的小牌子写得仔细，提示你要注意文明，懂得礼貌……除此以外，绿道两旁还布置了一些健身器材。这大致就是现在的绿道。

　　在嘉兴，人们最熟悉的应该就是凌公塘绿道和新塍绿道了。多数绿道分两种，一种是在城市里的，距离近，环境好，平时去玩也方便，只要走几步就到，能在道中散步、跑步、骑车……是个十分不错的休闲娱乐的好去处。另一种是在郊区，路程虽远，但风景、环境等都可以和外面的景区媲美，拍照、赏景、玩耍统统不在话下，巨大的花海、古朴的木板桥……令人流连忘返。而且这种绿道路程较长，是锻炼自己的好机会哦！总之，现在的绿道和以前的烂泥地相比简直是天差地别。

从烂泥路到沥青路，从杂草丛生到鲜花朵朵、绿树成荫，人们越来越追求健康幸福的新生活，我们的生活也越来越美好健康。

黄钰立/文，五年级　指导老师：严文华

指缝流淌过的阳光

铁的兽脊似的群山起伏着，仿佛被巨斧劈裂的一道褶皱，这里是连阳光都不愿光顾的小村落。荒林掩映之中，毛竹丝在一位母亲的怀抱中跳动，在一双满是伤痕的手中顺从地结成一只小篮子。

"妈妈，妈妈，编那么多篮子做什么？"男孩抬起头问。

"拿去卖！为了咱村第一书记所说的小康呀。"

"小康是什么？"

"就是用汗水和希望编成一只大篮子，能盛满粮食和阳光。"

男孩似懂非懂地点点头。

太阳无数次地拉长了群山的影子，终于也把毛竹丝间蹦跳玩耍的男孩拉扯长大。他凭借读书走出了大山，而今以林学博士的身份回到大山褶皱间担任了村第一书记。

博士书记进村后，看见恶化的生态蚕食着这片贫瘠的土地，贫穷像魔咒似的缠着村民，而他的心如遭遇了寒流般，冰冷地皱缩起来。

第二天，他拿着纸笔，用手指起砂土，精心记录着每一处荒林边山泉的位置。夜晚，跃动的烛火之间，这位年轻人奋笔疾书的影子投在了窗纸上，窗外的树林在风中仿佛絮语着什么，不知是为年轻人的诚心感动，还是笑年轻人的自不量力。

当这位年轻人把他的致富规划告诉乡亲们时，乡亲们把头摇成了拨浪鼓。

"在这鸟不拉屎的山上种树能活吗？"

"乡亲们放心，树一定能活，就看咱有没有干劲和信心！"

"那钱……"

"我出！"

望着年轻人眼中闪动着的火光，乡亲们随他上山了。

他将安家费全部拿出来购买树苗；山上缺土，他和乡亲们一袋袋地往山上运；山上缺水，找来水利专家当顾问，修建水坝，铺设管道；他甚至把原来泥泞的道路修成盘山公路，架线引电上山。

望着眼前排排站起的树苗如哨兵挺立在山冈之间，望着盘山公路像巨龙蜿蜒上山，他只是揩着汗笑着。尖锐的石头磨烂了他的胶鞋，硌坏了他的锄头，却动摇不了他坚定的决心。黝黑的皮肤，夏天时背心总是系在腰间，汗水打在满是裂痕的手上。望着他像群山一样隆起的骨头，乡亲们心疼了："这娃咋那么认真啊！"

不知多少年的辛勤付出后，漫山遍野的果树上缀满了果实。他和乡亲们的脸上像涂了胭脂一般。果实甜美的香气从树间倾泻下来，几万亩的果树如彩色的海洋向天的尽头绵延。天地之间，有的只是这一片广袤得连天接云，浓烈得让人窒息的翠绿和果实诱人的颜色。山风拂过，天的尽头，一缕苍翠缓缓起伏，慢慢滚动，那翠绿的起伏滚动愈来愈大，愈来愈浓，很快凝成块，结成云，转眼间就卷成绿色的波涛，掀起漫山丰收的香气了……

扎根在大山中的林学博士，走出人群，找到从前和母亲住过的那间小屋，虔诚地跪下来仰天高呼："妈妈，你看到了吗？我用汗水和希望编成了这样一只大篮子，盛满了果实和阳光……"他伸出手，让阳光在指缝间流过，在地上汇成一片金色的小湖……

金依/文，八年级　指导老师：房云

念 秋

昨夜稀雨冷秋风，
残叶芬菲不欲留。
碧空孤雁鸣戚戚，
枯树老蝉声幽幽。
大泽英骨今未眠，
阿房歌舞仍不休。
敬月一壶义士酒，
举杯饮尽万千愁。

诸葛雨昕/文，八年级　指导老师：沈燕

河桥古镇

河桥是一个景色优美、古老的小镇，那里有很多好玩的。

那蔚蓝的天空上飘着朵朵洁白的云，鸟儿的歌声每天都挂在树的枝头，清澈见底的小溪里总能见到小鱼的踪影，水流的声音哗哗作响，一阵风吹来把树叶吹得沙沙响，太阳在天空高照，把人们晒得怪暖和的。

别看白天的河桥很安静，但晚上就非同寻常。有敲锣打鼓的，有耍龙灯的，有放鞭炮的，有跑步的，等等。白天你可以把香喷喷的面包丢到水塘里去，鱼儿们都会游过来抢着吃。在小溪里可以打水漂，可以游泳，还可以抓鱼。如果玩累了也可以把自己的脚浸泡在水中，那些黄黑相间的小鱼就会上来"咬"你的脚，这就是所谓的免费鱼疗！

绿道上鸟语花香，飘着青草的香味，旁边还立着一间古老的凉亭。往凉亭的东边一看，时常会有一条或者几条鱼跳出水面，泼刺声里银光一闪，钻进水面又会留下层层波纹。远处有一座石拱门立在那儿，可真美！

傍晚的江面上夕阳西下，倦鸟归巢。我好爱我美丽的故乡——河桥！非常欢迎大家去我的故乡河桥游玩！

郭子瑜/文，四年级

甜甜的元宵节

"你们谁知道，春节过后的第一个节日是什么节?"妈妈问。"是元宵节!"我迫不及待地抢答，"妈妈，我听说十里长街要举办庆元宵花灯会! 带我去玩，好吗?"妈妈"嗖"地拿出一个袋子，以迅雷不及掩耳之势塞到我手里，拍拍我的肩膀说:"去参加花灯会，怎么可以空手去呢? 看，我给你准备了材料，你这几天就好好在家自己做一个花灯吧!"我又中计了。我看着手里妈妈给我的材料袋，里面是用过的纸杯、胶水、红线、剪刀，果然天上不会掉馅饼啊!

终于，在我的期盼中迎来了元宵节。听说，元宵节的庆祝活动都是晚上举行。乌黑的夜幕已经拉上，天空中飘着小雨丝。我拎着旧物改造成的花灯，走在幽静的巷子里，古街两边挂满了红灯笼。小巷深处人影掠过，街边喵喵叫着的花猫，似乎在笑我挖空心思做的简陋版花灯。一个小孩站在家门口，拿着烟花，甩啊甩，闪着火花，弥漫的烟火中，烟花的光照在小孩的脸上，烟花十分漂亮，小孩的笑脸也十分漂亮。

元宵节花灯会是在一个古色古香的戏台里举办，只见人头攒动，我立马往人群里扎去，戏台前，一盏盏花灯立在那里。十二生肖花灯映入眼帘:一只活灵活现的老鼠，头戴黄花，竖着耳朵，睁大眼睛，盯着手里水果，仿佛在盘算着下一步的计划;一头威风凛凛的牛，伸着脖子，两角尖尖，四肢粗壮，身上贴着火红的花朵，昂首挺胸仿佛准备随时开拓土地迎接丰收;一条威武神气的龙，两角峥嵘，抬着一只爪子，长须微微翘起，金黄色的鳞片闪闪发光，尾巴似在空中摇曳，仿佛随时凌空腾起飞向遥远的天空。一步一景，继续往前走去，火红火红的灯笼发着光，映衬着游人灿烂的笑容，有穿着汉服的姐姐拿着笛子坐在廊桥扶手处吹着曲子，有摄影家拿着长枪短炮的镜头捕捉着精彩瞬间，有顽皮的孩童跑闹跳跃着在人堆里撞来撞去，有老人端着茶杯取暖站在家门口看着行人，脚边趴着时不时汪汪叫的狗。灯笼倒映在河水中，两行灯笼相映成趣，桥头下面停泊着一条小船，真的是小桥流水人家啊。桥头的凉亭中，我忙跑过去看，啊，灯谜早已被猜完了，只剩下孤零零的绳子挂在门廊下，仿佛在笑我姗姗来迟。

　　我带着遗憾不情不愿垂头丧气地回家，妈妈系上围裙，端出一盘早已做好的汤圆，煮沸的锅里，白溜溜的汤圆似几个小胖子一个接一个地跳入水中。渐渐地，小胖子开始膨胀变胖，然后在小小的锅里挤成一堆。妈妈把一碗碗热气腾腾的汤圆端上桌，我急不可待地一咬，软糯的汤圆中流出了香甜甜的黑芝麻，弥补着我刚才稍许的遗憾。

　　甜甜的汤圆吃进口中，消失不见，在嘴里更在我的记忆里留下了那一抹甜甜的感觉和元宵热热闹闹的场景。每一年传统的元宵节，都会带给我不同的感受，但不变的是香甜的汤圆和那份过节的快乐。

　　　　　　　　　丁艺萌/文，五年级　　指导老师：梁雪利

过新年

在我们中华民族所有传统节日中，最隆重而且给人印象最深的，非春节莫属。窗外万家灯火，眼前浮现出一朵朵昙花一现的绚丽烟花，耳边不时响起鞭炮的"噼里啪啦"声。街道两侧的路灯杆上挂满了大红灯笼，红红火火地连成一条线，像一串串糖葫芦，惹得人想舔一口解馋。家家户户门前贴上了春联和"福"字，预示着牛年的丰收和喜悦。我知道，我们的新春佳节到了。

今年的春节有点不一样，我们响应政府号召，在杭州就地过年。这大概是我记忆中在杭州过的第二个春节。我喜欢《起风了》这首歌，听到歌词里这句"风吹起了从前"，我的思绪也飘回到了从前。

那是去年刚放寒假，爸爸妈妈就开车带着我赶回了乡下老家。看着那座久违的老屋，我高兴地拍着手跳了起来。踏进门槛，眼前还是那两个熟悉而亲切的身影——爷爷奶奶——他们正在为一家人的年夜饭不停忙碌着。他们转过身来，我看到岁月在他们脸上印刻的沧桑，还有新春佳节带给他们的开心笑容。

过年，也少不了我们小孩子的最爱——鞭炮。什么大的、小的，便宜的、贵的，只管好看，我们就会满袋子地买回来。为了防止我们偷偷拿去放，爸爸妈妈把鞭炮藏起来，等到大年三十晚上放，让我们深切体会到"近在眼前，远在天边"的痛苦。

随着爸爸一声"吃年夜饭喽"，一家老少一个个都坐好了，静等开饭。这时，我们耳边响起了鞭炮的响声。我想，现在我们几个小孩子的心声，应该都一致吧。年夜饭后，我们拿着烟花，飞快地跑出来，连畏惧打火机火焰的我也去尝试着自己放烟花了。在烟花燃放的那一刻，这种感觉妙极了。就像这桶烟花被点燃后喷出的星星点点的色彩，包含着这一年我们遇到的所有不快与不幸，都在这烟花中释放出来了，而迎接我们的是新一年的"重生"。所有失败都可以再来，所有挫折都被抛诸脑后。随着"爆竹声中一岁除"的意蕴，我进入了梦乡。

而今年的春节，政府提倡就地过年，亲友间不相互拜年，这也是为疫情防控再加把劲；又因防治空气污染需要，很多地方都禁放烟花爆竹，今年过年确实较从前单调了许多。虽然少了一点乐趣，但是为了中国人民长久的健康幸福，这点困难我们还是可以克服的。

不闻烟花爆竹声，此心依旧中国年！

潘盛唯/文，七年级　指导老师：李彩平

老柿子树

夏日的燥热已褪去了一半，秋风送来阵阵凉意，夹杂着淡淡的桂花香……

太婆家的那棵老柿子树也应该长出许多的果子了吧！那棵柿子树在外婆小时候就早已经种下了，斑斑驳驳的树干见证了岁月的悠长。如今，它已经长到了两层楼高，延伸进了二楼走廊里，果子扁扁地挂在枝丫间，青中泛着一点点黄。树干的分权处，挂着一个用半个篮球做成的瓢，用来舀水，风吹日晒中被刷上了一层旧旧的灰色，被一根长长的麻绳挂着。树下面就是一口水井，跟柿子树同岁，井里的水清凉。听外婆讲，以前，一到夏天，傍晚时分，舀上几桶，泼在院子里，晚风一吹，便吹走了夏日的炎热。晚饭后坐在院子里，大家乘凉聊天，便消去了一天劳作的辛苦。

一到中秋，柿子便可以采摘了，九十多岁的太公太婆已经数着日子盼着我们的到来了。一年四季，太婆都喜欢围一个围裙，一头银发用一个黑色的发卡别起，衣服洗得发白，但是衣角不会有一丝折痕。这是他们最高兴的一天，我们还没到之前，太婆就已经去村口看过好几次了，总算盼到我们到来，便忙不迭地到里屋，打开那个老旧的柜子，从一个凹凹凸凸的蜡罐里掏出一块块红红绿绿的酥糖和核桃饼，塞在我们手里。我们几个大点的孩子接过后就风一般跑上二楼，去抢摘那几个伸进阳台的柿子，等小的几个反应过来，都已经所剩无几了。高处的柿子，太公会用一根长长的竹竿绑上一个锋利的小钩子，下面就是一个小网兜，用钩子那么轻轻地一钩，柿子便乖乖地落入挂着的网兜里。太婆则把采下的柿子放进早早准备好的一个个纸箱里，一层柿子，一层稻草，再放上几个苹果，严严实实的。再过上两个星期，打开箱子时，柿子已经熟透了，黄澄澄地散发着金秋的气息。

如今，柿子树已经渐渐地失去了往昔的生机，但是，金秋依旧结着果子。

年迈的太公太婆，行动已经渐渐迟缓，但是，每年还是盼着我们的到来，看着我们带回一箱箱码好的柿子，心中应该是欢喜的！

邢若然/文，六年级

老柿子树

秋风吹来，地上的落叶沙沙作响，桂花的清香也淡淡地弥漫开来，每每这时，我便想起了太婆家院子里的那棵老柿子树。

柿子树静静地守护着小院，岁月将它的树皮雕琢得已有些斑驳。在树干的分杈处，有一个铁钩，挂着用半个篮球做成的舀水的瓢，瓢上绑着一根粗粗的麻绳。树下面就是一口水井，它俩形影不离，一起见证了岁月的悠长。井水冬暖夏凉，在那个物资匮乏的年代，这树，那井，让外婆在童年能吃上几口甜甜的柿子，咬上一口"冰镇"的西瓜，确实也是幸福的。

柿子树的枝叶伸展开来，伸到了房子二楼阳台里，但看上去已有些苍老。临近中秋，枝头上便挂上了一个个微微泛黄的柿子，小柿子一天天变得红润，太婆便会一天天数着日子盼着我们的到来。

太婆太公都已经九十多岁了，但看上去依旧干净爽朗，平时太婆喜欢穿一件洗得微微发白的灰色上衣，围着一块干净的围裙，一头银发用一个黑色发卡整整齐齐地别在耳后，没有一丝凌乱。看见我们到来，太婆便忙不迭地走到里屋，从一个老旧的木柜里拿出锡罐，掏出红红绿绿的酥糖和一个个核桃饼，放在围裙里，满满的一兜，有时候还会边走边掉。太公在我们到来前，就会早早地准备好长长的竹竿，顶端上绑上一个铁钩，下再挂一个网兜。高处的柿子，用这根竹竿伸到高处，就那么轻轻一钩，半熟半青的柿子便落入网兜里，一个个青中带黄的柿子采下后，太婆用准备好的箱子齐齐地码上一箱，铺上稻草，放些棉花，过些时日，便可以吃了。我们几个大一点的孩子就喜欢蹬蹬蹬地跑到二楼，把伸手便可摘到的柿子迫不及待地塞入口中，一阵麻味蔓延开来，便赶紧吐掉，又跑下楼去……

柿子树已不再年轻，那口井也渐渐失去了往昔的活力。

太公太婆也在慢慢变老。柿子树依旧每年结出黄澄澄的柿子，那井依旧静候在柿子树下面。

邢依然/文，六年级

年的味道

乌篷船摇摇晃晃地向前划着，水面上倒映着两岸挂着红灯笼的老房子，黑瓦白墙，木头柱子上挂满了香肠、鱼干和酱鸡酱鸭，柜台上还有一排我第一次见的大猪头。它们散发着浓浓的香味，也散发着浓浓的年味。这就是我在绍兴过年最深刻的印象了。

绍兴是妈妈的家乡。第一次在绍兴过年，我非常兴奋，对绍兴的一切都感到十分新奇，因为它是一个有着悠久的历史、浓厚的文化和乡土气息的地方。

大年初一，我们一家人去了绍兴市博物馆。博物馆门口竖着一座巨大的青铜剑雕塑，里面陈列着很多古代的文物，比如陶器、瓷器、青铜器等。古越文化，特别是越王勾践卧薪尝胆的故事，激励着我在学习上要做到发愤图强。我还在博物馆的大厅里尝试了版画制作。木刻版画是绍兴的传统技艺，据说鲁迅先生曾经大力倡导过它。我选了一个印着老黄牛和"牛年大吉"字样的模板，先在上面均匀地刷上油墨，再慢慢地铺上一张烫金红纸，用刷子轻轻地来回刷，最后小心地把红纸取下来平放晾干，一张带着浓浓新年祝福的漂亮版画就完成了，我把它送给了妈妈。

大年初二的安昌古镇之行是我最期待的，因为它最能代表绍兴的风俗和特色。我们可以在这里参加看社戏、迎亲等民俗活动，就好像走进了鲁迅先生的书里一样。我们走在高低不平的青石板路上，一会儿就能看到一座古朴的石桥和一艘艘穿行而过的乌篷船，很神奇的是老爷爷们都是用脚来划船的。我们听着店铺里传来的吆喝声，吃着别有风味的臭豆腐和南瓜花，看着叔叔伯伯们打年糕，感受着喜庆祥和的新年氛围。妈妈说她好像回到了小时候，那时候的生活条件虽然没有现在好，但是每到过年，家人们都会团聚在一起，穿上新衣服，吃着好吃的，热热闹闹过大年。现在我们的生活虽然越来越富裕了，但是家人们却住在不同的城市里，很少能聚在一起。城市里都是一模一样的高楼大厦，过年的味道反倒是越来越淡了。我们应该把这些过年的习俗保留下来。

我想，不管在哪里，最重要的是我们一家人团聚在一起。只要我们在一起，就有过年的味道，那就是幸福团圆的味道。

饶晨澍/文，三年级

记忆中的美味

　　"咚，咚，咚"，我手中的长柄木锤不断地敲击着石臼中的糯米饭，热气腾腾中，熟悉的特有的糯米香味，随着翻飞的米团缓缓地飘出来，冲进了我鼻子，轻而易举地俘获了我所有的味蕾。我的眼镜上起了点雾，热气模糊了视线，我赶紧擦了擦，又开始抡起了木锤子，因为我在参与制作的美味就要诞生了。

　　去年清明节前夕，一大早外婆就在灶锅中摆弄着蒸笼，边上放着一大盆用水浸透了的糯米。我一看就知道要做我最喜欢的青麻糍，立马上前说："我也要去打。"接着我心里默念着"糯米已洗好，柴火已经烧旺，清水已经沸腾，蒸笼已备好……"想着每一个已经完成的步骤，急切地想美味早点到来。我协助外婆把糯米倒入蒸笼，外婆擦了擦手上的水，说："你先休息下，待会儿我叫你。"我还是坐在厨房里，看着蒸笼上慢慢冒出白色的蒸汽，从稀疏的丝丝热气到腾腾喷出的阵阵蒸汽，香气也越来越浓烈。

　　在将近一个小时的等待时间里，外婆也没闲着，我又像个小跟班似的跟在她后面。外婆把前一天从田野里采摘来的艾叶，倒在一个簸箩筐上，平摊开，再一朵一朵地选择，掐去有点硬的枝干，留下嫩叶。接着倒入另一个开水锅里，烫熟后，捞出又浸入清水中。我问为什么要这样做，外婆说，这是在去除艾叶中原本涩涩的味道。一朵朵碧绿的艾叶，飘在清水里舞蹈，好像龙井茶泡在玻璃杯中的样子。外婆捞出艾叶，捏成团沥干水分，再在案板上切成细细碎碎的样子，接着一个大大的青绿色菜团子就做好了。那特有的艾香飘出来，加入糯米香里，整个厨房都被这个特殊的清香填满了……

"咚"的一声打断了我的冥想，原来外婆与舅舅已经在门外的石臼上，开始了最繁重的打糍粑这一步骤了。

我心里嘀咕道："外婆又忘叫我了。"我赶紧起身向门外冲过去，只见一下下有节奏的敲打中，外婆俯下身，用手一下下从石臼底把糯米团翻了下。两人完美配合，敲一下翻一次，不知不觉中，已经看不出米粒儿了，糯米黏性特别强，敲打与翻团都要很用力。再说那米团儿又烫手，外婆每翻一下就得用手浸一下准备在一旁的凉开水。打得差不多时，外婆把准备好的艾叶团倒在石臼的饭团上，再继续打。我马上说，我来打一下吧。舅舅依了我，外婆抬起头慈祥地笑着点头，她信任我，因为我如果不小心就容易打到她的手。我打得很慢，真怕打到外婆的手。我抢起木锤子，用力打下去，打得不太准，打在艾叶上，艾叶绿色的汁液差点溅到了外面。我们都哈哈笑起来，大家围在一起真是开心呀。外婆捏了一小团，先给我的小表妹解解馋，我也跟着吃了一块。嗯，热乎乎的，真好吃。

没多久，那翠绿的艾叶慢慢被打入了白色的糯米团中，整个团子被染成了绿色，淡淡的草绿色团子，特别诱人。舅舅继续趁热狠狠地锤打几下，觉得整个团子均匀了。外婆说"好了"就把打好的团子放在一个大面板上铺开，用擀面杖均匀地擀压成了厚厚一层。外婆用晴天采集到的松花粉，均匀地撒上去，免得又粘连在一起。接着外婆用菜刀横竖划几下，分成一些大方块。拿其中一块去灶台，在小案板上再切成小块方条形状。

"准备入油锅炸啦！"我们表姊妹几个都端着碗拿着筷，等候着了。外婆看我们几只小馋猫，一边笑着一边不慌不忙地把小块的清明团放入平底锅，这时翠绿的麻糍变成了深绿，随着用筷子在油锅里"滋滋滋"地煎烤，香气再一次飘起。我们有点等不及了，外婆把刚煎烤好的麻糍块，逐个放在我们的小碗小盘里，嘱咐我们慢慢吃，不要烫着嘴。我咬了一角，酥脆的外表，细腻的内核，软糯的口感，可以拉丝一般，融合着艾叶的清香，简直无敌了。"谢谢外婆！"我边吃边说，外婆满意地笑了。

这就是我外婆家清明时节最传统的美味——青麻糍。在我心里时常想起，只有清明时节才会吃到，可它是我整年记忆中最美味的小吃了。

边疆怡然/文，六年级

我想养一朵云

我想养一朵云，一朵小小的云。
它每天都会在窗边飘，
和星星捉迷藏，跟太阳猜拳，
陪着我发呆。

云很听话，不会发出声音。

在我开心时，它明媚地摇几下。
在我难过时，它变出小太阳哄我。
当它开心时，屋里会有道彩虹。
当它难过时，整朵云都灰扑扑的。
当云无聊时，它会和门口的小树玩。

把影子一朵一朵，投射在树上。
影子里，有只小花猫正睡午觉。
我不多管，看着书。
它也飞来，一本正经地看我看书。
我浇花，它便变成花的模样。
我笑出了声……
有时它会去旅行，这时天便阴了。

下雪了，下雨了，
我知道它会回来。
它是去看万缕春风，
一点点染绿万亩河山，
一下碰到一池碧水，
噙着一树桃花，
从花树的影子间穿过，
云，也笑了……

第二天，它便在身边明媚了，
天，也晴了。
如果有那么一天，
我想送你一朵云，
那么你一定是我的知音。

因为呀，那朵云很小，很小，
小到只有头顶的一小片天空。
那朵云也很大，很大，
大到溢满了我整个童年的快乐！

吴梵悠/文，五年级

二爷爷的乐园

二爷爷六十多岁了，个子高高的，瘦瘦的，皮肤黑黑的，一双大眼睛笑起来眯成一条线。聊起农事来，二爷爷声音很洪亮，劲头十足，会说个没完，简直成了话痨！

二爷爷是个地道的农民，一辈子跟泥土打交道，他自己经常说，他是个庄稼汉，没有别的本领，就会种地。其实，在我的心里，二爷爷可了不起了。改革开放后，他是村子里第一个出去打工的人；第一个在自家承包地里种榨菜，又自家腌制好，将榨菜推销到外地的人；第一个搞养殖的人……有的成功了，有的失败了，用他自己的话说，他一直在瞎折腾，但他乐此不疲，失败了，不灰心，从头来，像只打不死的"小强"。

后来，二爷爷受邻村种梨农户的启发，进行了大面积葡萄种植。葡萄吃起来酸酸甜甜，美味可口，但是，要把它种好可不容易。为了让葡萄不生病，二爷爷查找资料，跟村里有经验的老农一起探讨，还去乡里的农技站里请教科技工作人员，慢慢地，二爷爷的葡萄种出了名堂，产量也高了，葡萄的味道也好起来了，成了远近闻名的种植大户。大家纷纷学他，也种起了葡萄。二爷爷带领村民一起种葡萄，把零碎的地集中起来，开沟渠，架杆子，带领大家大片种植。他把自己积累起来的经验毫无保留地传给村民，让村民种植葡萄少走了很多弯路，由于葡萄品质好，我们村的葡萄已经卖到了上海和北京等大城市。

如今，二爷爷不但种葡萄，还进行了生态养殖。他在葡萄园里养了土鸡、土鸭，这些鸡鸭散放在葡萄架下，自由觅食，葡萄成熟的季节里，鸡鸭还可以吃掉到地上的葡萄，想想鸡鸭一定也觉得很幸福吧！葡萄园的河沟里，二爷爷养了鱼呀，虾呀。如今，二爷爷的葡萄园热闹无比，他整天笑嘻嘻的，不管有事没事都喜欢在葡萄园里转悠。有人来家里找二爷爷，二奶奶总会埋怨地说：他呀，家里待不住，一准在他的乐园里！是呀，葡萄园简直成了二爷爷的乐园。

我听说，二爷爷还打算在葡萄园旁开农家乐呢，用他的话说：他要建一个真正的乐园。

陆绍斌/文，三年级　指导老师：王利益

闪耀的乡土

如果说中国人的情怀有颜色，那么一定是大地的颜色。

去看华夏历史，时间轴很长，我们经历过的很多，但不论是产业的兴衰，还是社会的安定或动荡，脚下这方土地永远扮演着重要的角色。我曾想过，在田间追逐落日，在海边静听风吟，但在如今的社会这已越来越难实现。也许，"乡土"两字有了与以往不同的、更新的含义。

"乡"字总能让人联想到亲切的乡民和温暖的乡情。其实就民风民俗而言，它既有糟粕也有精华，优秀的可以保留，或者根据生活的变化进行适当调整。

对于我个人而言，乡，似乎淌在血液里，每每想起，都会有扑面而来的暖意。我的外公外婆都在乡间长大，目睹了小路修成大道，见证了平地盖起高楼。尽管几十年过去了，但他们仍旧在商品房和两层的小平房里选择了后者。用外婆的话来讲就是："习惯了。习惯了春日里拖把竹椅，倚在门前同邻里闲聊家常，习惯了炎炎夏日到树下乘凉，吃吃西瓜，听听蝉鸣。"

乡间每逢过年，年味都会比城市更为浓烈。有平地可供孩子们成群结队玩耍。很多时候都是嘴里塞了什么点心，嘟囔着小嘴，就被咯咯笑着的玩伴拉出去做游戏。会有守岁，但现在大多是守在屏幕前面道声新年快乐；会有红包，但现在大部分被微信和支付宝取代。和家人们在电视机前团坐，看着春晚，吃着饺子，倒也成了冬日里别样的欢喜。

在我的家乡，大年初一的早晨有吃年糕的习俗，年糕寓意"年年高"。就算一年到头吃年糕的次数不下几十次，但这样具有仪式感的一年之始，会让我在这特殊的日子里对年糕充满新鲜感。开始我们都是红糖蘸年糕，但并不是一直如此。尽管烧法会变，吃年糕的习俗却仍旧寄托着美好期许；尽管时光在走，爷爷奶奶却不曾因为皱纹攀上他们的面庞而停止微笑。

所以，没有什么是一成不变的，我们的乡土文化有时也会驻足，望望那些柔软的风景，在自己的行囊里加点什么，再一路向前。

"土"字总能令人联想到广阔的大地和鲜活的生命。不说中国的传统村落，一个普通的小村庄，也有很多值得我们学习的地方。有个认识的阿姨，性格直爽，是北方的姑娘。他们过冬时会有很多家一起在平地搭起帐篷，煮起大锅饭，一起分享。我们都希望明天的世界比今天的世界更美好，而这个世界有一个很重要的部分，那就是善。这样的民风民俗里会有浸润心田的部分，分享、关怀、互助……美好明媚的不仅有新时代的人，还有新时代的精神。

闲暇之余我会看看电视节目，主持类比赛带给我的感动与启发可能已经远远超出"收获"二字。我很喜悦，站到比赛最后的，是我很喜欢的一位选手。在决赛的舞台上，她阐述职业初衷的时候这样讲："一个人一生只坚持一件事，因为热爱，所以选择。"可能对于主持人，特别是优秀的主持人而言，要把脚深深扎根在中国的大地上，摸着中国的脉动，传递中国的声音，那便是责任。他们不仅是为梦发声，更是让世界看到我们中国年轻一代的无限可能。我们，可能没有机会成为人群里的佼佼者，人生的舞台也许没有话筒也没有聚光灯，但这些并不妨碍我们站在这片土地上，为我们热爱的事业奋斗一生。乡土，不论南北，但有那么一种情怀，把我们牢牢拴在一起。

执笔之前，我没有如此认真地思考过关于"乡土"的问题，仔细想来才发觉"乡"和"土"远比我们想象的重要。对于乡土，那些闪闪发光的地方，值得被了解被学习，对它的保护可以化为涓涓细流，落实生活点滴。

乡土，不只记忆，还有未来。那些闪耀过的，会一直都在。

陈馨瑶/文，高二年级

山里人家

  山里人家的门前似乎都有很多花，晚饭花、凤仙花，花的种类不多，但是花的数量却多到数不清。这儿一丛，那儿一簇，着实热闹。花儿和银杏树形成了鲜明的对比。一个那么细小，一个那么粗壮，一个犹如纤细的美女，一个犹如高大的帅哥。

  傍晚时分，微风吹过，夜晚花甜甜的香味飘散开去。银杏树叶发出沙沙的声音，在月光的照射下，银杏叶宛如调皮的精灵，把马路当成了舞台，正欢快地跳着舞呢。

  狗，山里人照例总要养几只的。公园的石桌、石椅、马路上，总能看到它们的身影。它们一般静静地趴在地上。如果有车经过，即使驾驶员拼命摁喇叭，土狗们也是慢慢起身，再缓缓走开，一切好像在做慢动作一样。

  春天，是山里人最忙的时候，忙着采茶，忙着挖笋。天还没亮，就听见三三两两的采茶人在聊天。她们挎着茶篓，带着几个粽子和水，在山上、地里，一待就是一整天。到了天黑后，就开始切笋、烧笋。第二天早上，每家每户屋檐上、庭院里都晒满了银色的笋。

  鸡，家里没种菜的人家几乎都是放养的，这些鸡整天不是瞎溜达就是吃东西。不过，它们还是有点用的，雄鸡打鸣，母鸡下蛋。

  山里人家无论什么时候、什么地点都与乡下景物融为一体。

荣力臻/文，五年级

河南，我美丽的家乡

洛阳老君山矗立，
白天有云朵悠悠，
夜晚有彩霞飘飘，
那是你想不到的美丽。

开封铁塔屹立，
上面的尊尊佛像，
都是那么精美，
哪一尊不会让你啧啧赞叹？

嵩山少林寺端坐一堂，
红墙青瓦，杏叶满地。
少林寺里练功的少年，
哪一位不是武功高强？

河南，是我美丽的家乡，
有细细的水流汩汩，
有金黄的麦穗摇荡。
我，定为她增光！

刘宇洋/文，四年级　指导老师：李小青

鹅毛扇

我有一把鹅毛扇，它伴着我长大。

鹅毛扇，很有东方特色，也很传统。它有三个巴掌大小，用鹅毛做的，呈现桃形。刚买来时，鹅毛半白半黑，摸上去毛茸茸的。

记得小时候，一到夏天的傍晚，院子里就聚集了许多纳凉的人。晚饭过后，外婆搬来小竹椅，牵着我的小手去乘凉。人们摇着鹅毛扇，"呼呼——"仿佛在演唱一首风笛舞曲。

我躺在外婆的怀里，仰望天空。深蓝色的天空中，悬着无数半明半昧的星，它们是那样低，真是摇摇欲坠呢！我仿佛看见它们在向我眨眼，仿佛听见它们在小声说话。外婆一边"哗哗哗"摇动着手中的鹅毛扇，一边给我讲着诸葛亮的故事。每当听到《三国演义》中的"草船借箭"时，我就禁不住举起手中的鹅毛扇在空中挥舞，多么希望自己也能像诸葛亮一样挥一下鹅毛扇就能想出一条妙计！

妈妈穿着一件紫色的连衣裙，坐在一旁的躺椅上，悠闲地摇着鹅毛扇，"吱吱吱"演奏出一首浪漫温馨的小夜曲。微风中，大人们在一起谈天说地。

爸爸眯缝着眼睛，坐在竹椅上，惬意地摇着扇子。"嗡嗡嗡"，一只蚊子在爸爸头顶上方盘旋，就像在玩捉迷藏。爸爸站起身子，举起手中的扇子向蚊子拍去，他体重大，力气也大，常常为打死一只蚊子忙得满头大汗。就这样，一会儿站起来，一会儿又坐下，弄得竹椅"咯咯咯"地响。

经过漫长岁月的洗礼，一直被保留下来的东西，是那样珍贵，那样独一无二，因为人们对它倾注了自己的感情，如同充满夏夜故事的鹅毛扇。

　　　　　　　　　　　顾信知/文，四年级　指导老师：晏茹

闻到桂花香

桂花开了。

轻轻地推开窗，桂花香扑面而来，我陶醉了，又想起了小时候。

小时候，我住在奶奶家。奶奶家的后院有两棵桂花树，我时常和伙伴在树下玩闹。一闻到桂花香，我就想到奶奶。每当这个时候，奶奶就会坐在椅子上补衣裳，桂花开了，奶奶就会把所有的时间都用在摘桂花和做糕饼上。桂花糕甜甜的，有一点儿淡淡的芳香，可好吃了。

奶奶一辈子都很节俭。每次妈妈带她去买衣服时，好不容易看上一件，可奶奶一看价格，就摇摇头："太贵了！我箱子里有一件一样的，花这个钱干什么。"说完，就把衣服放回去了，怎么劝也没用。

奶奶并不会乖乖坐在家中看电视，她会用勤劳换取大自然的恩惠。家中的菜，都是奶奶自己种的，新鲜极了。

我小时候总是想，奶奶为什么不给自己多买几件衣服呢？为什么不让自己在家里看几天电视呢？当我长大以后，我明白了，奶奶身上最值得我学习的是勤劳节俭。古人云："只有节俭，才能让祖宗的基业长久。"

小小的一朵桂花，样子不如百合，但是芬芳无人能及。矮矮的桂花树，不如樟树般高大，不如梅树般有姿态，但它有自己独特的美。

张开心/文，五年级　指导老师：王雄

家乡的变化

今天我和阿姨去看了电影《我和我的家乡》，电影通过讲述北京、杭州千岛湖、陕西、沈阳的农村以及贵州等五个地方的家乡故事来抒发人们的家国情怀，向我们展示了脱贫攻坚的成果。

看完电影后，我脑子里浮现出了一个问题：我的家乡以前和现在有区别吗？于是，我拨通了奶奶的电话："奶奶，以前的戴村是什么样的？"奶奶犹豫了一会儿对我说："区别很大呢。以前村里的人都很贫穷，没有工作就只好在家乡种田，没鞋子穿就赤脚走在泥路上。经历风吹日晒，个个皮肤黝黑，只能靠庄稼的收成吃饭，如果收成好就阖家欢乐，可要是收成不好就垂头丧气，填不饱肚子。""那不是要饿死了吗？"我打断了奶奶的思绪。奶奶沉默了许久继续说道："是的，以前很多人饿死。"说着奶奶又沉默了一会儿："现在可不同了，你看农民不仅不靠庄稼吃饭，还从城市里学了本领，给村里带来了好多财富。"奶奶顿时呵呵地笑了。

在一旁的爷爷也来凑热闹了，接过电话说道："我们以前住的房子都破破烂烂的，不成样子，条件好的也只能住木头房，条件一般的住木头当架子、泥土当墙的房子，还要差的呢就只能住茅草房。"我连忙好奇地问道："那下雨会漏水吗？""当然会啦！外面下大雨，里面下小雨。"爷爷沉重地说，我听出了爷爷有些悲伤，连忙说："爷爷您看，现在都是钢筋混凝土的房子，坚固得不得了呢！"爷爷这时发出了笑声。

原来我的家乡变化也这么大呀！最近还听爸爸说村里有了旅游风景区，以前的好多农田变成了花海，那里种着一排排粉色的花，远远望去像一条粉色的丝带，美丽极了，因此成了网红打卡地。最近还有了小马和羊驼，真是越来越好了。

我喜欢我的家乡，我一定会好好学习，像我看过的电影里的人一样，长大学了本领来改变家乡。

郭易锐/文，三年级　指导老师：王晓峰

外婆的斋饭

做斋饭，外婆每年都得来上几次，风雨无阻。一做斋饭，家里就天翻地覆似的。我一直很不理解，不做斋饭，真会带来坏运气？

这一天，做斋饭的日子又一次闪亮登场。一张可坐八人的红木八仙桌与八把陈旧的八仙椅已经到位，桌上摆上精美的斋菜，前面放上盛满香灰的铜炉，炉中点上沉香，放个蒲团在桌前的地上。外婆又从旧物堆中找出了两位老祖宗的画像，并排倚在靠中间一把八仙椅的椅背上。由我把酒，举着古色古香的锡壶，给八个小巧的酒杯中倒了三分之一，像服务员似的站在桌旁，看着外婆在蒲团上跪拜。每隔十分钟，我就要添一次酒，很快添满了，看外婆表情仿佛想让我也跪拜几次似的，我一下子溜到外面。

外公正在门外叠纸元宝，已经叠了整整两大盆。外公拿出一个打火机，"啪、啪"两声，在外公声称已把钱送到祖宗那儿的解释中，他大半个小时的付出灰飞烟灭。我看时机已成熟便淘气地拣了两三个纸元宝盖在火上面，一时烟灰四起。这时，一个矫健的身影冲进烟尘中，是外婆！她不顾一切把两位"老祖宗"转移到安全地带。

此时此刻，我的心怦怦直跳，原来那跪拜不是假惺惺的，外婆对祖先的尊敬，使我永生难忘。从此，我也知道了外婆的斋饭是货真价实的，那是一种对祖宗精神传承的敬意，也是对现在家庭生活的祈福。

迟天济/文，七年级　指导老师：冯燕

南关厢雨夜

华灯初上，
漫步南关厢，
一城的繁花陶醉在飘雨的长巷。

亭台楼阁，
打伞的姑娘，
淋湿的记忆诉说着老街的时光。

皮影彩灯，
朦胧河中央，
斑驳的故事演绎出古色又古香。

是关厢，
是雨巷，
是家在的地方。

沈于蓝/文，四年级

年　味

"故岁今宵尽，新年明旦来。"年味，在每一张喜气洋洋的脸上晕散开来。我们一家人围坐一起吃着丰盛的团圆饭，我好奇地问："以前的年是什么味道？"

"50后"的爷爷奶奶说："年味，是除夕夜收到五毛钱的压岁钱，初一起早去熙熙攘攘的集市上争先恐后地排队买花生、香瓜子、核桃仁的味道。"那个年代，日子过得很穷，最幸福的事就是用亲手织的粗布做一身新衣裳，最顶尖的年货是红纸包白糖，最难熬的是看着饭桌上只有过年才会出现的鸡和肉只能吞吞口水。为什么不能吃？爷爷乐呵呵地说，因为下一拨客人来这些菜还是要端上桌的，直到春节结束后剩下的才能自己吃……

"80后"的爸爸妈妈说："年味是甜腻粘牙的大白兔和喔喔奶糖，是追逐打闹往小伙伴身后扔鞭炮的味道。"每逢过年，家家户户都会杀猪宰羊。印象最深的是打年糕，热气腾腾的糯米粉出锅，都会忍不住偷一小块儿，沾上黄豆粉，现在想起来真是回味无穷。年糕在爷爷的巧手下会变成各种惟妙惟肖的样子，有鲤鱼跃龙门，有石榴开花，有金元宝。条件不错的家庭还会请裁缝师傅到家里做各式各样漂亮的中式棉袄，妈妈说她每次都会让师傅给她设计盘扣的样子，穿上都特有面儿。当然，只要家里有小孩，旺旺大礼包是走亲访友必备的。那时候放烟花，是过春节最隆重的项目了，小到火柴盒，大到人那么高，各种款式应有尽有，什么降落伞、小飞机、火箭……放完烟花，一家人围坐在黑白电视机前看春晚，那是过年的味道。

"10后"的我说："年味是孩子们不用上补习班的轻松，是爸爸妈妈领着年终奖的满足，是喜庆团圆的味道。"生活越来越好的今天，过年不再追求华丽的新衣，不再追求丰盛的菜肴，采办年货满载而归，耍下书法功底写几个"福"，一起谈天说地话家常，微信互发红包，支付宝里扫福，淘宝清空购物车，刷刷抖音乐呵一下。现在的我一到过年都变成了实实在在的"小富婆"，长辈们一边发厚厚的红包一边念叨着"好好读书健康长大"。虽然没有了放烟花的乐趣，也不能出去旅游，但是家门口越来越多的公园走道、书店、影院，都是我们消遣时光的好去处。那是过年的味道。

三代人，同春节，时代变，过法异。年，在不同的时代有着它不同的味道，我们也在不同的味道里尝出了同样的温暖和期盼。

沈于蓝/文，五年级

老　屋

　　我想，无论什么时候，只有回到爷爷家的老屋中，才叫回到了老家。

　　老屋是我爷爷村中的一幢农民房，墙上铺着蓝色瓷砖，有两个铁门。老屋边上有个小仓库，再边上有块小小的田地，常常长出一些小葱和大蒜。如今，老屋还立在那儿，只是因为年久失修而变得颜色黯淡了。门前那墙上的瓷砖也掉了许多，就像人老了掉了牙一样。

　　老屋是老了，可岁月的磨蚀，并没有磨蚀掉我的童年记忆。

　　已来到门前了，那已褪色的对联仍然挂着。鸟儿还记得我，毫不陌生地飞来迎接，却也不敢靠太近，或许它们与我的心情相同。手已碰到门，却不马上推开，怕惊扰了这美好的时刻，惊扰了这老屋给予我的记忆。

　　记忆就是我的童年。也是在此处，我一推开门，就奔向饭桌——抓起一把坚果仁就往嘴里塞。我真想和从前一样，还想再听一声奶奶骂我"馋嘴猫"。

　　老屋是我童年的记录。当我冲进老屋的时候，一种久违的感觉涌动全身：真的回来了！

　　回到老屋，第一件事就是找我的童年碎片。一把摇摇晃晃的藤椅，爷爷曾坐在上面给我读报纸；一本百看不厌的图书，奶奶曾给我背了一遍又一遍……这些事物，还原了我童年的全部细节。

　　夜晚，那月亮不见了，好像因为我太久不回来，有点陌生了，只是躲在云彩后偷看我的行动。从前，月亮无论什么时候都要冲过云彩与我同行，抚摸我的脸，现在怎么成了这样？

现在，爷爷准备把三楼杂物房改成书房，就把杂物都拿走了。可他哪里知道，没了它们，我就没法回忆童年。

虞岳/文，五年级　指导老师：徐霞

我的快乐除夕

新年在人们的期盼中飘然而至，除夕到了！大街小巷喜气洋洋，家家户户张灯结彩，男女老少的脸上都洋溢着笑容，准备除旧迎新。

除夕早上，人们总会"新桃换旧符"，来表达对新年的祝福和希冀。在我家，爷爷会早早地在门口贴上崭新的春联，配上中国结和"福"字，再挂上一对大红灯笼。红灯笼就像两个大火球，在阳光的映衬下闪闪发光，十分耀眼。这时，我会大声地读出春联上的字，来沾一沾喜气。

除夕的年夜饭总是最丰盛的，也是这一天的重头戏。中午一过，爷爷奶奶就开始在厨房忙活起来。我们家的年夜饭一般要准备十道菜，每一道菜都有特别的含义。奶奶说，这是她的奶奶传下来的，可是传家宝哦。比如：肉丸蛋卷三鲜菜，象征家人团圆、生活鲜美；西施豆腐，寓意福气；蒸年糕，那真是"年年高"；炒藕片，意味着"路路通"；烧芥菜，是要戒除晦气；红烧鲤鱼，那就是年年有余、鲤鱼跳龙门的意思；还有八宝饭，迎新接宝，一听名字就吉祥！于是，在品尝这么多色香味俱全又饱含美好寓意的饭菜中，我又感受到了传统佳肴源远流长的文化。

年夜饭前，不管南方还是北方，都会有传统的祭祀或者祝福的仪式。在我们家，这可是一件重要的不可或缺的大事，由一家之主的奶奶一手操办。先把供奉祖先的猪肉、鸡、鱼、糕点和水果等摆放好，再放上几套碗筷、酒盏，点上一对大红烛，祭拜开始。每个大人都要给祖先添酒，以示尊敬。接着给祖先烧"金条"，愿他们衣食无忧。这时候，我也会懂事地跟在大人后面，进行敬拜，希望祖先们保佑自己健康平安、好好学习。

对于孩子们来说，除夕夜最美好的事情，当然是收到压岁钱和放鞭炮了。年夜饭开吃不久，爷爷奶奶、爸爸妈妈就会变戏法似的掏出一个个漂亮的大红包，把压岁钱递到我和哥哥手上，并送上祝福。我总是开心地说谢谢，边暗自计算着我的"小金库"收入。饭后，除夕夜迎来高潮，大人们用竹竿挑起长串的鞭炮开始点响。一刹那，"爆竹声中一岁除"，火树银花，响声震天。我捂着耳朵，看着夜晚变得五彩缤纷，听着周围的欢声笑语，激动得大喊大叫。

每年的除夕，总是我最开心的一天。一年又一年，我感受到相似的快乐，又体会到不同的收获。

骆欣源/文，三年级

第一串冰糖葫芦

春风里，
群芳争艳时，
山楂花绽开笑脸，
悄悄地把自己开成了密密的繁星。

秋天里，
硕果累累时，
清新淡雅的她，
偷偷地把自己结成了羞涩的红装。

一百日的朝霞雨露，
最终被滚烫的甜蜜，
包裹成坚硬的琥珀琉璃，
出现在"冰糖葫芦"的吆喝声里。

记得，在那寒冷的冬天里，
妈妈买下了她并给好奇的我讲述这些前世今生，
那串串鲜红晶莹的果实和她的故事，
温暖地将我融化。

骆欣源/文，三年级

新　年

"爆竹声中一岁除,春风送暖入屠苏。"转眼间,象征着团聚的春节又到了。

一阵烟花声在窗外响起,我抬起头,站起身,朝窗外望去:一束发着白光的烟花迅速而猛烈地朝如同黑绸缎一般的天空飞去,在与楼房平行的位置猛地爆炸成一条条五颜六色的线,朝四面八方飞去。

我被这束烟花深深地震撼了,突然很想再近距离地观赏一下这美丽的烟花。于是,我穿上鞋,跑下楼,打算去楼下看烟花。可能是不想让烟花对小区的绿化造成影响,也可能是烟花坠入江中的情景实在太美吧,人们都在江边放烟花。在这些人中,既有放烟花的,也有放鞭炮的。我站在江边,静静地欣赏着这一切。

江边,有一个小女孩,手拿一根长长的烟花,斜对着天空。夜晚的风,把刚点上的火产生的火星都吹歪了,它们歪歪斜斜,像醉汉似的在风中凌乱。然而这对烟花毫无影响,它们依然按着角度,向天空飞出去,在天空绽放成一朵美丽的花。还有一个小男孩,手拿一颗鞭炮,用打火机点燃后立刻向江里扔出去,捂住自己的耳朵。大概过了两三秒,看似小小的鞭炮爆发出一阵惊天动地的巨响。在所有这些烟花和鞭炮中,我最喜欢的是一种盒装鞭炮。它的外观和操作平平无奇,和如今市面上大部分盒装鞭炮一样,它也是放在地面上放的,但它却又有和它们不一样的地方。它总能让人猜不透它的心思。放鞭炮的人把它放在江边的栏杆上,拿出打火机,把它点燃,然后立刻逃到远处观赏。只见鞭炮过了几秒后立刻爆炸了，火药爆炸出来的线条互相交错，发出噼里啪啦的响声，如同一棵被大火点燃的树，叶子都被烧光，却还留着闪着火光和互相交错的树干。突然，前一秒还闪着耀眼的火光的鞭炮熄灭了，只留下几点火光闪烁着。

我失望地想：刚才还那么耀眼，过了三十秒不到就熄灭了，果然美好的事物都不能永存啊。许多观众也纷纷把目光投向别处。就在我关注别的鞭炮时，那阵熟悉的噼里啪啦声又响起来了。难道那个放鞭炮的人又放了另一个鞭炮？于是我朝声音传来的方向看了一眼。那是同一个鞭炮！原来刚才那个鞭炮并没有真的熄灭，它只是"歇"了一会儿，然后继续燃烧。

那些爆炸出的线条，不断变幻着，在我的眼中组合成了一团鞭炮。恍惚中，火光似乎停了，但我没有动。我相信，它还会再燃烧起来的！果然，它再一次燃烧起来了。但这一次有些不同寻常，火光出奇地明亮，燃烧的声势出奇地大，仿佛是永别，又仿佛是回光返照。这时，我注意到鞭炮的上方有一片燃烧产生的烟云，缓慢地朝远处飘去，刚好和剧烈爆炸的鞭炮形成对比。鞭炮再次停了，这一次它真的熄灭了，再也没有复燃。围观的人群散了，只有那烟云依旧缓慢地朝远处飘去。

这场鞭炮就是2021农历新年送给我最好的新年礼物。鼠年随着鞭炮声去了，它在烟云中得到了永存。而牛年，则是那第二盒崭新的鞭炮。新年，终于到来了！

邵晗涵/文，五年级　指导老师：聂青青

我的老家

　　我的老家有个好听的名字，叫绿化，是个山清水秀的地方。

　　家门口有一条很清很清，微微带着绿色的小溪。这条小溪啊，从山顶而来，穿过我的老家，一路通向石壁水库。溪底都是细细的沙子，光溜溜的鹅卵石懒洋洋地躺了一地，脱了鞋子赶紧哗哗地蹚过去，给脚底做一次免费的自动按摩。溪水顺流而下，脚背上瞬间滑动的感觉，时不时还会有一些看起来黑黑的、瘦瘦的、小小的鱼儿，不知道是小脑袋撞在我脚上，还是用小嘴巴啄到我的脚背，一下，又一下，越来越多，痒得停不下来，它们不会以为我的脚是美食吧？

　　立秋之后，我们会在溪边石头缝中找螃蟹，潮湿一点的地方，翻的时候速度要快，否则一不小心螃蟹就不见了。这条小溪好像只生产小螃蟹，大一点的也只有啤酒瓶的盖子那么大，带回家当观赏宠物还真不错！

　　沿着小溪，到金竹坞山庄，山上有一条游步道，修缮成功，这里环境清幽。五月里，踏着山路，听着溪水的歌唱，采着纯天然的鸭公公和野生藤梨，实在是最美的遇见。

　　我最喜欢的是半山腰的烧烤，握一根竹签啃一口鸡翅，和小伙伴玩一会儿跷跷板，再荡一会儿秋千，别提多么惬意。这时候再来几只蚂蚱或者螳螂加入我们的游戏，那尖叫声和笑声常常会响彻山谷。再往上就是我最擅长的水中登山，山路伴着山溪，许多大石头立在水面，有时候只要一跳就能到达下一块大石头，有时候需要爬上去，再往下跳，不走寻常道的惊险和刺激全在这里。

　　沿着游步道一直往上走，还会看到一片片茶山，满眼都是起伏的绿色。清明前后，勤劳的妇女背着茶叶篓，戴着草帽，聚集到茶山，采集着没有肥料没有农药享受着高山云雾的茶仙子，怎么看都是最美的风景。绿化的高山有机茶也是小有名气，很多游客慕名而来，求的就是那口特别的甜和香。

　　九月份，山上又会出现一波人潮，那是板栗成熟了。栗子山的主人会全副武装，扛着竹竿打板栗，不要以为很好玩，那是又累又危险的事情。板栗外面的保护壳长满了尖尖的小刺，简直就是缩成一团的小刺猬，一不小心砸到你的头上，你定会痛得哇哇大叫。没有种板栗的人家，也能靠勤劳有所收获，拎上一只编织袋，带上一个夹子钳，在板栗山寻宝，每当发现一只"小刺猬"，就会快速夹起，投进编织袋。

　　一年四季，爬山爱好者都会相约南园尖，向着东白山顶攀登。曾经，溪上满是白色垃圾，阵阵臭味熏走的不光是风景更是健康。不知何时，荒凉又贫瘠的小山村竟然成了人人向往的吸氧圣地。正如习爷爷所说，绿水青山就是金山银山，我的老家绿化，在祖国的小康时代，放眼望去到处都是金山银山！

金楷博/文，五年级　指导老师：王亦科

一双特立独行的鞋

他们都遵守了彼此的约定，
也履行了对对方的承诺，这才是真正的好朋友。

一双特立独行的鞋

　　每双鞋子都要接受主人的重量和气味，哪怕主人是个胖子，哪怕主人有脚臭，哪怕主人是个有脚臭的胖子。有一双特立独行的鞋子，它安静地待在店里，每天过着快乐的日子。

　　但是，苍天并不会让幸福一直持续下去。有个人进店看中了它并把它买走了。鞋子一开始觉得没什么，不就是被人家穿在脚上，只要是鞋都会有这样的经历。那人付了钱拎起装着鞋的盒子，回家去了。

　　后来，鞋子的主人打开盒子，把鞋子取了出来，他穿上了鞋子。一开始，鞋子觉得自己主人的脚还好，一点也不臭，但鞋的主人觉得很适合，就把牌子剪掉了，另一只脚也放了进去，出门了。几分钟过去，鞋子开始觉得四周很臭，它并不在意，以为只是垃圾的臭味，但它突然发现四周根本没有垃圾，它意识到了，这是主人的脚臭。看着自己鞋子上只有四个小小的、比指甲盖还要少一圈的孔，它只能无奈地笑着，那笑声里透露出它的绝望和悲伤，它心想：老子怎么会碰到这种主人！一切都是命中注定的，自己只能听天由命了。鞋子现在只能默默忍着，忍到主人到家之后，把自己脱下来。

　　终于，主人到家了，他脱下了鞋子，跑到房间洗手去了。鞋子呼吸着新鲜空气，大口大口的，仿佛再不吸新鲜的空气，自己就会死掉一样。一个下午过去了，鞋流下了眼泪，因为自己的主人一个下午都没有出去过，让它不用忍受臭气之苦。晚上六点钟的时候，主人吃完晚饭，在沙发上玩游戏。鞋子听着主人讲话，却听不懂主人在说什么。

只听到"上啊，救我救我！倒一个，上上上上上！"半个小时后，主人出去散步，鞋子大喊着："不，不要！"可是主人听不到，鞋子又被穿到了脚上。不出鞋子所料，五分钟不到，臭气再次迎面扑来，简直要了它的小命啊！鞋子强行忍到了主人回到家，于是它又开始大口大口地呼吸新鲜空气。夜深人静的时候，鞋子哭了起来，说自己的命不好，可是能怎么办呢？

早晨起来时，主人看到鞋子都湿了，很好奇，但也没在意。用烘干机把鞋子烘干，又穿了进去。这次鞋子可惨了，今天是星期一，他要上班，鞋子忍受着八小时的折磨。晚上半夜三更时，它又哭了起来。这样"年与时驰，意与日去"。

主人过马路时发生了车祸，意外身亡。但最后鞋子却没有得到想要的自由，而是跟主人一起被火化了。

吕朱博/文，六年级

竹

春日，园子里莺歌笑语群芳争春，其中樱花最为惹人注目。她穿着粉红的裙子，头戴花冠，近看似锦，远看如霞。无数的蜜蜂、蝴蝶围绕着樱花翩翩起舞，越发衬得樱树如春之仙一般娇贵，在园中傲视群芳。

听着花草树木的恭维、如织游人的赞美，樱花矜持地摆摆花裙，朝角落一年四季未曾开花的竹子投去轻蔑一瞥。竹子谦逊地一笑，沉默不语。

春夜，夜来风雨声，樱花落多少。樱树望着满地的残花，为自己的红颜易逝默默哭泣：曾经有多么风光无限，如今就有多么狼狈不堪。在一片幸灾乐祸的眼神中，竹子朝樱树微微点头，留下些许安慰。

夏日，骄阳似火，园子里各花草的争艳赛在烈日下偃旗息鼓。合欢树挺直胸膛，肆意展开他粗壮的树枝，尽情展现满树的羽状花。在满园的绿叶中，他就是如此与众不同！角落的竹子微微作揖，沉默不语。

台风突然而至。狂风大作，暴雨如注。合欢树在狂风中剧烈摇摆，枝条"吱嘎"作响，最终逃不过折断的命运。此时，他才明白"树大招风"是如此的惨烈。角落里的竹子在狂风中紧紧扎根，他那韧性十足的身躯，随风摇曳。待风平雨歇时，他抖抖雨水，在阳光下更加清亮。

秋日，众花草逐渐显露枯相，银杏树粉墨登场。那满树金黄的扇子，在秋天里独树一帜。银杏树心安理得地享受着众树艳羡的目光，只有角落里的竹子喝着露水，依旧沉默。

寒露、霜降之后，多么令人羡慕的金黄银杏叶，最终被秋风扫落，与枯枝败叶为伍。角落里的竹子抖抖叶尖上的白霜，把根扎得更深更远。

冬日，院子里万籁俱寂，一片萧条，满目都是光秃秃的树枝，在寒雪中瑟瑟发抖。墙角的竹子呢，一如既往地葱翠如玉，在雪的映照下，显得更加苍翠挺拔。

郑燮站立于竹前，出口咏道："咬定青山不放松，立根原在破岩中。千磨万击还坚劲，任尔东西南北风。"

董喻仁/文，五年级　指导老师：陆雪梅

小仓鼠棕果

　　我家的棕果是我见过的最可爱的小仓鼠，它长着一对尖尖的耳朵，好像头上有两座小山，圆滚滚的脑袋像绒球，摸起来特别舒服，两颗"小黑豆"骨碌碌地转。一个粉红的鼻子东动动，西动动，像在寻找着美味的食物。一张长着龅牙的小嘴最挑食，看这个，不行，看那个，不行。两只小爪子尖锐无比，一抓就能抓出血痕来。它胖乎乎的身体使得它行动缓慢，都没法跑滚轮了。两只看似瘦小、力量却很大的小腿总是带着沉重的身体前行。它啊，吃食物的时候，没人跟它抢，但依然争先恐后地跑过来，拿了就吃。

　　它睡觉时也很调皮，走回纸巾堆里，把那纸巾咬得粉碎，当被子盖。散步时也不闲着，在笼子里到处跑，上蹿下跳。生病的时候，自己治，缩在纸巾堆里几天不出来，好了再出来。

　　现在寒冷的冬天到了，它不常出来玩了，整天缩在纸巾堆里，观望着笼子外，好像在说："哎，我要冬眠啦！明年春天我再好好出来玩玩！"说完，棕果就再次缩回纸巾堆里，不知道干什么去了。

　　其实我也在盼望，明年春天出来的时候它能毛色更鲜艳，精神更旺点儿吧！

王文羽馨/文，三年级

我和孙悟空过一天

    我正在看电视剧《西游记》，突然闪过一道强光，我的眼睛都睁不开了。我使劲地眨了眨眼，周围的环境陌生得让我感到害怕。

    我循着光的方向走去，听见轰轰的水流声从不远处传来。我向前小跑几步，只见一股瀑布飞泉，泉水飞流直下，就像是一个由无数珍珠连接在一起的白色帷幕，景象非常壮观。仔细一瞧，泉水的源头立着一块石碑，碑上有一行大字：花果山福地，水帘洞洞天。啊！这是哪儿？我看得目瞪口呆。

    "何方妖怪，敢闯俺老孙的花果山？"我循着这一尖锐的喊话声，猛地回过头去，只见一个头戴凤翅紫金冠、身穿锁子黄金甲、脚踏藕丝步云履、手持金箍棒的人猴从半空中迅速降落下来。咦？这不是传说中的美猴王齐天大圣孙悟空吗？真威风啊！我想都没想直接问上去："大叔，您这身行头可是孙悟空的？哪个剧组在这拍电影啊？"

    "无毛怪，你可知道俺是谁？"孙悟空颇为骄傲地问道。我瞧他威风凛凛、气宇轩昂的样子，真不像是在拍戏！"哦，您是大闹天宫的齐天大圣。"我漫不经心地答道。孙悟空瞟了我一眼，说道："好家伙，俺今天索性就点化点化你。"话音刚落，孙悟空挥起金箍棒就要敲打我。我惊慌失措，忙喊道："不要打我，我不是妖怪，我是您的粉丝。"孙悟空听了我的话，眉开眼笑。我这才恍然大悟，原来我是穿越了。就这样，我和孙悟空不打不相识，很快成了朋友。

    孙悟空邀请我去他的水帘洞做客。说罢，他纵身一跃，顺着泉水翻了个跟斗，一眨眼消失得无影无踪。我有样学样，先是往后退了退，然后捂着眼睛奋力向着瀑布冲去。"啊！救命！痛死了，呜呜呜。"原来我压根没"飞"进水帘洞，而是撞在了石壁上，额头瞬间突起一个鼓鼓的大包。悬在半空中的孙悟空见状哈哈大笑起来。哎呀，我的糗事全被他看见了。刹那间，又是一束金光闪过，瀑布居然被劈成了两段，中间露出了一个长方形的门，原来瀑布后面果真别有洞天。

　　我起身正要往里走去，突然又是那束金光一闪而过，就差一步，我马上能见到跟电视剧里一模一样用石头堆砌成的桌子、椅子和床；我还想看一眼，孙悟空和猴孙们的练武场地，刀、枪、剑各种闪耀着令人胆寒的银光兵器；花果山的猕猴桃、人参果、板栗，我都还没有机会品尝呢！我却醒来了！我狼狈地从地板上爬回沙发，原来我做了一个长长的梦，我遇见了孙悟空。可是我不甘心，下次我还要把这个美梦继续做下去。

沈朱宥成/文，四年级

茅膏菜中飞出"金孔雀"

　　一束绿色的茎从中间扩散开来，在底端绽开红色的"小花"，花中一粒粒珍珠闪着光，形似孔雀开屏，它就是"孔雀茅膏菜"。

　　别看它植株小巧玲珑，但它的上面布满头状腺毛，犹如晶莹剔透的"露珠"，形似孔雀开屏，由此得名：孔雀茅膏菜。当清晨柔和而不失清新的光投在它密密麻麻的茎叶上时，一朵朵鲜红的花带着特有的"露珠"，在它红丝绒的叶边上拉开一层层天罗地网。

　　它隆重地登堂入室，成了我眼中的"另类"。从未听说过除它以外，把黏液整天暴露在日光之下的。在午后强烈的光照下，这些黏液就会不断地被热量吞噬，继而它一刻不停地产出一粒粒珍露，仔细地放在它特有的绒毛上，日复一日，大批量堆积。

　　这只"金孔雀"还特别古怪，只欢迎令人讨厌的顾客，蚊子、飞蛾和苍蝇享有VIP特权。"嗡"，一只年老的苍蝇，用尽全身力气，向它孔雀羽毛一般的花盘飞过去。终于，在几十盆植物中，它被盛开的"小孔雀"羽毛迷惑住了，立马，一团团黏液像502胶水一般牢牢拉住了它，随即一根根展开着的花瓣一个个向里抱拢，放出有毒的气体，一颗颗珍珠落下。虽然平时"小孔雀"一动不动，可是捕杀虫子的瞬间看得我心惊胆战，简直是捕虫家族中的"猛兽"。

　　植物界这位独有的茅膏菜族人，一群钟情于它的独特"贵宾"，一堆销售的危险"珍珠"，构成了它那名副其实的"金孔雀"桂冠。

　　　　　　　　　　　　刘扬皓/文，四年级　指导老师：张燕

杨梅的眷恋

"卖杨梅了，卖杨梅了，新鲜的杨梅，不好吃不要钱，过了这上市的季节，杨梅就没了！"伴随着一阵阵叫卖声，杨梅仿佛很听话地被叫熟了。

杨梅是圆的，远看跟小李子没什么区别，可拿过来仔细看就不一样了——它浑身长满尖尖的刺。这并非它的壳，而是它的肉。当它成熟时，尖刺却变平了，钝了。

你问它的颜色啊？开始时，它是淡红的，如婴儿的脸颊一般，可爱有趣，然后渐渐成了深红，最后竟然成了黑色——不，准确来说是黑红，因为太红了，所以看着像黑的。咬开它，可以看到它鲜红的内部，同时我们的嘴唇也会被染成和它一般的颜色。荔枝的光色是呆板的，像玻璃，而杨梅的光色却是生动的，像映着露水。

滋味呢？没熟透时它是酸中有甜，熟透的便是甜酸可口了。这滋味，爱吃甜的人，吃一口就不舍得丢掉；不要吃甜的人呢？也被深深吸引住了。它是甜的，可后味带着点酸，这酸味在我们吃完了杨梅再去吃别的东西时才体会得到。这时，我们才知道牙齿酸了，连豆腐都无法咬动。可是即便这样，我们仍然想多吃。

细雨如丝的时节，人们用船把它运来，一担一担地把它挑来。我们再一篮一篮地把它买来，倒上一脸盆水，用水洗一洗，然后一颗颗地放进嘴中，一颗未吃完，另一颗又被拿起，一连十多颗，有时连核也吞进肚中。

"吃慢点……"妈妈看见我狼吞虎咽地吃着，就这样提醒我。但我不管，心中只想着吃杨梅："好吃！好吃！"等吃完了，摸了摸饱胀的肚子，叹息着走开了。

　　小小的杨梅，成了我记忆中的眷恋。

毛湛一/文，四年级

秋天的乡村真美

　　我的家乡在一个美丽的乡村，它一年四季景色诱人，最美的季节就是秋天了。

　　秋天的田野美得像幅画。稻谷熟了，金灿灿的，像是谁在地里铺了一层厚厚的金子；玉米绽开了嘴，露出一排排金黄金黄的牙齿；大豆好像一年四季都在笑，笑破了肚皮。它们都在高兴地等待人们的收割。

　　秋天的果园里水果飘香。橘红色的大柿子挂满枝头，好像在这蓝色调的画面上撒上点点朱红，顿觉火红醒目，富有生气。橘子就好像一盏盏小灯笼，挂满枝头。微风拂过，一阵阵果香味扑鼻而来！

　　秋天的花园里各种花朵怒放。桂花树的枝头长满了金灿灿的桂花，像满天璀璨的星星散发出迷人的香味。菊花怒放，它们那半圆形的花瓣散开：有的像小河流水那样温柔，有的像雄狮那样雄伟，还有的像少女的头发一样飘逸。千姿百态，美丽极了。

　　秋天的小河也美。它如同一条淡绿色的绸带，鸭子在水中嬉戏，热闹极了！

　　我喜欢秋天的乡村。

　　　　　　　　　　　　　胡蕙琴/文，三年级　指导老师：钟小鸟

冰雪喜相逢

　　四年一度的冰雪大会就要召开了，冰墩墩知道这个消息后兴奋极了。因为这次冰雪大会将在他的家乡召开。一想到在家门口就能见识到盛况空前的冰雪大会，同时还能认识来自世界各地不同的朋友，冰墩墩心里就忍不住激动起来。但他并没有忘记，在遥远的南方还有一位他最好的朋友——雪容融。于是，他托风伯伯给身在远方的雪容融带去消息，邀请他到自己的家乡来，一起参加这次冰雪盛会。并且还别出心裁地用冰块制作了一张精美别致的邀请卡，向雪容融展现了自己满满的诚意。

　　雪容融很快就收到了来自北方好朋友的邀请，他手里拿着这张特别的邀请卡，心里十分感动。别看雪容融的名字里带个"雪"字，其实他从未见到过真正的雪。只是因为他平日里是个心地善良、乐于助人的"热心肠"，真诚的笑容可以温暖地把冰雪都融化，所以周围的人才叫他"雪容融"。他的心里一直都向往着那千里冰封、万里雪飘的北国风光。可从未独自出过远门的他，又担心从小体弱多病的自己，是不是能够经受住一路上长途跋涉的艰辛。经过一番激烈的思想斗争后，为了不让自己的好朋友失望，也为了锻炼自己，最后他还是决定接受这个邀请，去遥远的北方参加这次冰雪盛会。他也托风伯伯向冰墩墩带去他一定会准时参加冰雪大会的郑重承诺。

　　冰墩墩收到了雪容融确定要来他家乡的消息，心里的喜悦之情难以言表。嘴里整天絮絮叨叨地念着："有朋自远方来，不亦乐乎？"为了让雪容融来了以后有更好的体验，更有宾至如归的感受，他决定发挥自己的想象力，亲手为好朋友建造一座雪容融专属的"冰雪小屋"。经过一番构思和设计，冰墩墩决定把冰雪小屋建成一艘宇宙飞船的造型，为了寻找灵感，还特意应景地换上了一身太空服。他没日没夜地埋头苦干，就为了能赶在雪容融到来前完工，以至于原本肉乎乎的"小胖墩"瘦了一大圈。

与此同时，雪容融满怀着激动又有几分忐忑的心情，踏上了前路茫茫的未知旅程。对于从小就足不出户、身体孱弱的他来说，这漫长的旅途无疑是一场巨大的考验。他走过春雨绵绵的三月，蒙蒙细雨沾湿了他的衣襟，让他的身子变得沉重，却没有丝毫延缓他的脚步。他走过夏日炎炎的六月，灼灼烈日让他汗流浃背，口干舌燥，脚步变得虚浮，但他每一步迈得更加坚定。他走过秋风瑟瑟的九月，那漫天飞舞的落叶和风沙迷蒙了他的双眼，让他看不清方向，却丝毫没有动摇他继续向前的决心。终于，他跌跌撞撞咬着牙走到了白雪皑皑的冬天。那纷飞的鹅毛大雪、冰冷刺骨的寒风都不能让他有所畏惧，有所退缩。因为他坚信终点就在前方的不远处了。

冰墩墩自从造好冰雪小屋，每天都会在屋顶上眺望远方，等待着雪容融的到来。今天，他又和往常一样，一大早就站在屋顶注视着远方。等啊等啊，正当他以为这又是失望的一天之时，突然远处风雪之中一个小小的红色身影映入了他的眼帘。"雪容融终于来了！"他激动地大喊，急不可耐地跳下屋顶，拔腿朝远方的那个身影狂奔而去………这时的雪容融正狼狈不堪地在没了膝的积雪中，步履蹒跚地艰难地向前移动着，就在他快要支撑不住即将倒下的时候，一个黑白相间的身影从漫天雪幕中冲了出来，一下子把他抱住。冰墩墩和雪容融终于相聚了，他们眼眶里含着泪，注视着对方，激动得都说不出话来。一个紧紧的拥抱，便胜过了千言万语。这一刻，无论夜以继日设计建造冰雪小屋时的殚精竭虑，还是漫漫旅途中长途跋涉的身心俱疲，瞬间都消散得无影无踪。他们都遵守了彼此的约定，也履行了对对方的承诺，这才是真正的好朋友。

"喜相逢，相见欢"，这是世间最美好的时刻！

徐逸轩/文，四年级

美丽的油菜花

　　春暖花开、阳光明媚的日子，妈妈带我去田野里玩。我看到远处有一片金色的海洋，那是什么？走近了看，原来那是满田的金黄金黄的油菜花。

　　阳春三月，万物复苏。油菜花带着迷人的香气走进了田野，她披着黄绿相间的纱裙，绽开笑脸，像一位美丽又和善的花仙子。

　　蝴蝶飞来跟她问好，蜂蜜飞来向她采蜜，女孩走来与她合影，男孩跑来和她嬉戏。油菜花弯着腰，有礼貌地向大家问好，和大家打招呼。一派和谐的景象，真是令人心旷神怡！

　　一阵风吹来，她们跳起了舞，漫山遍野的金黄随风摇摆，又像是金色的海浪一阵阵袭来，美丽极了！真让人大饱眼福。

　　油菜花可以观赏，花儿谢了之后就结成了菜籽，菜籽成熟了就可以用榨油机炸出油。炒菜的时候放一些油，非常香！

　　油菜花真是一种美丽又实用的花呀！

吴石屹/文，三年级

河马温泉馆

有一只乌龟哥哥，他不喜欢慢吞吞的自己，做梦都希望拥有一双翅膀，可以在空中飞翔。

有一天，乌龟哥哥看到三个瓢虫妹妹正在空中玩耍。乌龟哥哥羡慕地对瓢虫妹妹说："瓢虫妹妹，我好想有一双和你们一样的翅膀呀！"瓢虫妹妹说："你好呀，乌龟哥哥。听说草地的东边新开了一家有魔法的河马温泉馆。谁要进去泡了温泉，就可以实现自己的梦想。""真的吗？太棒了！我现在就去试试。谢谢！"乌龟哥哥说完，迫不及待地往草地的东边爬去。

终于到了河马温泉馆。乌龟哥哥在河马的指引下，一头扎进了白烟缭绕的温泉中。泡了好久，乌龟哥哥感觉自己两旁的龟壳痒痒的。他扭头往身体两边看了看，天啊，他的身上真的长出了一对白色的翅膀。乌龟哥哥高兴极了，尝试着挥动着翅膀，果真飞了起来。

乌龟哥哥飞出河马温泉馆，一边飞，一边喊："太好啦，太好啦！我的梦想成真啦！谢谢河马温泉馆！"被他这么一喊，许多动物都听见了。他们都争先恐后地赶往河马温泉馆，去实现自己的梦想。

向伊晨/文，四年级　指导老师：陆真传

鹦　鹉

　　"叽叽喳喳，叽叽喳喳……"咦？什么情况？哦！原来是隔壁爷爷养了一只鹦鹉。

　　这只可爱的小鸟站在笼子里，笼子被挂在一棵绿油油的树上。我被它吸引到了，于是我站在树下静静地观察它。它的羽毛是雪白的，就像一层棉花盖在它的身上。它的头是淡黄色的，就像一朵菊花，而眼睛就是花心。它还有一张粉红色的小脸蛋，就像一只小西红柿，看起来特别漂亮。

　　它什么时候在这里的呢？它站在笼子里干什么呢？它的眼睛在看什么呢？难道它看到我了吗，还是看到了对面幼儿园放学出来的小朋友呢？

　　这时，母亲跟我说："有些鹦鹉还会学我们人讲话呢。"于是，我试探性地说："你好。""你好。"鹦鹉目光朝我看了看，说道。我又说："嗨……"果然它又回答我了。哇，好神奇啊，这真是一只会说话的鹦鹉呢。多么讨人喜欢的小鸟啊！

　　我兴奋极了，我叫妈妈也给我买一只来饲养，这样我可以跟它多交流，把我知道的都跟它说说。所以，我得加油，学习更多的知识。

陈奕楠/文，三年级

一根棒棒糖

今天，妈妈神秘地说她发明了一件宝贝，这件宝贝可以让人忘掉所有的烦恼！我当然不信了。"不信？我变给你看。1，2，3——"呃，原来是根棒棒糖啊！妈妈见我一副很不屑的样子，便说："你尝尝看。"

尝尝就尝尝，我狠狠地舔了一口。哇！好甜呀，这股甜的味道从舌尖传到舌根，再通过喉咙一直甜到心窝里，慢慢地，整个人都沉浸在了甜蜜中。我仿佛来到了一个糖果的世界。瞧，那里有彩虹糖小姐的商店，有姜饼人先生的屋子，还有一座巧克力做的拱桥。我正走在桥上，棉花糖精灵飞过来，笑眯眯地说："你好，欢迎来到欢乐糖果世界！"说着，她轻轻地在我头上指了一下，我瞬间被变成了QQ糖精灵。然后，我跟着棉花糖精灵一起飞了起来，飞到了彩虹糖小姐的商店里。糟糕，我发现我没带钱……一阵惊吓把我唤回现实，原来我还在家里，只不过棒棒糖被我吃掉了一大半。

我又舔了下棒棒糖。这次，我来到的是一座古老的城堡。我变成了美丽的公主，头上戴着华丽的皇冠，身上穿着漂亮的粉色连衣裙，连衣裙上还绣着一闪一闪的银色亮片，脚上蹬着闪闪发光的水晶鞋……哇，真是太美啦！美得连我自己都不禁沉醉其中。我的周围全是精致的桌椅，连鸟笼都很漂亮。士兵们排着整齐的队伍正在操练，女仆们走来走去忙着准备茶水和水果，而我的宠物小猫咪咪呢，正躺在那架华丽的钢琴上，漫不经心地打了个哈欠又伸了伸懒腰。我连忙走过去把它抱下来，准备美美地弹上一曲。多么唯美的画面啊！

棒棒糖只剩一丢丢了，我很舍不得地闻了一闻。原来棒棒糖不仅甜，而且还很香，这香味像甜甜的桂花香，像浓郁的栀子花香，又像清新的茉莉花香……香气使我沉浸在如诗如画的仙境中。

　　这根棒棒糖实在太神奇啦！它不但能让我忘掉所有的烦恼，还能让我拥有无尽的遐想，使我快乐无比！

孙一文/文，二年级

外婆家的小花猫

摇啊摇，摇啊摇，船儿摇到外婆桥，喵喵喵，喵喵喵，外婆有只小花猫。白一条，黑一条，温柔可爱人人抱，吃得好，玩得好，小康路上幸福猫。

我的外婆住在农村，她家有一只小猫，这只猫非常可爱，它长着黑白相间的条纹，白的多，黑的少，它的眼睛大大的，尾巴长长的。我每次去外婆家都要去看一看这只猫。有一次猫正在吃饭呢，我一看它碗里的东西，哇！跟我们餐桌上的差不多呢，有好几条小鱼和好几块肉，还有白白的大米饭拌着香味扑鼻的鱼汤。我对外婆说："外婆，猫怎么吃得那么好呀？"外婆说："这也就这十几二十年的事情哦。你要知道，外婆三十岁的时候，连现在猫吃的东西都吃不到呢，如今，我们的生活有了翻天覆地的变化！现在的猫啊，好多都连老鼠都不抓了。我们家的小猫虽然吃得好，但它还是非常恪守职责的，它喜欢到后面的老房子里面去抓老鼠，每次抓到老鼠它都不吃，喜欢颠来倒去地玩呢。"

现在外婆外公已经不住那边了，他们现在住在前面新造的大房子里。有时候这只猫躲到新房子里面去，我根本就找不到它，因为新房子有上下三层，房间实在太多了。在新房子前面，还有一个很大很大的院子，每次过年过节，来自各地的亲戚的各种车就把整个院子给停满了，这只猫又躲在这些车子的下面，这个时候就更找不到它了。有时候，我可真有点羡慕这只小猫呢。

袁邵皓楠/文，一年级　指导老师：邵胆飞

我最爱吃的大肉饼

一个金黄色，如同飞盘一般的大肉饼，在我眼里，就是山珍海味。

新鲜出炉的大肉饼，不冒一丝热气，用筷子轻轻戳开一个小孔，蒸汽就像火车的烟一样，直冲云霄。

等蒸汽冒光了，这场大戏才刚刚开始呢！这时候的大肉饼不烫，用门牙轻轻地上下一合，嫩皮加鲜肉瞬间滚入嘴里，肉汁沁入嘴中，满口都是肉的香味。肉饼上留下一个与牙齿弯度相吻合的小月牙，但这小月牙并不光滑，而是有许多密密的小三角形。

滚入口腔的小肉块里留有淡淡的汤汁，这汤汁有着一丝咸味，不浓也不淡，一种百吃不腻的鲜味从舌尖蔓延开。这肉中有一丝豆腐味，还有一丝荠菜味，用犬齿撕裂，大牙磨细，鲜味一点一点变浓，在这时呼出一口气，仔细闻一闻，无数难以形容的味道合在一起，构成了一个"鲜"字。

接着，我的牙齿开始飞速运动。虽说没有雪糕的脆，没有酸辣粉的麻辣，没有糖果的甜，但这鲜美依然战胜了我的胃，大口咬肉的快感犹如妖怪吃到了唐僧肉一样美妙，肉块伴着汤汁顺着食道而下，在肚子里溅起了美妙的"火花"。

入夜，梦中，我依稀记得，大肉饼像下雨一样落入我的盘中……

黄子萱/文，五年级　指导老师：张晓柳

115

大王花

　　大王花，也称"霸王花"。它有五片又肥又厚的红色花瓣，上面有一些淡色的疙瘩，就像嵌在王冠上的钻石。大王花直径一米左右，中间有一个黄色的洞，可以盛水四五千克，里面散发出一种奇臭难忍的味道。蝴蝶、蜜蜂是肯定不会来的，前来光临的只有苍蝇之类的小虫子，大王花没有根，也没有茎，而是一种藤本植物，靠吸取其他植物的养分才能生存。

　　大王花的花瓣上有一些白色斑点，每一片花瓣长约三十厘米，仅仅花瓣就有六七千克重，即使是号称"花中之王"的牡丹和它相比，也会显得微不足道。每年的5—10月是大王花最主要的生长期。当大王花刚冒出土地的时候，只有一个乒乓球那么大，经过几个月的滋养，花蕾会逐渐变成卷心菜大小。接着五片肉质的花瓣会慢慢张开，差不多要过两天两夜，大王花的花瓣才能全部张开。令人难以置信的是，大王花好不容易开出的巨大花朵，居然只能维持四五天。在这四五天里，大王花会不断散发出一种臭味，用这些臭味吸引苍蝇等小虫子来帮它授粉。等这段花期过后，大王花会慢慢腐烂变成一堆黑色物质。如果你仔细观察，就会发现黑色物质中有一些红色小颗粒，这就是它的种子。当一些大型动物踩到种子后，这些带有黏性的种子就会和它们一起去旅行，到别处去生长繁殖。

　　但由于人们的过度砍伐，大王花那美丽的家园受到破坏，这种大王花已经快要灭绝了。

　　　　　　　　陶轩/文，五年级　　指导老师：徐杏娟

森林小镇

很久很久以前，有这么一个地方，那里的花草树木都长得很茂盛。每天，玫瑰花小姐都会在小河边看望鱼太太和它的小鱼们。过了小河，再走一条石板路，就是森林超市了，那里什么东西都有，连非常罕见的仙人草都有。这里很美好，小动物们都快乐地生活着。可是有一天，有一群食肉动物打破了这里的宁静。

森林小镇里的兔子妈妈生了五只小兔子，这五只小兔子并不像其他食草动物一样害怕食肉动物。它们想让这个世界变得更和谐、更美好，食肉和食草动物可以和平共处。有一天，五只小兔去野外郊游，无意之中发现了掉在陷阱里受伤的狮子国王。这时有很多其他食草动物过来嘲笑狮子国王，并且想让它永远逃不出这个陷阱。可这五只小兔子，却齐心协力将狮子国王解救了出来，并且对其他食草动物说："不论是食草动物还是食肉动物，都不可以相互伤害，我们应该和平相处。"狮子国王听到很惭愧，它下令从此以后所有食肉动物都不准再欺负任何食草动物了。

几年后，小兔子们都长大了。老大叫"馒头"，"馒头"考进了警察学院，那里的学员几乎都长着高大的身躯，每次"馒头"总要避开那些庞然大物，但它克服了困难，最终成功破获了一起连最厉害的老虎警官都解决不了的案件。小兔子老二叫"奶冻"，它考入了医科大学，通过不懈努力，终于成了一名救死扶伤的医生。老三叫"豆包"，它的梦想是当一名厨师，它开了一家翻糖蛋糕店，每天店门外排满了前来品尝美味的客人。老四叫"饼干"，它成了一名教师，所有森林小镇的学生们都喜爱听它讲课。老五是"红豆"，它是一位画家，它那神奇的画笔一挥洒，画出了森林里的每一处风景。

这五只小兔子都在用自己的力量改变着这个森林，未来还会有更多的小动物加入它们的队伍中……

亓金晶/文，四年级

穿山甲和小刺猬的奇遇记

春天的早晨，太阳暖洋洋的。森林里的小动物们都还在睡觉。有一只小刺猬醒了。"咕噜噜"，这是什么声音？原来是小刺猬的肚子在闹脾气。他伸了伸懒腰，抖了抖身子，就去找食物了。

突然发现路边有一颗巨大的松果，他迅速地冲过去，直接咬了一口。"哎哟，这是什么呀？这么硬，我的牙齿都要碎了。难道是一块石头？"这个奇怪的东西突然动了起来，露出头和尾巴，把小刺猬吓了一大跳。原来是只穿山甲！

穿山甲不知道发生了什么，摸摸脑袋问小刺猬："你怎么在我旁边，找我有事吗？"小刺猬连忙说："没事，没事，我只是饿了，想去找吃的。"穿山甲笑着说："正好我也饿了，那我们一起去找好吃的吧。"

他们走呀走，来到山坡上，看到狼先生正瞪大眼睛看着他们。他们问："狼先生，你的眼睛怎么了，为什么瞪得那么大？"狼先生奸笑说："我的眼睛好着呢。只是我想吃掉你们，来填饱我的肚子。"穿山甲听到狼先生说要吃掉他们，哈哈大笑说："那你过来呀。"狼先生直接扑了上去，穿山甲跟小刺猬立马缩成一个球。狼先生的嘴巴不仅流了很多血，就连牙齿也掉了好几颗。他竟然还气得想用脚把他们踢飞。谁知道穿山甲的盔甲实在是太硬了。可怜的狼先生又伤到了他的脚。他一边捂着嘴，一边一瘸一瘸地逃跑了。穿山甲和小刺猬看到狼先生这个样子，笑得肚子都痛了。

他们继续往前走，来到一条小河边，看到水獭跟河狸正在修建水坝。他们跑过去问："请问你们建水坝干什么呀？"水獭回答说："暴风雨就要来了，我们担心这次的雨会很大，其他小伙伴的家会被雨水淹没，所以我们要赶紧把水坝建好。"穿山甲和小刺猬连忙说："那我们也加入你们吧。人多力量大，应该很快就可以建完了。"他们四个齐心协力，团结一致，没多久就把水坝建好了。水獭跟河狸对他们说："谢谢你们帮助了我们。"穿山甲和小刺猬挥挥手说："不用，不用，森林也是我们的家。"

　　穿山甲和小刺猬累得直接在路边睡着了。醒来后发现身边有好多的食物。原来是森林里的小伙伴为了感谢他们送来的。

王梓涵/文，三年级　指导老师：赵月丽

秋天的田野

我整个人都被包围在这甜甜的花香中，
整天都心旷神怡。不，不仅是我，
花朵落在草地上，草地也一定香了。

四季之美

春天最美是白玉兰。当春天到来时，它便开放了，默默地告诉人们，美好的春天已经到来。它又像是春姑娘的发夹，还飘着阵阵迷人的香味。如果是一大片的白玉兰，看上去就像是一片白茫茫而飘着香味的"云海"。

夏天最美是荷花。在夏天时，荷花总是在水面上开得很旺。在水面上的荷花有的还是花骨朵儿，有的还未完全开放，但有的已经完全开放，露出它那黄黄的花蕾，飘散着浓郁的花香，那姿态真是美丽极了，我想这美丽的荷花应该就是夏姑娘的衣裳吧！

秋天最美是枫叶。那红红的枫叶比银杏叶要美上好几倍！红红的枫叶在微风中翩翩起舞，好似秋姑娘的裙子，这情景着实让人着迷！这不禁让我想起了唐代诗人杜牧的一句诗："停车坐爱枫林晚，霜叶红于二月花。"

冬天最美是蜡梅。当冬天到来，花儿纷纷凋谢的时候，有一种花依然顶着寒风悄然绽放，暗香袭人，那就是蜡梅。当人们手捧着暖和的火盆穿过走廊时，庭院中的蜡梅依然开放着，默默地奉献着自己的香味。但它像是一个很爱跟别人比的孩子，它一定要跟雪比一比，正如宋代诗人卢钺的诗句："梅须逊雪三分白，雪却输梅一段香。"

不管春、夏、秋、冬，它们都有各自的景色，也都十分美丽，我爱四季之美！

郭子瑜/文，五年级　指导老师：张日品

秋天的田野

　　秋天的田野，到处都是一片金灿灿的美丽景象。

　　蓝蓝的天空上飘着几朵棉花糖似的云朵，看上去软绵绵的，让人想要尝上一口。

　　在白云的衬托下，远处的大山连绵不断，像一条长长的彩带；而近处的田野里，高粱早已涨红了脸，苹果也不知不觉地穿上了红装。就连田边的枫树也挂满了一片片红叶，远远看去，枫叶的颜色像火一般，十分绚烂，又像是一个穿着红嫁衣的姑娘。金黄的稻穗笑得合不拢嘴，露出一排排金灿灿的牙齿。

　　在田野中心位置有一座房子，屋顶是红色的，下面是雪白的。里面住着农民伯伯一家，他们正望着田野笑呢。

　　不经意间抬头看到，一群大雁正在往南飞，一会儿排成"人"字，一会儿又排成一个"一"字，变化多端，时不时地还会发出一阵阵悦耳的叫声，似乎它们正在感叹着："秋天的田野真美呀！"

　　秋天的田野美得像一幅画！

彭雨珊/文，三年级　指导老师：毛水英

日落即景

"一道残阳铺水中，半江瑟瑟半江红。"在海边度假时，我就看见了这如此美妙的日落。

一望无际的大海边，挤满了黑压压的人群，他们都是来看日落的。几只海鸟掠过海面，发出"叽！叽！"的叫声，忽然，天色暗了下来，原本喧闹的孩子们停止了玩耍，太阳马上要下山了。

金黄金黄的太阳成了暗红色，如同一只圆圆的西红柿，我也仿佛闻到了那股清香的味道。霎时，周围的天空都成了耀眼的橙红色，那些云彩形态、颜色各不相同，有红的、黄的、橙的……有的像一匹雄壮的大骏马，有的像一只乖巧的小狗，有的则像一只兔子……乌云也被镶了一圈金边，像一种华丽的装饰。

过了一会儿，太阳开始沉入水中，它把最后的光芒让给了水与天，水面被染成了鲜红色。天空则有红、橙、黄、葡萄紫、海蓝、深黑等颜色交织在一起，犹如一幅浓墨重彩的油画。而太阳，却在一点一点地西沉……最后，太阳终于落下了，它在落下的前一秒仍然在散发生命最后的光彩。

太阳落山，漫长的黑夜降临了。我知道太阳并没有消失，它只是来到了地球的另一端，继续为那里的人服务。

海面上，涛声依旧。

沈择恺/文，五年级

秋

你问我，秋天是怎样的？秋天是萧条的。街道旁，一阵瑟瑟的秋风袭来，将梧桐树上最后一片树叶吹落，它随着秋风缓缓地落在地上。又一阵秋风吹来，吹得地上的落叶在空中转了几个圈圈，它们在空中飞舞着、碰撞着，传出"呼呼"的声音，仿佛在为枯树悲鸣。

池塘里，那些夏日"出淤泥而不染"的荷花，到了秋天也不过是残花败叶。空中传来大雁排着队拍打着翅膀的扑腾声，仿佛是在为这些残花败叶悲鸣。

秋天是离别，《成都》中有一句歌词："分别，总是在九月。"是啊，秋天，虽然迎来了新学期的开学，但六年级的同学们会分开，各自奔赴不同的初中学习；初三的同学们也要分开，步入不同的高中，开启他们辛苦的高中生活；高三的同学们则是去了各个不同的城市。

树叶落了会化为泥土的养料，让来年的大树长得更加茂盛；落叶在空中飞舞，为将来的光景祝贺；荷花谢了为的是给泥中的莲藕提供养料，让荷花在明年夏日再开出一片娇美的姿态，继续"出淤泥而不染"；大雁在空中鸣叫着，是祝愿它们在下一个夏日里开得更加美丽，而且荷花谢了，还有桂花、菊花，秋天的杭州桂花飘香十里；蝉死了，说明它的使命完成了，秋天的热闹就让松鼠们来负责吧；人分别了也不是坏事，也许这就是你人生中新的开始。

所以，秋天虽是许多生命的终止，但也是一个新的开始。

易舒涵/文，六年级

银杏叶的旅行记

秋天来了，银杏树的叶子像蝴蝶一般飘了下来。其中有一片树叶，它有一个远大的理想——世界那么大，我要去看看！它终于挣脱了妈妈的怀抱，对着妈妈说："妈妈，我想看看树林外面的世界，你等着我回来。"妈妈担心地说："那你路上要小心。"

风哥哥轻轻地托起银杏叶，把它送到小河边，它轻轻一跃，飘到了河流当中，它一边躺在河流上，一边享受着阳光。突然，它听到了小虫的声音："叶子，叶子，我想过河找吃的，可我过不去，你能帮帮我吗？""当然可以，你到我身上来，我带你过河。"小虫就这样轻松地过了河。

银杏叶又让风哥哥带它来到了田野上。它看见稻谷成熟了，变成了金黄色，沉甸甸的稻穗压弯了杆子。它还发现蟋蟀在盖房子："嗨！兄弟！需要帮忙吗？"蟋蟀开玩笑地说；"那你来当我的屋顶吧！让我取取暖。"银杏叶连忙摆摆手说："不行，不行，我还是帮你松松土吧，这样会更暖和。"在它们的齐心协力下，过冬的房子很快就盖完了。

银杏叶继续飘啊飘啊，来到了一望无际的撒哈拉沙漠，它在沙漠里飘得太久了，口干舌燥，找不到一滴水。最终，它停在了一株仙人掌旁边。仙人掌看它虚弱的样子，说："银杏叶，赶紧喝水，我这有很多水。"银杏叶"咕咚咕咚"一口气喝完了。银杏叶连忙说："谢谢你，终于帮我解渴了。"仙人掌自豪地说："不用谢，我可是沙漠绿洲。"

银杏叶来到了大海，它看到了浩瀚的大海，看到了可爱的海豚，看到了凶猛的鲨鱼，看到了成群结队的鱼儿。一只海鸥张开翅膀，掠过海面，银杏叶飘落在了它身上。它跟随着海鸥领略了大海的美。

银杏叶累了，想家了。它随着风哥哥回到了妈妈的怀抱里："妈妈，原来世界真的很大，也很美。"

王梓涵/文，三年级　指导老师：赵月丽

暮 秋

秋风瑟瑟，

让人忍不住心生爱怜；

暮之灼灼，

又让人感慨万千：

感叹秋天里的光阴，骤然流逝，

感叹秋天里的斑驳，绚丽多姿，

但还好在秋天里的印记依然这么明显。

瞧！

秋的忠臣——秋风

他在四处奔走，

拂过稻田，

稻田就成了金色的海洋；

染过山枫，

山枫就成了红色的涟漪；

洒过梧桐，

梧桐就成了厚厚的被袄；

轻轻来，匆匆走，

留下的是万般感慨。

秋的使者——秋雨

淅淅又沥沥，

他把一切都冲刷得一尘不染，

山地，城市，乡村，

无一遗落。

经他的洗礼，

空气更加清新了，

树林更加灵动了，

孩童更加欢快了。

秋的慕者——我们

公园里，孩子们在落叶中尽情玩耍；

稻田里，农民们在田埂间辛勤劳作；

城市里，打工人在大街上川流不息。

眨眼间，

那一片片草坪变成金色海洋，

那一片片稻田变成秃秃原野，

那一座座建筑变成城市名片。

遂，秋尽，

冬来。

计思涵/文，六年级　指导老师：胡莹

足　迹

第一个报春的，应是葶苈吧！
那沉默而倔强的点点新绿，
从湿冷的泥土中坚强地冒出来，
无私地为植物们打探着春的讯息。

那一树一树，淡粉的云烟，
足以让人迷醉。
纷纷扬扬的细碎花瓣，轻轻落下。
看似归于尘土，却不知
落入了哪位有心人的心里……

柳枝抽芽，
沉睡了一冬的光秃秃的柳树，
在初春苏醒起来。
那一抹让人心疼的嫩绿，
就那么怯怯地探出了小头。
那可是一个个胆小又乖巧的孩子呵！
一听到春的召唤，
它们便齐齐探出头来，
克服恐惧，勇敢面对陌生世界……

在夏天来了的时候，

请到荷塘边去走走：

清清浅浅的碧波，

一定是荡漾着一池温柔。

绿色的田田荷叶，且听那细雨绵绵。

被雨润过的荷花，温婉却又挺拔；

有深粉，有浅粉，有淡红，有纯白。

那池中快活的小红鱼，

轻轻吮着池边垂柳的新芽，在水中自在闲游。

抖去水珠的红蜻蜓，轻飞在那小荷上空。

在夏天来了的时候，

微闭着眼，放慢着走。

一丝绵长的微风，

悄悄穿过你的发丛。

蝉声送来了绿荫，

小满迎来了芒种，

听山间此起彼伏的歌声，

鸟的足迹——它也在闲游。

吴梵悠/文，五年级

桂香满园

风是甜的，因为桂花开啦！

我站在桂花树下，望着一朵朵桂花，静静地闻着它浓浓的香味。桂花的花朵很小，它是由四片花瓣组成的，花朵们一团团一簇簇地挤在一起，像亲密无间的家人。浅黄色的是银桂，素雅清新；金黄色的是金桂，灿烂亮眼；橘黄色的则是丹桂了，鲜艳热烈。真是太美啦！

桂花不仅美，香味更是一流。

我整个人都被包围在这甜甜的花香中，整天都心旷神怡。不，不仅是我，花朵落在草地上，草地也一定香了。落在小河里，鱼儿们喝的水也会是香甜的么？啊！所有的这一切，连空气都被桂花染香了呢……正当我浮想联翩时，妈妈走了过来说："桂花还可以做糕点和炒年糕呢，到时候不仅让你闻到桂香，还让你吃到桂香哦！"我心里一乐，连连拍手说："好啊！好啊！那我们还要泡茶浸酒，让爸爸喝到桂香！"说完，我和妈妈在香甜的桂花中甜甜地笑了……

啊！桂香满园，香满了整个秋天，香给了你，给了我，给了他，香到了每一个人心里……

范静可/文，三年级 指导老师：黄芳

大佛寺

在我的家乡绍兴市新昌县，有一个4A级旅游景区——大佛寺。它始建于东晋，主要以石窟造像为特色，佛像规模宏大，历史悠久。这里有座一千六百多年历史的弥勒石佛，是中国南方仅存的早期石窟造像，也被誉为"越国敦煌"。

春天，可爱的小一休错落有致地守在观光大道旁，憨态可掬，拱手立于明媚的春风里，两手各提着一个小木桶，一个装可回收垃圾，一个装不可回收垃圾，时刻提醒着人们爱护环境，垃圾分类。草坪上绿草如茵，小溪里溪水叮咚，杨柳把溪水当镜子，一片生机勃勃的景象。土地公公托着刚探头的小草，睁开好奇的眼睛，东张西望；花儿五颜六色，有红艳艳的，有黄澄澄的，还有葡萄紫和樱花红，可爱极了。从山脚漫步到佛心广场，沿卧佛廊桥回转，就能到达卧佛殿——江南第一大卧佛。大殿里人很多，却安静得连根针掉下去都听得见。虔诚的人们在这里祈祷，慰藉心灵的净土。

夏天，大佛寺里枝繁叶茂，道路两边的香樟树密密麻麻地搭起了一条林荫大道，为人们带来阴凉与静谧。在这炎热的夏季，这里就成了避暑的绝佳胜地。爬上立于山腰的索道，从双林石窟往下看，九层瀑布随风而下，洒入下面的放生池，风带着水汽，顿时让人全身凉爽。远眺是露天弥勒大佛，依山而凿，与山佛浑然一体，特别是他的黑眼球是镂空的。无论你从哪个角度看过去，都感觉他也在慈祥地回看着你。

秋天，大佛寺里面黄绿相间，一阵秋风吹过，落叶随风起舞，跳着曼妙舞姿钻入大地妈妈的怀抱。漫步木化石林，抚摸着经过亿年沉淀而形成的化石树，伴随着旁边恐龙园里各种神兽发出的吼声，瞬间将你带回到史前地质时代。

　　冬天，雪花一片一片飘落而下，落在射雕村的茅草屋上，伴随着几缕炊烟，看大侠弯弓射雕。溪水结了一层薄薄的冰，小朋友们把冰从河里捞出来，像发现了宝石一样，谁知不一会儿就化成了水……

　　有缘来新昌，大佛寺——来了就好！我，在这里等你。

　　　　　　　　　　余知乐/文，四年级　指导老师：董晓聪

生机勃勃的季节

哪个季节生机勃勃？哪个季节鸟语花香？哪个季节万物复苏？哪个季节暖风和煦？那就是多彩的春天。

春天是一年之首，是万物的起点，是新生命的希望。在喜气洋洋的春雷声中，植物静静地吐出嫩芽，长成新叶。人们发觉春天已到，万物复苏之时，它们已含苞欲放，准备迎接辛勤的蜜蜂和美丽的鸟儿了。

悄悄地，各种各样的花儿争奇斗艳，蜜蜂、蝴蝶们都来采蜜了，鸟儿们站在树枝上大声宣布：春天来了！这时，整个世界已不再是一片寂静，而是全然一派生机勃勃的热闹景象了。

小河解冻，积雪融化，天气逐渐转暖，人们脱下厚重的棉衣棉裤，随着天气变化，袖子、裤腿一点一点地变短，小孩子终于不用整天躲在家里取暖，而是像刚出圈的小牛一样到处玩耍、跑步了，伴随着一阵阵的笑声接连不断……

这就是我最喜欢的季节——春天。春天，它让万物由寂静到生机勃勃，让人们由蜗居到天天出门玩耍……

刘奕萱/文，四年级

136

夏日早晨即景

清晨，实在是美。尤其在夏日，更是美得无法形容。

掀开被子一看钟表，正好六点整。打开窗子，看见黎明的朝霞已经褪去，取而代之的是一片蓝色中透着青的广阔的天。这时候，天还没有变成淡蓝，而是深蓝的，可它似乎又是透明的。

在天空之下，是一树接一树的绿，又绿得多彩多姿、多种多样，不禁令人想起了艾青的《绿》，给人一种心境开阔的感觉，又让人觉得心中像吃了薄荷糖般清爽、清凉。再加上几声蝉鸣，愈发叫人心旷神怡了。

过了几时，太阳向南挪了挪，天色也浅了。这会儿，鸟儿也开始了活动，陆续从巢里飞出，飞向了碧蓝的天空。瞧，两只鸟有白有黑，可能是白鹡鸰吧！

又过了一会儿，大概到了七点吧，太阳已经挺高了，温度也随着太阳的升高而升高，可这丝毫不影响早晨的美。现在的天十分干净，云都飘去了，只剩下了天，一片像纯净的蓝丝绸一样的天。

只是到了八九点，马路开始喧闹时，破坏了清净，未免令人有些扫兴了。

赖箴言/文，五年级　指导老师：周佳琪

秋　使

阵阵寒风是秋天的使者！
使者从北跑到南。
告诉片片绿叶，
是时候换上金黄的外衣。
告诉林中走兽，
是时候编织起厚重的皮草。
告诉湖边候鸟，
是时候准备好长途的旅行。

使者从西跑到东。
告诉草原上的牧民们，
是时候扎好过冬的帐篷。
告诉田野里的伯伯们，
是时候采收累累的果实。
告诉校园里的小朋友们，
是时候强健自己成长的身体。

使者完成了自己的工作，
看着这繁忙多彩的世界，欢呼着！

于馨童/文，四年级　指导老师：沈荣琴

日本奈良公园

日本奈良公园是个好地方！

奈良公园什么美？小道美！走在小道上，身边的大树像保镖一样帮我遮挡着太阳的照射，外面烈日炎炎，小道上却凉风习习。脚下的沙子松松软软的，每走一步都会发出"沙沙"的声音，像沙锤一样好玩极了！让人走路时不感到无聊。

奈良公园什么美？草坪美！在草坪上拍照，好像在仙境一般。身边全是绿油油的小草，还有五颜六色的鲜花，更有趣的是小鹿会时不时从路边窜出来"攻击"你。在春风吹起口哨时，所有的东西都会友好地向你点头，有趣极了！

奈良公园什么美？小鹿美！无论你在哪里，只要在奈良公园里，不论是餐厅、小道还是商店都能看见小鹿们的踪影！有长角的，有不长角的，还有全身布满"白色甜甜圈"的小小鹿。只要你身上有好吃的鹿饼，小鹿们就不停地向你点头，撒娇着向你要好吃的。神奇的是，即使你把鹿饼偷偷放在口袋里，小鹿们居然也能知道你有鹿饼，会来舔你的口袋，哈哈，太好玩了。要是你不给它吃鹿饼，小鹿就会伤心地走开，它不勉强你，乖巧极了！

这就是好玩又有趣的日本奈良公园，相信你一定心动了吧，那就去奈良公园看看吧！

周奕杨/文，五年级　指导老师：朱晓敏

139

方山观日出

　　方山处于温岭市大溪镇，是雁荡山八大景区之一。因为山顶有四百亩平地，就像一只巨大的方形盒子放在山顶上，方山因此得名。那里山势险要，风景优美。今年暑假，我就去欣赏了美丽的方山日出。

　　那天凌晨，我被外面一声呼喊惊醒了："快看——"我赶紧起床，外面漆黑一片，伸手不见五指，但露台上已经聚集了好多人。天上只有星星顽皮地眨着眼。

　　不一会儿，东方的天空中出现了一个白点，再是一片鱼肚白露了出来，渐渐变成了淡淡的橙红色，涂抹着天空和大地。

　　过了大约半个小时，天慢慢亮了，原先黑色的山影终于苏醒过来。草，变绿了；花，变红了。云霞越来越多，颜色越来越丰富。红的、黄的、粉的、金的，万紫千红，流金溢彩，真是让人不忍眨一下眼睛。

　　正当我欣赏这美丽的云彩时，太阳已经渐渐升起来了。它把金色的光辉洒满大地的每一个角落。山峰沐浴在金色的光辉里，万物沐浴在金色的光辉里，人们也沐浴在金色的光辉里。眼前的湖面，一半碧蓝，一半却跳跃着金色的波纹。

　　此时，人们纷纷拿起手机，记录下一个个精彩的镜头……

陈以乐/文，四年级　　指导老师：方亚玲

雪

突然间，好像打翻了一袋盐，

眼前的世界一下子变白了。

朵朵棉絮从天上飘落下来，

是那样的洁白，

是那样的轻柔。

雪啊，雪啊！

你是一只只美丽的白玉蝶儿，

你是一个个可爱的小精灵，

更是在冬天大舞台上

尽情欢舞的舞者！

渐渐地，渐渐地，

雪停了……

可爱的小精灵不再来地面玩了。

地上的小精灵也悄悄地

都躲得无影无踪了。

他们去哪儿了呢？

其实，他们就躲在

我们的心里……

金子乐/文，五年级

雨

    清晨，我来到阳台上，一股潮湿的空气带着泥土的芬芳迎面扑来。晨雾如烟云般缠绕在那大厦旁，天空逐渐暗下来，白云积成乌黑的层云，带来渐渐压抑的气息，我想马上就要下雨了。

    果不其然，一道闪电在刹那间将暗淡的天空照得亮如白昼，为那死气沉沉的天空增添了不少生气，"轰轰"的声音姗姗来迟，如同一只猛兽咆哮着冲向大地，紧接着，开始下起小雨，是那么温柔。

    雨越下越大，街道上的人们纷纷躲进屋内避雨，花草树木在此时反而显得更加苍翠了，那声声入耳的"嘀嗒"雨声如同颗颗洁白无瑕的珍珠落入盘中。从屋顶流下的雨丝遍布了我的视野，犹如在我面前装上了一扇窗帘，树、房、花、草像一根根并列着的琴弦，雨像那仙女灵巧的手指拨出一曲曲优美的旋律，我把家中盆栽搬出阳台，让它沐浴在雨中。

    余韵未散，雨势已变小了，渐渐地，乌云四周有光透了进来，为这沉甸甸的乌云嵌上一层金边。

    雨已停了，在一念间阳光洒进了这个世界，花草树木在露珠的沐浴下鲜亮无比，放眼望去，满目充满了生机的绿色，小鸟也为这美妙绝伦的景色赞叹不已。阵阵微风吹来，带着一阵青草的芬芳，我为雨带来的美景而惊叹！

    雨，是造物者送给人们洗涤心灵的最好礼物。

潘汉睿/文，五年级

第五辑

宁波的风格

为什么平凡的事物要以消失来证明珍贵?
那些不起眼地存在于生活中的东西,
伸手去触碰,却又不见了影。
这才想起自己已失去了它!

速度与激情

炙热的阳光，火辣辣地刺在我的脸上，顺带拉长了我的影子。场上叽叽喳喳的吵闹声，不绝于耳。初一新生们，初来乍到的，明显更沉不住气。伴随着从广播里发出的节奏感极强的激动人心的音乐声，他们正兴致勃勃地在讨论着即将开始的校运会。

操场上，人山人海，密密麻麻地，非常热闹。各班前排都支起了一把太阳伞，远远望去，像极了农村赶庙会时见到的集市的样子。不过，这里的明显更整齐、更有序、更生动！广播"吱吱呀呀"地挣扎了几下，随即，体育老师叶老师那洪亮的大嗓门就从中爆了出来：

"注意啦！注意啦！各位同学，请注意啦！男子100米比赛即将开始了，请运动员做好准备，到检录处签到！"

男子100米比赛场地上。

"预备……"裁判员大吼。

各位运动员立即蹲下身去，他们的眼睛都死死地盯着裁判员手中黑洞洞的、让人紧张到窒息的枪口。

随着几缕白烟腾空而起，砰的一声，发令枪响了，运动员们如离弦的箭一般向前直冲。观众们，有的拉起横幅，扯着嗓子，卖力地喊："加油！加油！"；有的屏气凝神，眼睛一刻不停地盯着自己班的运动员，被他们的每一个动作拨动着心跳；有的直接跑去终点，手里挥舞着可乐和巧克力，做出"引诱"运动员的动作，以此来鼓励他跑得更快些，近了，近了，更近了……

终于，男孩们都勇敢地相继冲过终点，场上爆发出欢呼声，我一颗悬在嗓子眼的心终于落回原处，紧张之情瞬间化为热烈的掌声。

　　回到班级的运动员还未入座，便收获了同学们热烈的拥抱，空气中弥漫着家一般的温情。

　　这场充满速度和激情的运动会，让我深深地体会到了集体的温暖、团结的力量和体育的魅力。欢笑声、打闹声、音乐声久久地回荡在操场的上空，更多的精彩还在继续……

诸葛雨昕/文，八年级　指导老师：沈燕

最珍贵的礼物

周末，我们小区举办了一次热闹的跳蚤市场活动，我和妈妈也摆起了地摊。

跳蚤市场人来人往热闹极了，叫卖声、询问声此起彼伏。我们是卖闲置图书的，小朋友们一般都不喜欢，基本上是来看看就走了，会买的极少。两个小时的摆摊时间里，我的收获却并不大。就在我准备收摊时，一个七八岁的小男孩走来了，他扫视着摊上的小玩意儿，不时用眼角的余光瞟我一眼，似乎在思考什么。我主动问他："是不是想买《大侦探福尔摩斯》？"因为这书现在十分流行，而且男孩子更喜欢。"姐姐，这个水晶摆设多少钱呀？"他终于怯生生地开口了。我不好意思地对他说："这个不卖的哦！"我看出这个小男孩有些失落，又说道："如果你喜欢，我可以五块钱把它卖给你！"小男孩的眼里有光闪了一下，他一边从口袋里掏钱，一边对我说："今天是我爸爸的生日，我想把这个送给他。""他一定会喜欢的！"我说。原本腼腆的小男孩露出了灿烂的笑容。

我接过男孩给我的五枚硬币，竟然还是热乎乎的。他开心地走了，我回想着他挑选礼物时的认真，这里面满是男孩的爱，胜过那千言万语。

孙欣玥/文，六年级

白开水是世界上最好的饮料

从幼儿园开始，老师就要求我们上学自带白开水。在教室外面，放着一排排整齐的杯子，里面装的全是白开水。我也常常看见商店里有五颜六色的饮料，很漂亮，但它们只是看起来很好，对健康无益。

现在，我已经读小学五年级了。老师也常说，要多喝白开水，它能解渴，能让我们变得更健康。有不少同学很喜欢喝可乐、冰红茶、果粒橙等饮料，这些饮料颜色非常鲜艳，而且非常甜，同学们都说比白开水好喝。我也忍不住了，让爸爸妈妈破例买给我喝。为什么这么好喝的饮料，老师和家长都不让喝呢？我问了爸爸才知道，这些饮料都含有色素、防腐剂，对身体有害。有新闻报道了一个小朋友只喝可乐不喝白开水，五岁的时候牙齿全部掉光了。我劝同学不要再喝了，并告诉他们，钢琴家郎朗在《我是郎朗》这本书里写道：白开水是他最喜欢的饮料。

我也发现，大多数对我们真正有帮助的事物，它们的外表不总是华丽的。街头的漫画书比课本好看多了，但我们从课本中才能真正汲取营养；手机、电脑游戏比网络在线课程好玩多了，但我们从在线课程中能学习到更多的知识；和表妹一起玩比写作业开心多了，但做作业才能巩固学到的知识。

虽然白开水既不鲜艳，也不甜，但我会坚持喝白开水，因为它是世界上最好的饮料。

贺园恬/文，五年级　指导老师：王卫芬

太湖源一日研学游

阳光灿烂，瞬息万变的白云在天空中飘着，鸟儿的歌声在每棵树上响起，我坐在大巴车上，兴奋地看着这一切。啊！太湖源，我期待已久的太湖源，我来了！

没过多久，我们就来到了太湖源文化广场中间，排好队，倾听着教练给出的规则。规则一说完，我们一个个就像离弦的箭一样，"嗖"的一声冲了出去，瞬间没了影。大伙儿来到了一个小房间中，只见桌上摆放着一根竹子、一个木槌，在竹子上略微可以看见一丝丝黑乎乎的残渣。我并不理解其中的含义，心想：这些是用来干啥的，难道教练要给我们做游戏？

"野外生存要想怎么样才能生活下去，而生活下去就必须要有避难所、火、水与食物。我们今天就来学习在野外怎么生火。"一个声音响起，我恍然大悟：原来今天要用木头、竹子来生火。

教练向我们详细介绍了怎么生火之后，我们便分成四组，每组开始各自的生火之道。我心想：这次我们一定不能再一次输给女生了！这一份信念鼓舞着我，我们将木槌放在了竹片洞上。我们一边按竹片，一边转动。一分钟，两分钟，三分钟……，时间一分一秒逝去，平时仿佛时间很短，可我却觉得过了一个世纪，依然没有成功。我急得脸通红，不停地跺脚，在我快要放弃时，一缕烟味飘入了我的鼻子中，原来成功了，烟与我们的激情不断往上冒，我一蹦三尺高。可就在此时，教练宣布活动结束，心中燃烧着的火被熄灭了，好不扫兴！

接下去我们还参加了鼓舞人心的用显微镜观察水中的微生物、水净化等项目。

从这次的一日研学游活动中，我明白了做任何事情都要坚持，只有坚持不懈，成功才会属于你！

郭子瑜/文，五年级　指导老师：张日品

走进一家书店

今晚，我走进了一家书店。

这是一间一直在下雨的旧书店。雨中有不同的故事，被悲伤浸染的雨水，会浇灌出令人悲伤的故事；经历过喜悦的雨水，会浇灌出令人开心的故事。有的雨水还能变成每一句话都像谜语一样、具有神奇魔力的故事。这些故事或者雨水都来自人类，具有神奇的魔力，因为它们见证着无数回忆。

这家书店便是《下雨的书店》，是由日本作者日向理惠子所写。书中主人公璐子——一个讨厌妹妹莎拉而跟着极速蜗牛来到书店的小姑娘，遇见了星丸、古本先生以及舞舞子小姐。自此，一场充满奇幻的冒险之旅就此展开。她们团结一致战胜种种困难，在亲自抓住破坏种子的凶手，拯救书店后，璐子也找回了自己的初心。

为何这本书如此扣人心弦？还不是因为作者那天马行空的想象力！一件件看似荒唐的小事被作者塑造得非常有童趣。像星丸就是一只爱冒险的青鸟，经历过喜悦的雨水，会浇灌出令人开心的故事……读遍全书，让人深深地陶醉其中。

有一个问题始终徘徊在我的脑中。它，咬坏了故事的种子，令"下雨的书店"迎来了空前灾难。当灾难来临时，它有没有后悔当时不分青红皂白的乱咬？而这个咬坏种子的凶手——幽灵，我想问你，遇事时我们都应该三思而后行，避免酿成大错，对吗？

此时，我隐隐约约想起一件事。

那一年，我和妈妈去商场。我东瞧西看，左摸右摸，没一会儿便和妈妈走散了，却不自知。走着走着，我转头一看，妈妈不见了！我慌乱地左顾右盼，心扑通扑通狂跳，又着急又害怕，不停地埋怨自己："怎么会和妈妈走散了呢？妈妈在哪儿？"我像苍蝇一样四处乱转，眼泪像断了线的珠子噼里啪啦砸下来。我一会儿往回找，一会儿又往前走，但就是看不到妈妈的身影。我含着泪瘪着嘴，茫然地站在人群中。就在这时，忽然想到老师的话："如果和爸爸妈妈走散了，不要惊慌，要回到走散的地方去等爸爸妈妈。"我抹了一把眼泪，凭着记忆，走回了和妈妈分开的大致地点，耐着性子等，心中坚信妈妈一定会回来找我的。就这样，心里刚才那份惊慌、无措、沮丧、茫然渐渐消失了。没一会儿，妈妈就找来了。我紧紧拉住妈妈的手，有点委屈，但更多的是安心。妈妈温柔地说："小米，你做得真好，你学会了遇事要冷静、积极想办法进行补救，三思而后行。"走出商场，已然是黄昏时分，夕阳泼洒在地面上，一片温暖。

在书店中畅游时，我对"遇事冷静、积极应对、三思而后行"的理解更为深刻了。同时深深地折服于作者的想象力。而阅读，就是在为我们的想象力插上翅膀……珍惜书籍，热爱阅读。

风过林梢，月色渐浓。我走出了这家书店。

方蕴爱/文，五年级　指导老师：程晓瑛

劳动最光荣

从前有个餐厅妈妈，要去远行，她把她的三个孩子叫到身边说："我走了以后，你们要照顾好自己，还要把家里清洁干净。我会留下三个帮手，你们自己来选吧！"说完，她就关上门走了，眼底含着泪花。

大家都来选帮手了。老大地面选了扫把和拖把，老二桌子选了抹布，老三盘子也选了抹布。老二就把抹布让给了老三，笑着说："抹布给你吧，我要是脏了，自己抖一抖就可以都抖干净了！"

有一天，地面看到盘子又被吃得干干净净，撇起了嘴角，愤愤地说："你倒好！天天'光盘行动'，自己干干净净的，吃剩下的碎末都掉在了我身上！"盘子怒气冲冲地说，"有本事你也来个'光地行动'啊！"地面转头一想，对啊，妈妈还给我们留了好帮手，你不说我还真忘了呢！于是，地面就去呼唤他的好帮手——扫把，心平气和地说："好朋友，你能帮我把身上清扫干净吗？"扫把撇了撇嘴说："我已经扫了卫生间、卧室、客厅、书房，都快累晕了！你还让我把你扫干净？"地面只好又去找拖把，拖把满口叫好地答应了，飞快地清理起来，一边拖地，一边还唱着歌："我爱劳动，劳动爱我……"不一会儿就把地面拖得干干净净了。盘子也去找来他的帮手抹布，抹布也很快地把盘子擦了个闪亮。

不久，桌子上已经都是油污了，他说，"不好，我抖不干净了！"盘子的帮手抹布马上很友好地说："我来帮助你吧！"抹布很勤劳地把桌子擦干净了，接着又回到温泉池和盘子一起去"泡温泉"了！

这时候，地面的中间已经光滑如镜了，可外围一圈还是堆满了垃圾。抹布刚泡完澡，看到地面周围一圈脏脏的，又要来帮忙，还鼓励大家说："马克思说过，劳动创造世界！"旁边休息的扫把听了很羞愧，很快也加入了大家的"劳动创造小分队"。

　　几天后，餐厅妈妈回家了，发现大家一边劳动一边唱歌跳舞，脸上洋溢着快乐的光彩，头顶还挂着一条横幅——劳动最光荣。

　　话说，餐厅妈妈旅行前一天，请医生到家里来给孩子们看病。医生偷偷告诉她，孩子们得的是小孩之间传染性极强的不治之症，叫"懒"病，去找神医或许还有的救。餐厅妈妈终于在南山中间的山谷里找到了神医，得到了八字药方——"草下寻力，云边用力"。餐厅妈妈一拍大腿，赶紧回家给孩子们治病。

毛湛一/文，四年级

宁波的风格

今年国庆节，我去了宁波游玩。那里有漫天的海浪、高大的山峰、宁静的湖面……宁波的风格，好似都围绕着水这个特点。

不过，我最喜欢的却是在宁波城里的河上泛舟。还没上船，望着CBD的一座座高楼，有的像条小船，有的像一艘大轮船，有的又像帆船的旗杆，有的则像大型船舶的甲板……但是你见多了，眼睛就会疲劳，又累心情也不舒坦的时候，最好的方法就是乘游船。

快艇一离开堤岸，凉风就扑面而来，看看船舷两边的波纹，闻闻花朵的清香，听听白鹭扇动翅膀的声音，我大口大口地呼吸着海滨之城的新鲜空气。CBD的河岸不是水泥筑成，而是用众多美观的水生植物连片种成的，有挺拔的荷叶、飘荡的浮萍，还有很怕风、一见风就弯腰的芦苇。岸边种着各种各样的大树，上面栖息着许许多多的白鹭和小PT鸟。这里可以说是一个"绿色城市中心"。

宁波城内到处都是水的痕迹：遍地的喷泉，清澈见底的河流。城区周围还有许多美丽的湖泊，有的远至余姚，如四明湖就是十分梦幻的一抹风景线，在那里池杉变成了河岸水中的精灵；有的离城区很近，如东钱湖，堤岸上还堆满了石头，好似进了石头城，旁边还有静美如画的水街，畅游湖边好像到了广东珠海一样悠闲。

宁波真是个无比美妙的城市，风格如水。

毛湛一/文，四年级

游五马街

  周末，我们骑着车来到五马街口集合，抬头一看"五马步行街"几个字就在我眼前，我才知道五马街是步行街呢！老师带着我们先参观人文馆。一进门，人文馆的文化气息扑面而来。在这里我们了解了温州这座城的历史由来。在这任官的太守里有一位叫王羲之的大人，他出生于公元303年，是东晋的大书法家，他从小练习书法，十二岁时经父亲传授笔法论，后来他还渡江北游名山，博采众长，在他那个朝代书法写得最好了，所以大家都称他为"书圣"。他的楷书作品有《黄庭经》《乐毅论》等等。他在温州任官时，有一天在坊市逛，兴致来了也不忘题诗几句，在池水边就临池作书了，随后洗笔时墨水把整个池子都染黑了，人们为了纪念王羲之把这池叫为墨池，把这坊市叫为墨池坊。

  人文馆内还展示了一个有名人物谢灵运，听老师说他可是李白最崇拜的人了。他生于浙江会稽郡，母亲是王羲之的外孙女，人们都说"山水诗是从他那儿开始的"，人称山水诗派鼻祖，尊称谢客。他生动细致地描绘了永嘉的山水景秀，作品有《夜宿石门》《登永嘉绿嶂山》等。人文馆里还有许许多多温州的历史人物雕像及简历。

  参观完人文馆，绕出去我们继续在街上游逛，周围店铺林立，有大众影院、专卖温州特产的五味和、一百五十多年历史的老香山药店、金三益商城。金三益的取名可真有趣，原来是当时有三个姓金的兄弟，合伙做生意，希望三个人都收益，所以叫金三益。逛完五马街我们一出去就来到了纱帽河，这条街上全都是吃的，每家店门口都排着如长龙一般的队伍。

　　一路停停走走、兴致勃勃，一个问题一直浮现在我脑海，我问老师："五马街为什么要叫五马街呀？"老师说："因为那时太守王羲之很有钱，出门的时候，有五匹马拉着他，每天早晨都会路过这儿巡视民情，所以呀，人们就把这条街取名为五马街。"

　　　　　　叶芷嫣/文，三年级　指导老师：吴珍珍

草木有本心，何求美人折

　　"草木有本心，何求美人折！"这是张九龄的名句，但我想，只有汪曾祺先生最有体会吧！

　　说起来很巧，我在看《人间草木》之前并不认识汪老，我之所以选这本书，是因为图画。书的封面上有几朵粉红色菊花，枝叶用浓重的青黑色渲染，"人间草木"四字从上而下，背景是清淡悠远的乳白色，给人心情舒畅的感觉，很是好看。

　　翻开书本，前几页皆是汪老的画作，画下有着小段文字，仔细读之，让人会心一笑，而文字与画作的结合，相得益彰，给人美的体验。读这本书，如同和一位温和的老人对话、闲聊，他饱经沧桑，却仍旧让人感到温暖。在冬日的院子里晒着太阳，老人边品茶，边讲述自己种花种草、养花养草的经历。从墙角一枝独秀的蜡梅花说起，有时说些趣闻逸事，如石头下长出的小豆芽和玉渊潭边长进树皮里的铁蒺藜……汪老对于这些平凡的一草一木，可不是简简单单的喜爱，他把自己多年的感情寄托在一草一木上，却不愿意占有那花、那草、那木。

　　汪老知道秋葵风姿楚楚、自甘寂寞，他也知"都说梨花像雪，其实苹果花才像雪，雪是厚重的，不是透明的。梨花像什么呢？——梨花的瓣子是月亮作的"。汪老还记得自己的生母在的时候房间里有棵秋海棠，样子楚楚可怜，所以在他眼里，每看到秋海棠，总是想起自己的母亲。他还知道自己的家乡高邮有两种蜡梅，一种檀心，一种白心。自己的家乡偏重白心，叫"冰心蜡梅"，而檀心则为"狗心蜡梅"。即使在自己心情最低落时，他也可以通过发现几棵植物来使自己获得勇气。"草木无情"，汪老大概未曾同意吧！

在这样聊天似的文字中，我欣赏完了这本书，在淡得像水一样的文字中，我体会到了汪老那份纯朴的情感，那情感也如水一般，环绕着我。

汪老的文章，写凡人小事，记乡情民俗，谈花鸟鱼虫，即兴偶感，娓娓而来，于不经意中设传神妙笔，成了当代散文经典。汪老有烟火气，他的文字，离不开升斗小民，一草一木，却又满溢着文人的雅情和情调。汪老行文似百转千回的水道，行于所当行，止于所当止，自由自在。

"草木有本心，何求美人折！"这句诗未免显得有些傲气，然而对于汪老来说，草木并非要有心，重要的是能与这些平凡草木常相伴，寄托情感，也让我能通过文字闻得满面清香，沉迷其中。

王昱皓/文，五年级

建德一日游

　　这个假期，家住建德的陈叔叔邀请我们去他家做客。出发前的晚上，爸爸对妈妈说，那边是山区，早晚温差大，带几件厚点的衣服吧。我一听"山区"两个字，脑子里立刻浮现出泥泞的山路和破旧的茅草屋，本来兴奋的心情也一落千丈。

　　第二天一早，我不情不愿地起了床。吃过早饭，我们便出发了。爸爸的车在城市间笔直的道路上穿行，不一会儿就到了高速入口，只见爸爸朝着"ETC"通道直接开过去，完全没有要停下来的意思，我吓得大叫起来："爸爸，要撞杆子啦！"这时，只听"滴"的一声，我们的车顺利通过了卡口，原来，现在的高速出入口已经用"ETC"代替了人工收费，又快捷又方便。真是科技改变生活啊！

　　我们的车在高速上疾驰，马路两边葱翠的树木不断后移，下了高速路，又开了十多分钟，我们便到达了陈叔叔家。陈叔叔一家已经在门口迎接我们。我下了车，脚下是平坦而又宽阔的柏油马路，马路两边，一座座小楼房错落有致。陈叔叔的家是幢三层高的小楼，外墙是砖红色，屋顶是个大平台。小楼的前面是一个大大的院子，陈叔叔的宝马车就停在院子里。走进房子，一楼是个大客厅，又宽敞又明亮，我迫不及待地想要参观一下整栋房子。在陈叔叔家小妹妹的带领下，我到达了二楼。二楼的装修古香古色，在这里可以读书、写字、下棋、喝茶，好不惬意啊。三楼是一间间卧室，布置得非常温馨。顶层的大平台上晒满了谷物，我对陈叔叔说："陈叔叔，你家的房子就是个大别墅呀!"

中午，陈叔叔为我们准备了丰盛的午餐，炖土鸡、剁椒鱼头、笋干老鸭煲，还有现包现煮的大肉粽……大家边吃边聊，陈叔叔告诉我们，这几年，建德依靠地理环境优势，大力发展以农家乐为主题的旅游业，家家户户都富裕了，日子越过越红火，这小楼加汽车已经是咱们的"标配"啦。

吃过中饭，陈叔叔说，他们加入了"花海小火车"这个新项目，今天是首开，我们可以去体验一下。我们坐上小火车，穿行在一千多亩花海中，清风阵阵，花香扑鼻，一望无际的花海姹紫嫣红，让人突然有了"人在画中游"的感觉。从小火车上下来，陈叔叔又带我们去玩了皮划艇，骑了三人骑的自行车，沿江的栈道上，留下了我们的欢声笑语。

晚上，我站在陈叔叔家的阳台上，望着对面灯火通明的新安江，一轮圆月高悬在江面的上空，让我不禁想起了孟浩然的那首《宿建德江》："移舟泊烟渚，日暮客愁新。野旷天低树，江清月近人。"我想，如果孟浩然能回到今天的建德，看到这画一样的风景，过上这花儿一般的生活，日暮应该也不会再有"新愁"了吧?

乔涵宇/文，六年级

乌黑的酱碗

翻开《艾青诗选》，仿佛推开了历史沉重的、盖满尘埃的门，一个封建阴暗的社会在隐隐硝烟中徐徐显现，斑驳的血迹间，层层的废墟下，那乌黑的桌上放着乌黑的酱碗，那双捧着碗的、曾拥抱过艾青的手，竟使我浑身战栗起来，颤抖着触碰到了记忆尘封处的温柔和刻骨铭心的痛……

大堰河，旧中国的劳动妇女，像是那只乌黑的酱碗，在乌黑的桌子——穷苦可悲的农村静候，做着吃上乳儿婚酒的"不可告人"的梦，含着笑，在流尽了乳液后，又用抱过乳儿的双臂劳动。然而，在这美丽的梦未醒时，那吃人的社会终于碾碎了这只乌黑的酱碗，大堰河，同着四十几年人世生活的欺凌，她含泪地去了。

叹息之余，蓦然想起老房前枝叶落尽的老树，想起泥路边蒙着厚厚的尘埃的电瓶车，想起不远处的山上矮矮的坟墓，不觉潸然泪下。

为什么平凡的事物要用消失来证明珍贵？那些不起眼地存在于生活中的东西，伸手去触碰，却又不见了影。这才想起自己已失去了它！倏然的惆怅，填满了心中空缺的那一角。

在上海阴冷的监狱里，艾青百感交集，自己也曾拥有一个温暖的家啊！有拥抱他的直伸着的手，有泥黑的温柔脸颊，有养育了他的乳房，而这一切都在黑暗社会的炮火中，如那乌黑的酱碗，碎得没了轮廓和存在过的痕迹。于是诗人用浸满血泪的笔，写下对世界不公的诅咒，决心以更大的勇气和力量去守护另一个受人凌辱的母亲——中华民族，誓让火焰之手撕开自己的心胸，愿以艰苦的耐心，希望在铁黑的天与地之间裂出一丝白线。

逝者已无影，那些如乌黑的酱碗般至真至纯的记忆，都破裂成了数不清的碎片。去捡拾碎片？欲补全那只乌黑的酱碗？如果为了错过太阳而哭泣，那么又会错过月亮。难道人的一生就要在修补和重新破碎中度过吗？酱碗之所以珍贵，不在于其形状和用材，而在于它所盛的如水回忆。覆水难收已成公理，那又何必做此无意义之事呢？对于往事，应如凭吊古战场，心存敬畏，但不至于影响现在。既已失去，何不坦然接受，去守护那些同样脆弱易逝却又平凡的事物呢？

革命的道路上，每一个将士的血都不会白流。那些斑驳的血迹，会在东方深黑的夜里，爆开无数蓓蕾，点缀得处处春红。于是，艾青选择了奋起，誓以握笔的手伸入烈焰燃烧处，不再让另一位母亲——民族受辱。

如今的生活中，纵有"夜来风雨声，花落知多少"，若能以心相守，以梦相盼，终能以"忽如一夜春风来，千树万树梨花开"来填补心中的空缺，不至于枉自神伤，终日"寻寻觅觅，冷冷清清，凄凄惨惨戚戚"。

花开花落，不必自恼。心存所拥，只逐当下。

金依/文，八年级　指导老师：房云

勇往直前

我很喜欢讲"评书"，在我学表演的那个兴趣班，每学期都会开展好几次大型活动，老师总鼓励我要大胆地迈出去。可我还是常常因为胆小而不敢上台表演。

今年暑假，我在南河头的活动节上本来打算表演节目的。那时，我看见一点都不厉害的小朋友敢上台唱唱跳跳，我的自信心油然而生。可当我得知活动现场没有老师和同伴，只有我一个人表演，心就立马乱跳起来，比揣着小兔子跳得还乱，手脚开始发抖。在我犹豫不决到底要不要上台时，节目组早已无情地将我的节目当场删除了。我好丢脸啊！我两眼瞪得像铜铃一样，嘴巴张得能装下两个肉包子，感觉像被钉在"耻辱柱"上一样难受。

这一次，吾悦广场的演出我一定不能再错过了。爸爸妈妈常常教导我：在哪里摔倒就要从哪里站起来。我们是新中国的未来，从小要有勇于挑战的精神，不可以轻言失败。我想：我这次可不能像上次在南河头那样搞砸，非要把我的拿手节目——《红孩儿大战孙悟空》成功地展示出来不可！

登台前的一堂课，老师单独给我从头到尾地排练了两遍，她颇为满意地说："就照你现在这样演吧。"我轻松地回答道："记住了，老师。"她哪里知道呀，我为了这次能够顺利地上台，在家已经练习了很多遍，只要一有时间我就背稿子，对着镜子反复地练习动作和表情。清晨醒来，第一件事情就是对台词，我很快进入角色，一人扮演多重身份，可把我妈妈吓坏了，她以为我做噩梦了在说梦话呢。

终于到了演出时间，到了我的节目，到了我一展身手的时刻。现在的我和从前不一样了，不仅不会退缩，还能够胸有成竹地面对镜头了。我身穿浅蓝色长袍，耳戴麦克风，手握一把折叠扇，昂首阔步地走到了舞台最中央。一会儿我是善良仁慈的唐僧，一会儿成了阴险狡诈的红孩儿，一会儿又是足智多谋的孙悟空。在表演的瞬间我灵活地切换着不同角色，抑扬顿挫。手中的扇子就像我的一个小跟班，配合着不同人物角色的不同腔调和动作起起落落。

我演得十分投入，到底怎么演完的，我一点儿也记不起来，只记得我一直演到最后一句"把红孩儿摔得肢体分解，破碎不堪，万朵桃花开"，场下顿时热闹起来。观众热烈的掌声，过路行人的欢呼声，一秒钟把我拉回到了现实世界。这一次，连老师都赞叹不已，夸我表现出色比课堂上还要棒呢！

我笑了，笑得像阳光一样灿烂。

沈朱宥成/文，四年级

165

一个难忘的周末

星期天，我和表弟一起度过了一个非常难忘的周末。

表弟是我大阿姨家的小孩，才八个月大，虎头虎脑的，特别可爱，圆圆的脸蛋谁见了都想亲一口。浓浓的眉毛下面是一双黑葡萄似的大眼睛，最特别的就是他那长而上翘的睫毛，特别招人喜爱。

别看表弟还只是个小婴儿，他可聪明了。下午我在客厅看电视，正看到精彩的地方，妈妈让我完成一项艰巨而光荣的任务——哄小表弟睡觉。正在看电视看得津津有味的我是一肚子不情愿，可这是妈妈的"命令"，我只好点点头，不过有点勉强。

我走进房间，径直走到小表弟旁边，只见他捧着奶瓶一边喝奶，一边用两只水灵灵的大眼睛好奇地盯着我看，好像在问："哥哥，今天你陪我睡午觉吗？"为了能早一分钟看到电视，我没有像平常一样逗他玩儿，而是打算直接哄他睡觉。我躺在床上，一动不动装作睡觉不理他，可是他喝完了奶就扔掉奶瓶，在床上爬来爬去，还时不时地拉扯着我的衣服，嘴里发出"咿呀咿呀"的叫声。

唉，这是不会说话的表弟在叫我起来陪他玩呢！我心里那个急啊！我一把抓住他，摁倒在床上，用手轻轻地拍着他的后背……

过了好一会儿，他终于睡着了。我赶紧蹑手蹑脚地溜出房间。哄小孩睡觉的任务我终于完成了，真是个难忘的周末啊！

沈朱宥成/文，五年级

斗蚊趣事

　　"嗡嗡嗡"，一只蚊子在我耳边吵个不停。我睡得迷迷糊糊的，只是拎了拎被子，把头埋进去继续睡觉。

　　"嗡嗡嗡"，它又来了，还趁机钻进被缝里叮了我好几个包，痒得我好难受。好好的觉睡不成了，气得我直接从床上坐了起来。屋里黑漆漆的一片，我随手给自己一个巴掌，哎哟，好痛！"啪啪啪"，我一阵盲拍，企图把它吓跑。我脑袋昏昏沉沉的，越拍越没力气，"嗡嗡嗡"的声音好像也听不见了，直接又倒头睡去。

　　蚊子十分狡猾，等我睡下后不久它又出来使坏，故意在我头顶上空猛烈地盘旋，以示它有多么"威风"。它像要伺机"报复"我似的，越飞越低，越飞越近，吵得我根本没法再入睡。这下，我终于怒了，一脚踹开被子，迅速打开电灯，打算与它一决高下。

　　我从床上跳起身，循着声音传来的方向喊："来啊，我不怕你。"蚊子听懂了我在骂它似的，从我面前一闪而过。这时，我一个机灵，双手合十"啪"一下，我不敢松开手，先使劲来回搓了搓掌心，再用力按压，小心翼翼地将手打开，但什么也没有。

　　我心想：这么只小不点都能欺负我，真不甘心！在我累得快要放弃的时候，机会来了。蚊子大概也飞累了，临时停靠在墙壁上喘息，我两眼死死盯着它，蹑手蹑脚向它挪近。"啪"一声，我一个眼疾手快，重重拍向小黑点……

沈朱宥成/文，四年级

亚马孙雨林惊魂

地球上巨大的基因库——亚马孙雨林，被人们称为"地球之肺"，坐落于雨量丰富的亚马孙盆地。雨林中物种丰富，那一片绿色植被覆盖下的是另一个生机勃勃、充满野性的世界，因鲜有人深入踏足这片神秘之地，亦被称为"人类的禁区"，而我们将要探险的地方正是那里。

清晨如往常一样充满着希望的味道，当太阳从云层中躲闪着射入第一缕阳光的时候，向导敲响了我们的房门，催促着马上要出发了。我背上早已准备好的装备，和弟弟在向导的带领下，登上了前往亚马孙雨林的小艇。河面上还漂浮着奶白色的雾气，隐约可以看到河两边雨林里的斑驳轮廓，空中时不时掠过几只飞鸟，伴随着两岸动物的低鸣声，这清晨的雨林一片祥和，让人觉得仿佛踏入了动植物的秘境。正当我沉浸在这美妙的大自然中时，弟弟的惊呼声着实把我吓了一跳，"姐姐你看！"顺着他手指的方向，我看到已渐渐褪去雾气的岸上有只身姿矫健、四肢有力的美洲豹，猛地扑向它的猎物，只听一声惨叫，我们隐隐觉得这片雨林里危机四伏。

我还没有从那声惨叫中回过神来，乘坐的小艇就在岸边停了下来。"就从这儿上岸吧！"船夫望了望那深不可测的雨林，轻微皱了下眉，用颤颤的声音说，"你们可要多加小心！"脸上流露出无限的敬畏之情。我和弟弟紧跟向导的脚步，踏入了亚马孙雨林，内心既激动又有点害怕。我们小心翼翼地在草丛中潜行，不一会儿，向导突然停下了脚步，挥了下手说："糟糕！前面是一片沼泽地，我们只能绕行了，大家小心，不要陷入沼泽。"我猛地抬起头一看，只见沼泽上雾气弥漫，犹如一只口吐白气的怪物在等候着失足陷入沼泽的猎物，好把送上门的食物吞噬。浓浓的雾气使沼泽地更加危险，我们只要一不小心就会陷入，成为怪物们的食物。忽然，弟弟说："姐姐，我脖子上怎么凉凉的，刚才没下雨啊？"一开始，我们都没在意，可正当我们快要绕出沼泽地时，弟弟看着自己摸过脖子的手，尖叫起来："姐姐，血！血！"我和向导连忙过来查看，只见一只通红的水蛭正伏在弟弟的脖子上贪婪吮吸着，此时它已经鼓成了一个红褐色的圆球，我连忙伸出手顾不上内心的害怕，一把将水蛭抓了下来甩出去老远，但那种黏糊糊、滑溜溜的感觉让我浑身起鸡皮疙瘩，汗毛直竖。所幸弟弟没什么大碍，只是差点被自己的血给吓晕过去，简单消毒后我们便继续前进。

走出沼泽，在去安营扎寨的路上，向导一路上给我们介绍了恐怖的巨型食人花、色彩艳丽的箭毒蛙、各个种类的鹦鹉……让我们大开眼界，也心有余悸。雨林里植被茂盛，能见度不高，需要时刻注意身边有毒的动植物，可能一不小心，就会威胁到生命。到了安营扎寨的地方，天也渐渐暗了下来，趁着向导搭建帐篷的间隙，我和弟弟去了周围捡树枝准备生火。向导嘱咐我们不要离营地太远，但调皮大胆的弟弟，竟然走进了雨林。不远处传来动物的惨叫声和令人毛骨悚然的吞咽声，顿时使我警惕起来。我快速地跑到弟弟身边，此时也不管路上的荆棘和手臂上辣辣的疼痛，一把拉住弟弟的手，就往营地的方向赶。可偏偏这时，弟弟不小心摔了一跤，腿上鲜血直流，我忙从背包里取出酒精和绷带，给他快速包扎好。刚才忙着给弟弟包扎，竟然没有发现身后那一阵阵"嘶嘶"声。我转头一看，一条长达五米的蟒蛇盘绕在一棵大树上。"亚马孙森蚺！"弟弟吓得脸色惨白，两腿一软瘫坐在地上。成年森蚺是亚马孙雨林的终极掠食者，攻击性极强。这条森蚺大概是被血腥味吸引来的，它的肚子鼓鼓的，里面应该是刚刚那只被杀害的动物。森蚺缓缓地扬起脑袋，张开血盆大口，正要向弟弟猛扑过去，说时迟那时快，我一把掏出瑞士军刀向森蚺的脑袋丢去，正中它的眼球，森蚺痛得使劲地甩动它的大脑袋，想把刀子甩掉，周围的树枝被硬生生地折断。趁着这个时机，我和弟弟连忙连滚带爬地跑开了。

此时的雨林中一团漆黑，月光被茂密的树叶遮挡着，我们抬起头，依稀看见一些树枝的轮廓。我搀扶着弟弟走在这黑暗中，幸好手电筒没丢，在这能见度低又危机四伏的雨林中，没有手电筒就等于没有了眼睛。手中的光此时犹如一盏明灯，照亮了前方的路，也同时扫去了我们一部分的恐惧。周围的树木比白天我们看到的要粗大很多，地上长满了杂草和藤蔓，毋庸置疑我们迷路了。考虑到我们目前的状况，我问弟弟："你包里还有什么东西？""两瓶饮用水，五盒牛肉罐头，十包饼干，一个指南针……"弟弟边翻边回答道，这时候我突然想起来，哎呀我不是带了对讲机和指南针嘛！最后决定还是在原地等待救援，我不停地对着对讲机联系着向导，在恐惧中过了差不多两个小时，谢天谢地，向导终于找到了我们，把我们带回了营地。

朱梓涵/文，五年级

170

第六辑

时间茶壶

有路人对我说，跨越山河，追你所爱，
这路上的泥泞是在为你铺接下来要走的路。

温暖的陪伴

　　六年前的开学日，稚嫩的我静静地望着眼前这些陌生的建筑，一点儿也不觉得亲切，但没想到一段温暖的陪伴却从此开始。

　　一开始，我以花木为伴。香樟啊，三叶草啊，无患子啊，金合欢啊。从秋风萧瑟中的满园金红，到春风扑面中的缕缕花香，校园四季中有的是扶疏花木。草木无言，却给了我最初也是最忠实的陪伴。

　　慢慢地，开始学会以书为伴。从季羡林的散文到泰戈尔的诗集，我深深地恋着书，恋着书中清净的小世界，恋着书中好闻的油墨清香。在无数日子里，不论是寒是暖或是阴晴雨雪，我始终知道，学校图书馆里的那一书一座，会给我跨越千年的陪伴。

　　当然，最有趣的还是与同学为伴。清早，推开教室的门，放轻了脚步走进去，拿一支铅笔赶紧潦草地画起来。不知是哪个冒失鬼，跌跌撞撞地砸门进来，还咋咋呼呼地惊叫一声。大家都被吓一跳，又在一阵寂静后，都不禁扑哧笑出声来。很单纯的友谊，很温暖的气氛，不带一点矫揉造作。

　　最让我永生难忘的伙伴们是一起参赛的队友——阴差阳错间，我被选入了DI社团。一个队，七个人，我们一起写作业，一起在地下室准备道具，一起被老师"指教"，一起从省赛一路闯到全球赛。我现在依旧清清楚楚地记得，未来也会清清楚楚地记得。

　　那段倾城的时光里，我们会面对面坐在那个热气氤氲的小餐馆里，一边小声谈论着关于文学的梦想，一边龇牙咧嘴地把热乎乎的小馄饨送进嘴里，然后匆匆忙忙地顶着昏黄的灯光，归家般地快步回到熟悉的教室里。这种感觉，就像子期与伯牙，就像磁铁的南极吸引北极，就像榫与卯相契合——两相寻找，终得陪伴。

现在，另一段旅程将要开启了，课桌上那张小小的字条就是我毕业的告白——"文海，感谢有您！我温暖的陪伴。"

李沈依/文，七年级　指导老师：朱晓兰

以优美的姿态告别

从未见过这样一片秋天的银杏树林，只见一片壮丽的辉煌就那么裹挟而来，让我想起金碧辉煌的宫殿，让我想到唯美诗意的一条银河。从上到下、深深浅浅，都是那金灿灿的银杏树叶，将四周映衬得明晃晃的。就像是流动，在欢笑，在不停地蓬勃生长。阳光，静静地在这儿流连，和这一片片银杏树叶嬉戏着、挑逗着，从这一片树头，跳跃到那一片枝头，不舍离开，似乎它也陶醉在了这里！

我轻轻地走在那片灿烂里，生怕踩疼了他们。阳光，从银杏树间漏下来，像染了色般，那般耀眼。清风徐来，一抹淡淡的香扑面而来，像是一首动听的交响诗，撩拨得心里生着熨帖的暖。

是啊，在这生命凋零的时刻，本该凄婉哀伤的，可这片银杏树却上演了一场临终的灿烂。这里，没有落幕时的悲凄，这儿，没有消逝而去时的伤感。膨胀着的，是告别的壮丽；氤氲着的，是潺动的美好。

一朵朵叶子，随着风儿悠悠落下，它们或是轻轻打着旋儿，或是缓缓翻滚着，姿态极为优雅，阳光恰好落在它们身上，灿灿地生长着，像极了那灿烂的笑容。这一刻，我的心里又落满了阳光，生起暖意。它融化了我这段时间一直遭受着的考试失利而带来的痛楚，为了钢琴考级没有通过的失落，我沉浸在这片光辉中，别的暂时都不存在，有的只是精神的宁静和喜悦。

生活中，我们总是会遇到挫折和困难。这时，与其沉浸在痛苦中或是陷入困境里，将人搅得一片灰暗，弄得一地鸡毛，倒不如乐观积极起来，以优美的姿态告别。以优美的姿态告别，我们的生活才能春意盎然；以优美的姿态告别，我们的人生才能春暖花开；以优美的姿态告别，我们的生命，即使落幕，也会成为别人眼中一道风景，那般迷人。

夕阳，将这片银杏树林染得一片灿烂，将那飘落的银杏叶的柔美身姿映衬得更加唯美诗意，我不禁加快脚步，大步流星朝家里走去，心中，一股暖意在荡漾……

林俊安/文，六年级

偶遇那片残荷

夕阳，晕染得天空一片绚烂；绵延而去的草地，也铺上了一层朦胧的轻纱，唯美浪漫；那些不知名的小花也羞红了脸，娇艳艳的；清风在耳边呢喃着，仿佛在轻轻安慰我。

可身在这样的环境里的我，却一点精神也没有，垂着脑袋，拖着沉重的身子向前迈去。

走着走着，一片荷塘映入我的眼帘。此刻正值秋季，平常那清新优美的荷花已经不见踪影，剩下的只有满池的残荷。荷叶仿佛卸了妆，充满生机的绿色渐渐褪去，取而代之的是泛黄卷曲的枯叶；茎也驼了背，低下头毫无生气；往日翠绿的荷叶也变得枯黄，泊在水面，孤独又落寞，透着一丝颓败和苍凉。一阵风吹过，荷那骨瘦如柴的身子在风中飘零摇摇欲坠，让人不禁徒生忧伤。

我不由得想起了这段时间钢琴弹得不好被老师批评的伤痛，想起不忍心放弃多年练习的无奈，想着，心里又涌出一股悲凉。

抬眼，目光又落在那片残荷上。

秋风中，那残荷静默无言，我细细观察，屏息凝视。我竟看不到半点哀伤。他们虽然枯萎，却依旧傲然挺立。即便是最后仅存的一点枝叶匍匐在水面上，都保持着尊严，不失特有的风韵。

残荷站在那里不悲不喜，残而不凋，它褪去了色彩，却显露出最本真的气节傲骨，勇敢面对繁华后的衰落。心，忽地被触动，升起一阵波澜。

是啊！这边残荷面对死亡都毫不畏惧，勇敢面对，而我面对一点小挫折就六神无主，放弃自己，连荷花都不如了吗？人生的道路总是一波三折，在遇到困难时，我们不能自暴自弃，要像这残荷一样，勇敢面对，我们的人生终将走进别人眼中，还像眼前的这片残荷，在我眼中亦这般绝美。

　　想到这里，我抬起头，大步流星地向家里走去。

　　夕阳，还是那样绚丽，身边的草地依旧唯美浪漫，不知名的小花在风中摇曳着，仿佛跳着舞蹈，那般惬意。我的心里，那阵阵的暖意，正向全身涌来。

林俊安/文，六年级

温　暖

　　温暖，是一缕阳光，总会为别人带来快乐；温暖，就像一阵清风，总会为别人驱赶烦恼；温暖，就像一盏路灯，总会为别人照亮前方的道路。而我，曾经感受过这样的温暖。

　　冬日的清晨，气温已经降到了冰点。阴沉沉的天空，压着低密的云层。早上上学出门时，飘起了细细的雨丝，使阴冷的冬日更加寒冷。急匆匆去上学的我，今天竟然忘记带雨具。中午放学时，朦胧的细雨已经变成了急骤的雨滴。雨点滴滴答答地打在地面上，很快积起了一个个大水坑。

　　我站在校门口，心里犯起了愁，今天爸爸妈妈都去上班了，我要独自回家。虽然家离学校不远，但淋着雨回家，足以把我淋成落汤鸡！

　　抬头望了望天空，低沉的黑云依然压在头顶，雨水没有退让的意思，反而更加肆无忌惮。我试图用手挡住头顶，准备以百米冲刺的速度飞奔回家。可是才跑了两三步，衣服和裤子都湿了。风也呼呼作响，我冻得瑟瑟发抖，只好停下了脚步。

　　就在我狼狈不堪时，一把雨伞出现在我的头顶，它为我挡住了风雨，让我急切的心情烟消云散。一个温和的声音传了过来："孩子，不要再跑了，雨伞给你！"这声音犹如春风一样，缓解了我焦虑的心情，就像暖阳一样融化了冬日的阴冷。

　　我仔细一看，原来是住在我家楼下的刘奶奶，她今天是来接孙子放学的。她把一顶大大的雨伞给了我，自己和她的孙子撑着一把小小的雨伞回家了。

我还来不及说一声"谢谢"，刘奶奶已经带着孙子急匆匆赶回家了。模糊的雨水中，我分明看见刘奶奶的身影，小雨伞只够遮挡她的孙子，刘奶奶几乎是淋着雨回家的！

我的心被感动了，鼻子一酸，泪水不自觉地掉了下来，模糊了我的双眼。这柄大大的雨伞温暖了整个寒冬。

刘星语/文，六年级　指导老师：应赛音

追一次梦，让自己发光

孩提时，我的心里就种下了一颗种子。我渴望舞台给我带来的一切。自信或是关注都使我在漫漫人生路上走得更铿锵有力。"种子"是随着我的一次崴脚一同来的。

还记得那一年的冬天，我还是个无忧无虑的小屁孩。整天就想着怎么淘气，有一回练完乒乓球回家的路上我蹦蹦跳跳的，一不留神就崴伤了脚。当时几乎无法动弹，一动就痛，无奈之下只能静养上几天。而妈妈在不知情的情况下打电话过来说，××学校有个主持人招募活动希望我去参加，准备时间只有三天。我刚想拒绝，妈妈却连忙接上"我已经替你报完名了，可以开始准备自我介绍了"，随即挂断电话。我听着电话的嘟嘟声，一时手足无措。看了眼自己红肿的脚踝，我不知是否该抓住这次机会。

母亲应酬完回家已是晚上九点。一进门就看见我躺在沙发上，脚上贴满了膏药，发出阵阵药味。母亲则开始询问是怎么回事。我将事情的原委与她一一道明。她便一再确认我的伤势，还与我商量："主持人招募就不去了吧，都这样了。"我盯着时钟上不停转动的秒针和着那一声声清脆的嘀嗒声："不！我去！好不容易才有的机会，我必须去！"我也不知那是哪来的自信，在此之前我并未接触过与主持相关的事情。最多也就一时兴起，自己读读诗歌。面对这无限的未知，留给我的只有前进，没有退路。深夜，母亲手写了一份准备稿。密密麻麻地铺满纸页，而我要做的就是不停地读直至背下来，最后还得加入情感。

一次，两次，面对无数次的卡壳，我也开始变得暴躁。窗外的路灯似乎也随着深夜暗下来……终于，在妈妈的不断鼓励下，我成功背下了满满一页的内容。至今我印象最深的就是那句"腹有诗书气自华"，也正是这句话成了我前进道路上的明灯。

之后的两天便是练站姿，练手势。每天我都努力地倚着凳子站起来，练习上下台的走姿，走得虽然有些许吃力，但我知道我有我自己要去的远方，风雨兼程或披星戴月。所以这点小伤痛我必须忍，没有余地。

终于到了预赛当天，教室里坐了整整几排人，闹哄哄的，似乎都还在为预赛而准备。我则是静静地坐在凳子上，一遍遍回顾脑海里的内容。一字一句乃至每一个微笑，都似乎嵌入了骨髓。

"接下来有请八号选手上台！"我徐徐走上舞台，尽力掩饰自己脚的疼痛。站在舞台中央开始自我介绍，因为之前的充分准备，我紧张却一点也不胆怯，流利且有感情地完成了自我介绍。在座的家长和评委一致投来赞许的目光，我也因此成功地当上了主持人。

朱迅在主持人大赛里说："真正有光的人，是压得时间越久，深度越深，绽放的光芒才可以越灿烂。"

在两年后的某一天，我终于被老师们看到，再一次得到了舞台。而这一次我则显得不再那么慌乱，虽然也还十分稚嫩，但与两年前的初试相比起码心理上已有了非常大的提升，因为我知道这是我所热爱的。

在与其他几位主持人的合作过程中，我才知道自己原来是如此的平凡，她们只需要读两遍就能背下来的东西，我却还是需要花一定的时间与精力。这一次舞台也是在冬天，穿着薄薄的礼服裹上厚厚的棉袄赶到现场，寒风再一次窜入我的衣领，冻得我瑟瑟发抖，但又怕气息不稳会影响主持效果，所以又只能忍着，从冻僵的脸上挤出一点笑容。

我知道我很微小，再微小的光也是光，再平凡的人也有他们人生中的高光时刻。

这一次小小的磨炼，让我在寒冷的冬天破土而出，长出的茎蔓试图抓住周围的一切事物，通过妈妈的介绍我又去主持了两场公司的年会。与我搭档的是一位资深的电视台主持人，他在年会主持的前夕特地来对我进行了一番指导，语气语调，平仄或昂扬，他都用小标记标在了我的题词卡上。一笔一画都是对我的鼓励。

这两次主持下来，我确实学到了很多，主持的时候加入互动或对视都会使整场主持显得更为自然。只不过在整个年会期间，我们都是没有时间进食的，顶多只有牛奶面包来填填肚子，其余时间都得等待节目的完毕然后报幕。而且还因为会场的人比较多，抽烟的人也会较多，导致我整场主持下来，腿上长满了红疹，应该是对烟过敏所致。但无论如何，我都很庆幸，我所站的舞台越来越大，台下的人也越来越多，虽然有种种不适，但这是必经之路。

梦像一颗种子，在我心中扎根、发芽、成长。

孔一熠/文，高二年级

一个红苹果

　　星期天的早晨，秋天的阳光惬意地照射在通红通红的枫叶上。我突发奇想，这么美的景色不要辜负了，叫上几个同学一起去爬大岩山。我们相约在山脚下，同学们有说有笑，像是一只只喜鹊，不一会儿就融入七彩的阳光中。山脚下碧绿的池塘里倒映着两岸彩色的树影，一簇簇红，一簇簇青，一簇簇褐色，一簇簇金黄。秋色里找不见我们矮小的身影，鸟语中夹杂着我们的欢笑。

　　爬到了半山腰，我们都又累又渴。出来匆忙我们都没带水。忽然听见有人叫："苹果，红苹果！"不远处有棵苹果树，翠绿色的叶间露出一个红苹果。我们用木棍好不容易把它打了下来。同学们舔舔干涩的嘴唇，都想咬上一口。可惜苹果只有一个，我们却有六个人。怎么分呢？"我们轮流吃吧。"小个子提议。我们点点头。

　　苹果递到了我的手中。我望着红彤彤的苹果，又看看其他人，他们看着我，微笑着。我紧紧握着苹果，心想：如果我吃多了，同学们就不能多吃了，但如果吃少了，就解不了渴，内心有种说不出的滋味。我闻了闻苹果，真香。咬了一小口，偷眼看了一下同学们，他们期待着。我笑了笑，把苹果传了下去。出乎我的意料，其他人也只咬了一小口，又传到了我的手上。手里的苹果还留有余热。

　　苹果传了下去，我们轻快地唱响了《小苹果》。圆圆的太阳斜倚在山峰，我们踩着石子小路，歌声回旋在跌宕起伏的秋风中。

俞棽威/文，八年级

屋顶的白猫

　　在天边的窗台上，趴着一个女孩，她耷拉着脑袋，靠在窗框上，无精打采的，对窗外的一切都视若无睹。

　　傍晚时分，暗蓝色的天空夹杂着几分红光，云朵是紫色的，仿佛一个顽皮的小孩，一点点飘飘悠悠地向在天际就只剩半个脑袋的红日靠近，有快有慢，天空显得一层一层的。鸟儿排成个三角状，欢快地拍打着翅膀，清脆地鸣叫着，在领头鸟的带领下，很快淹没在云层之中。这就如同一幅梦幻而浪漫的油画。

　　可是那个女孩顾不得欣赏美景，她刚和她妈妈顶完嘴，一肚子的气，也在大自然的熏陶中不知不觉散去了……突然，一只端坐在低处屋檐上的白猫吸引了她的注意力。白猫与她对视，翠绿色的眼睛"哗"一下放大了，那般有神，那般明亮！她和猫看起来一样茫然。白猫"喵"地叫了一声，那声音很尖锐，却在一片寂静无声的环境中显得十分空虚，渐渐地化为乌有。女孩倒觉得怪有意思的，不知她们是否心有灵犀，也试图学着叫了一声："喵——"那声音模仿得惟妙惟肖，把头刚别过去了的白猫怔住了，再次向那斜上方的角落望去，女孩还是趴在窗台上，只不过不再耷拉着脑袋，而是向下俯身，用一种真诚的目光望着她，似乎渴望能有一些交流。于是白猫又叫了一声，女孩又回应了一声。一声接着一声，此起彼伏，一声比一声欢快。猫不再叫了，那眼神仿佛确定那个女孩不是它的同伴……

　　女孩却豁然开朗，悲伤的情绪也随之烟消云散。这时，她又看见楼下不远的地方，一位爸爸正高高举起自己大概两三岁的女儿，放上滑梯，一滑而落，妈妈在一旁迎接。

良久，女孩想明白了，自己是幸运的。她下定决心不再让妈妈生气了，于是她起身走出房间，对妈妈说："今天，对不起了。"妈妈望着那个女孩，笑着。

陶姝/文，五年级

今年的三月不冷清

三月，本来是同学们最为欢快的时节，校园里的每个角落都会看到他们奔跑的身影，听到他们爽朗的笑声。

虽不能亲身经历，但云游校园——

你听到了吗？在求是这个大花园里，新鲜而嫩绿的芽儿正噌噌噌地飞速长高；在低矮的灌木丛中窜出一串串花儿，呲呲呲地随风摇曳……

你看到了吗？在走廊前的花坛里栽的数枝迎春花一转头，大半根看起来弱不禁风的花杆带着满杆软绵绵的绿叶，衬着几朵小黄花悬在二、三楼前，报告春来到。你别说，这小黄花还挺有傲骨。尽管初春的风还是那么冷酷无情，刮得人心窝里冰凉，可这小小的迎春花几瓣儿叠在一起，连刮几天风也不曾见它们落下一片。还有这玉兰，花开时，常不见一片绿叶作衬，洁白无瑕。阳光使玉兰变得金灿灿的，非常闪耀，活像一位优雅的公主。如果说玉兰花是公主，那么这铿锵的枝干就像一位军士，保卫着柔美的公主。

你闻到了吗？那茶花散发出的缕缕甜香，若有若无，又若隐若现。一阵微风拂过，花便不再和我们躲猫猫了。那风带着香味去了校园的每一个角落，沁人心脾，又深入心田。

那蔚蓝色的操场此时与万里无云的天空交相辉映，仿佛映出一张张同学们奔放的笑脸。今年的三月不冷清！你我心同在！

陶姝/文，五年级

樱花树下的故事

　　我是一所空旷小院里一棵平平无奇的樱花树。经过数十年的岁月洗礼，我变得高大而坚强。今年的花，似乎开得格外茂盛，尘土纷嚣之间，忽现出两片粉黛，那便是我从小院里探出的半数胭脂，从墙上窥着行人，让人走过还要流连忘返，当枝繁叶茂时，能将整个小院庇护在绿荫之下，院内院外一览无余。

　　我在清风中摇曳，使清风芳香馥郁；我在墙头呼吸，成为一道亮丽的风景；我饮着拂晓时凝成的朝露，听着街道上渐渐热闹的喧嚣；我轻落下"眼泪"，黄沙地将它埋没；我见过形形色色的人，小货郎、菜店老头、赶集妇女……但最吸引我的却是院里的那对婆孙。

　　"又是新的一天！"迎着朝阳，我舒服地伸了个懒腰，枝条轻轻动了动。我精神饱满，又开始努力生长。"奶奶、奶奶，您要带我去哪儿读书呀？"一个天真稚嫩的声音响起，我转头一看，原来是一个老奶奶牵着一个小女孩的手向我走来。"到了你就知道了。"她和蔼地笑着。转眼间，她们就来到了我的"樱花裙"下。老奶奶在地上铺好了事先准备好的地毯，招呼女孩坐下，接着又拿出一本大字书，语重心长地说："孩子，你爸妈在外地，你跟在我身边，我就要对你负责，教你读书识字，对得起你爸妈呀！"女孩听了这话很受用，翻开大字书就认真读起来。一老一少，倚靠树下，正是纵放繁枝，花谢花飞飞满天，樱瓣四处，美不胜收。这唯美的画面让我陶醉。

　　时间不觉流逝，已是正午，婆孙才起身进入房间。我透过窗户，只见在那空间狭小的厨房里，两人一左一右、一前一后不停地忙碌着，记忆中虽是第一次合作，却也十分默契，仿佛是十年的老友了。不一会儿，饭桌上就出现了一道又一道美食。

茶余饭后，她们总是搬张小桌子来到我身下打花花牌。女孩的牌艺很青涩，绝对比不过几十岁的老人，但奶奶知道如何引导，更是有意放水，女孩因为胜利而喜不胜收，小脸激动得红扑扑的，活像个红苹果，嘴里更是说："太好了！我一定要拿大牌，打赢你！"她们脸上的笑，比正月的阳光还温暖。

时光如梭，光阴似箭，已是几年后。我有她俩的陪伴，越发茁壮。但是，乡里来了一些人，他们是女孩的父母，来接女孩到城里。纵有万般不愿，却也拗不过大人。临别时，女孩一次又一次和老人告别，眼角的泪不住流下，而后，深深望了一眼她生活了十年的地方，望了一眼她一直依赖的奶奶，还有——我。那一望，谁也不知道，幽香艳丽的樱花悄然落下了一滴滴泪水……

女孩走后，老人生活照常，但只有我知道她心里好像少了什么。一周后，老人一病不起，最终在孤独的小院里长眠。

而就在那年盛夏，我再一次花落，飘飘洒洒，却再也无人看见了。来年春天，迟迟没有开花，因为，我永远地枯萎了……

李紫萱/文，六年级　指导老师：张日品

189

路

　　我走过许多路，有时候走出来，脚下满是泥泞，但有路人对我说，跨越山河，追你所爱，这路上的泥泞是在为你铺接下来要走的路。

　　我曾怀揣着我的热爱奔向它——舞蹈，虽然是人生中第一次接触它，却喜欢了不知多久。我很幸运，在校队前来选人的时候被选中，但这也只是刚刚开始，我还要经历三次淘汰，在二十多个人里，只留下十个。知道了这个消息，巨大的恐惧和渺茫的希望交织着到来，我抓住了那一点点希望。

　　刚开始的时候，在舞蹈房做的只是一些相对简单的力量训练，比如平板支撑、开合跳……但这也足以让我流下止不住的汗水，打湿着我的后背，肌肉的酸痛感，内心的恐惧感，都在打击着我。渐渐地，汗水将我浸泡，在即将被淹没的那一刻，不能呼吸，我对自己说"我好想放手，我好累，我不想坚持了"，但又是在那一刻，我擦一擦额头上的汗，缓过了呼吸。

　　一段时间过去，我也渐渐适应，但就在更多希望降临到我头上的时候，更大的挑战也跟着一起来了。是什么让我如此害怕？是舞蹈生的必备技能——劈叉。老师似乎看出了我们内心的恐惧，她对我们说："你们的骨骼还未完全发育，多练练，总会劈下去的，多练练，多练练就好了……"

　　这一连几天，除了基础部分的练习，就在练劈叉，老师变着花样地"折磨"我们。

一开始，我只能劈下去一点点，不及他人，更不敢面对偌大的舞蹈房镜中的自己，我陷入万丈深渊——独自一人的苦，琢磨和勤练习也变得缥缈虚无，距离成功还是遥不可及，老师把一切都看在眼里，便时常帮助我，指导我，也找来同学帮助我，我不停地对自己说："到这一步了，该逼自己一把了！到这一步了，没有任何理由退缩了！到这一步了……"我常常忍着痛，往下压腿，眼里好似有汩汩流水要涌出来，我知道是热泪在眼眶边打转，我睁大眼睛抬着头，看着天花板，眼泪终于流了回去，这就好像我并不痛，并不想哭……

　　一天，两天，三天……就像雨后天晴，太阳终于露面，它发出万丈光芒，之后的次次劈叉，我都正视镜中的自己，看到自己的汗水流下，成就感油然而生，可是这还不够，为了迎接一次次的淘汰赛，只有不断练习和努力……

　　很快，一个月的练习时间过去了，最后一次的淘汰赛，我参加了，最后留下的人里，有我。

张美君/文，九年级

191

行走的课堂，最美的成长

成长仿佛青苹果的味道，酸中带甜，甜中带酸，让人格外难忘。

冬初的早晨，寒风依旧。我们整装待发。毛毛细雨飘落在我们脸上，模糊不了我们那灿烂的笑。

这是长达四公里多的路程。其实我们不知道这是怎样的概念，所以有种"初生牛犊不怕虎"的心态。

我们走过泥泞小路，走过大马路，然后一直走在一条红边的路上。太阳慢慢升起，寒气渐渐消退，旁边的花草让人觉得可爱。说说笑笑中，我们到了目的地。

之后我们进行了许多活动：坐小火车，看海狮表演，去大剧院，用土灶做饭，坐海上游船……这就是"读万卷书，行万里路"了！

最后，我们带着一副似倦非倦的身子返校了。收获颇多，然而依旧恋恋不舍。

夕阳慢慢下垂了，我们走过红边马路，走过大马路，再走小路。一切都是反的，这总让人有一种"无可奈何花落去，似曾相识燕归来"的感伤。走着走着，就感到疲倦了。身后的背包是那样沉重，手中的外套是那样繁重，脚下的鞋子也是如此笨重。我再也无心看路边花草，只是机械地拖着灌了铅般的腿。

似乎在挽留我的夕阳更让我不舍与惆怅。没有尽头的旅行多么畅快，奈何要离开？真是"多情自古伤离别"。

最后想到这次收获满满的研学之旅，突然感到"不宜妄自菲薄"。

于是振奋了！

我领略到了大自然的风景，看见了动物的神奇，见证了世间看似的种种不可能变成可能，了解了异地的风俗，也尝试了许多新奇有趣的事……

倏忽间，心境开朗，能量复生。我暗暗告诉自己："尽管没有终点，也不言放弃！"于是用有力坚信的步伐走在返程路上。

那天，双脚的脚趾头红又痛。然而，我内心欣然——这是坚持的见证！

感谢那次研学，它教会我坚持，也教会我尝试——它让我成长。成长代表改变，过程苦涩曲折，然而结果甜美。

走过，才成长。

尹佩琳/文，八年级

我正十四岁

　　风吹过告诉我，我已不再是当年那个稚嫩的儿童，我明白我已十四岁。习惯于父母的唠叨、老师语重心长的劝导、同学们的冷眼旁观，但我已长大！

　　十四岁确实是个尴尬的年纪，说小也不小，说大也不大，但我们依旧为成绩排名而抓耳挠腮。骑着单车走在路上，耳朵上戴着耳机，听着叽里呱啦的古文和英语，床边的录音机代替了洋娃娃。丢掉了饮料，开始喝白开水。教室里鸦雀无声，只有笔下的唰唰声，还有窗外的风声。

　　见过凌晨两三点闪亮的台灯，见过雪白的试卷，发着耀眼的白光，看过血红的日出。我们痛苦并快乐着，吹灭读书灯，一身都是月。

　　十四岁的天空，十四岁的世界，我的友情也很特别。进入初中后，我缩小了自己交际的圈子，不再逢人就诉说自己的故事，把委屈和泪水都埋在心里，把他人的冷嘲热讽都当耳边风。下课时别人都三五成群，而我只陪着我家姜姜。她是我学校里的一道曙光，在体育课跑步我因体力不支要放弃时，她总会放慢脚步，陪着我汗洒操场跑完全程；在我与别人争吵闹脾气时，她总会开玩笑，让我心头乌云消散。上初中之后，妈妈对我说："朋友不在多，但在于她是否对你真心！"

　　许多人问我，我天天乐呵呵的，真的没有让我有无奈的事吗？嗯……烦恼肯定是人人都会有的，就看你自己的重视程度了。算不对的数学题，记不完的英语语法，背不完的古诗文，有时真的觉得自己撑不下去了。但现在我总会选择咬牙坚持，我就要做打不死的小强！如果让你讨厌的人看到你失魂落魄的样子，不就让他们得逞了吗？我明白，这个世界有时虽然很黑暗，但抬起头，就会有光！

十四岁便是如此，只要我爬得越高，就越会为眼前的风景惊叹！满怀希望，就会所向披靡！

林瑞/文，八年级

永远美丽的智慧树

　　树是一种常见得不能再常见的植物。有高的，有矮的，有红叶的，有黄叶的……不同的树，有着不同的风采：精致的咖啡馆门口经常会栽着几棵小巧的枫树，而干净整洁的马路两边则是一排排高大壮硕的梧桐树……但是我觉得再名贵的树，也比不过我们学校的那棵智慧树。

　　我们学校的智慧树是一棵枫杨树，和所有枫杨树一样，它拥有粗大的树干，修长的枝条，一簇簇翠绿相间的树叶，以及挂在枝条顶端的排列整齐的翅果，整棵树给人一种生机勃勃的感觉。再加上十几盆莲花的点缀，让整个景致呈现出几分古色古香。

　　前年冬天，智慧树在阳光的沐浴下长势极好。不仅叶子比以往浓密，还结了比平时多出至少两倍的果实。然而，最引人注目的还是它的一根最修长的树枝。这根树枝目测至少有四米长，并且整根树枝上长了许许多多细小的分支，分支上又生分支。虽然只是细细的枝条，但层层叠叠的视觉效果还是让人觉得整根树枝摇摇欲坠的，仿佛风一刮，就会"咔嚓"一声断掉。

　　一个周末，难得一见，竟然下了一场大雪！洁白的雪覆盖住了一切它所能覆盖的：汽车、草坪、树……树？我心里突然一惊，心想：学校里的那棵智慧树枝条那么长，这么大的雪，肯定会把它那根最长的枝条压断吧？我忍不住为智慧树担心起来。周一一大早，我早早地来到学校，只为了看一看那根修长坚挺但在风雪中又显得格外瘦弱的树枝是否还长在树干上。到了学校，眼前的景象让我松了一口气：高大的智慧树上虽然积了一层厚厚的雪，虽然那根最长的树枝被积雪和分支压得弯了下去，但是它始终没有断，依然在阳光下摇摆着自己修长的枝条，智慧树的树干依然挺得笔直。我被震撼住了，心里不由得发出赞叹：好一棵坚强勇敢、屹立不倒的枫杨树！正所谓：大雪压劲枫，劲枫挺且直。要知枫高洁，待到雪化时。

在我踏进新校园的两年内，我每天都会看到智慧树，然而智慧树在我眼中，每天都是不一样的姿态。在烈日炎炎时，它成了给我们遮阳的大伞，在雨天时，它成了与雨水合作的美丽乐器……无论我在哪里，校园里的那棵智慧树将永远在我心里。它永远富有生机，永远美丽！

闵思阅/文，五年级　指导老师：许晓颖

有你，真好

在人生的漫漫长路上，能遇到你，就是我莫大的幸福。

下课时如果缺了你，仿佛丢了什么。或许是因为那种依靠的感觉，才会让我一下课就去找你，和你聊天，与你玩耍。我很快乐，因为有你。

我总会碰到一些难题，而遇到这种情况，我第一个想到的人，就是你。你解决问题的方法是那么优秀，而且，只有你会听我倾诉的每一件事。我很快乐，因为有你。

在你生病的那几天里，我每天晚上都难以入睡，像有什么塞在心口，闷得人喘不过气。上课有时也会走神，想你什么时候会回来。我从来没有那么担心过，因为那是你。

碰到那些男生在那边嚼舌根时，你是第一个站出来帮我的。不管在任何时候，在你明明自己也不高兴，却来帮我的时候，我无法用感动来形容，那是一种说不出来的谢谢。我很幸福，因为有你。

小学毕业后，我们就要各奔东西，或许这一别，一辈子都见不到了。但我希望，你不会忘记，小学时我们一起玩耍，一起分享快乐、悲伤、难过的事情。

我的世界因为有你，所以美好；因为有你，所以快乐。

杨敏之/文，六年级

时间的礼物

时间是一件猝不及防的东西，十年时间，我从微胖变成了肥胖。因为胖，我被迫放弃了大口吃肉和肆意吃糖；因为胖，我穿不上公主裙；因为胖，我学着去接受别人善意却饱含遗憾的目光；因为胖，我的生活始终蒙着淡淡的遗憾。

肥胖有很多坏处，这些我都清楚，可是我的胖是天生的，因为我的爸爸也是一个胖子，所以从我记事开始，就一直在减肥。减肥不外乎管住嘴、迈开腿，首先要控制饮食，巧克力、KFC、薯片……甚至糖分较高的水果，这些所谓的快乐源泉都与我无缘。其次，我必须要坚持运动，爸爸妈妈一有空就带着我跳绳、爬山、跑步、快走……即使是这样，也还是收效甚微。于是，我爸爸开始另辟蹊径，问古人找方法，他教我"福寿康宁"调息训练法，有意识地引导自己调整呼吸。林林总总，直到现在，我还在与肥胖抗争，我想这场战斗我将终生面对。

因为肥胖，我一度对自己的外表非常自卑，总觉得不如别的同学漂亮惹人喜爱。我非常沮丧，担心自己一辈子都会是一个胖子，太可怕了。但是我的爸爸妈妈不这么认为，他们告诉我：美不是别人定义的，而是自己定义的。这个世界的美千姿百态，当你自信的时候，你是最美丽的。我们要学会接受自己、喜爱自己，特别是要正视自己，自律客观地规划自己，只要身体健康、积极阳光，胖又何妨？

从那以后，我对减肥这个事情，不再那么地抗拒了。我依旧克制对甜食的欲望，我坚持每天运动，但是我不再是为了穿上漂亮的裙子，而是为了身体健康。我乐观地面对生活，善待身边的每一个朋友；我积极参加各类活动，演讲唱歌都玩得很溜；我善待自己，我向阳而生。

我相信：时间也许不能给我一个曼妙的身材，但是一定可以给我一个美好人生。

周平安/文，四年级

坚持不懈，终见光明

　　"坚持不懈"一直是我们中华民族的传统美德。最近，我读了《首创"姚氏角膜移植术"》以后，对姚玉峰伯伯"坚持不懈"的精神非常敬佩。

　　姚伯伯是杭州邵逸夫医院一位有名的眼科医生，他的故事就发生在我们身边。当时，角膜排异反应是医学家们用了一个多世纪都没有解决的世界性难题。为了解决这个问题，姚伯伯常常工作到深夜，他用了五年时间，用上千只老鼠进行实验。直到1995年的一天早上，他一边思考问题，一边吃水煮蛋，突然他猛地惊醒，可以用蛋壳和蛋衣模拟人的角膜。又经过两个月的反复实验，他终于找到了解决角膜排异反应的方法。于是，他首创了"姚氏角膜移植术"，并发明了一整套的手术器械。

　　从姚伯伯的故事中我读到了一种坚持不懈的精神，正是这种精神使他取得了成功，也使更多的人重获光明。坚持不懈是为了某个目标一直努力的过程，过程中常常会遇到各种各样的困难。在困难面前我们不能退缩，要勇敢向前。

　　这让我想起去年暑假我们去爬黄山的情景。记得那时天气炎热无比，太阳发怒了似的，炙烤着大地。一大早，山脚下等坐缆车上山的人们就排起了长龙。这时我听见爸爸说："我们今天就徒步爬上山吧，只有经过爬山的过程，我们才能领略沿途最美的风景！"于是，我们就加入了爬山的队伍中。

爬到半山腰时我们都累得气喘吁吁、满头大汗，外婆还出现了头晕的症状。当时妈妈有些退缩了，她想让我们原路返回。可是外婆却说："我稍微休息一会儿，可以继续爬！"我和爸爸也觉得现在返回的话实在可惜。于是妈妈只好少数服从多数，同意坚持到底。稍微休息了一会儿后，我们继续出发，一路走走停停，终于爬到了光明顶。

从光明顶上望出去，棉花似的云海飘在我们脚下，在太阳的照射下反射出五彩的光，我们就像置身仙境一般。妈妈不由得赞叹："五岳归来不看山，黄山归来不看岳。我们今天的坚持没有白费，果然是只有坚持不懈才能见到光明顶的美景啊！"

"锲而舍之，朽木不折；锲而不舍，金石可镂。"我们在学习和生活中也应继承坚持不懈的精神，坚定目标，克服困难，不断前进，终有一天我们可以看到最美的风景！

侯奕轩/文，四年级　指导老师：张丹

三十年后回母校

"悠悠天宇旷，切切故乡情。"在硅谷学习工作二十年后的我终于踏上了回乡之路。"嘀嘀嘀，飞机已经到达诸暨机场，当地气温二十三摄氏度，体感舒适。"我的微型电脑手表提醒我。最新研发的无人驾驶超高音速飞机五个多小时就带着我降落在了故乡的机场。

这次回故乡，我还有一项重要活动，就是去参加荷花小学的"优秀校友回母校交流活动"。走在通往母校的路上，一股亲切之情油然而生。我仔细分辨着，这一片原本是老旧小区，记得以前放学时总是拥堵不堪，妈妈来接我车都开不出去，而现在已经扩建了，宽阔的道路上方飞架起空中行车道，汽车都往上头走，旁边还有智能化移动立体停车库，现在上学、放学再也不会有拥堵和停车难的问题了。记得我们在三年级时的"模拟社区"项目活动中提出过"人车分离"的想法，现在已然梦想成真了！

我慢慢靠近校门。原来的门卫室已经不见了，取而代之的是两个智能机器人警卫，门口悬挂着一块电子显示屏，我的脸被放大到显示屏上，虹膜图像获取、定位、匹配，随即"哔——"的一声，一个金属声传来："虹膜识别完毕，欢迎您回母校，钟昊臻校友。"原来我的信息早已被录入学校安保系统了，我不由得为学校的安保系统暗暗拍手叫好。校门缓缓打开，我走进了熟悉又陌生的校园……

教学楼已经被重新修建了，墙面用的是最先进的环保材料，可以自动调节室温，冬暖夏凉，教室模拟自然光线，让孩子们的眼睛得到最大程度的保护。各种各样的植物从窗台边争先恐后地探出头来，整个校园显得那么生机勃勃。

我走进3D打印建造的电子会议楼，楼面上显示出几个大字"欢迎优秀校友回母校"！几位风度翩翩的中年男子正站在电子屏下冲我笑："钟昊臻，你终于来了！我们等你好久了！"我高兴地快步走过去，抱住了儿时的好朋友们。

"黄柯淳，听说你在病毒研究上有了很大的突破，祝贺你，优秀的科学家！"

"哈哈，我要先祝贺你，大工程师，你参与研发的无人驾驶超高音速飞机已经投入使用了，这可是大大提高了国际救援的速度啊！"

"哎，不管病毒研究还是国际救援都是我们迫切需要的，二十年前那场新型冠状病毒肺炎疫情把我们困在家里那么久，到现在我都记忆犹新呐！"

"还没祝贺你呢，张轩宇，你带领的队伍在世界大学生运动会上夺得了这么多金牌，真有你的！想当年你早体训晚体训的，没白练啊！"

正当我们聊得不亦乐乎时，一个慈祥的声音在背后响起来："优秀的孩子们，你们都是老师的骄傲！"

我们一回头，只见两位神采奕奕的老人正笑眯眯地看着我们。"金老师！朱老师！"我们不禁扬起手脱口喊道。二十年的时光染白了老师们的双鬓，增添了老师们的皱纹，但当她们喊出我们的名字时，仿佛我们还是昨天坐在教室里认真听课的孩子。我们一边聊一边走进了会议室。

"云对雨，雪对风，晚照对晴空……"读书声从不远处的教学楼传来。窗外，一群小鸟正扑棱棱地飞向蓝天……

钟昊臻/文，四年级

时间茶壶

一块手表
我把一端弯成圆的
扣在桌子上面
就变成一个茶壶
我正在烧着时间
时间沸腾了
倒在杯子里
就变成了一杯时间水

孙嘉翌/文，七年级

走进那个会成长的大门

暖暖的春光下，眼前不禁浮现出《窗边的小豆豆》里那个自信、有爱、积极向上的小主人翁，以及她美好又欢乐的校园生活。

这本书主要讲述了小豆豆来到新学校"巴学园"的美好时光，这所与众不同的新学校，给小豆豆带来的不仅仅有全新有趣的校园生活，更特别的是还有一位和蔼可亲、平易近人的小林校长，他总是会给学生们足够的信心与力量。慢慢地，淘气的小豆豆变成了一个乐观、善良、勇敢的女孩。

故事里有一个小片段让我特别感动。小豆豆为了让得过小儿麻痹症的同学泰明能看到更远更美的景色，想尽办法，费了九牛二虎之力才把泰明安全地弄上了树。我想那时的天空一定特别清澈，风一定特别温柔，让我们为她的善良鼓掌。

就这样，在巴学园这个互帮互助的大集体下，小豆豆找到了属于自己的快乐，最让我羡慕的不仅是那"长出来的校门"；还有每顿中饭必须是"山的味道和海的味道"，这一切都是那么快乐与幸福，让我这个彩虹中队的少先队员看得羡慕不已。在这里面还有非常多有趣的故事，如果你也感兴趣，就赶紧跟我一起去阅读《窗边的小豆豆》吧！读完后，你会跟我一样爱上这本书，珍惜这阳光灿烂的童年。

是呀，心存善意总是会有好运到来。平时我也跟小豆豆一样，以帮助别人为乐，以乐学上进为主，所以同学们都很信任、喜欢我。

俞玥可/文，三年级　指导老师：王莉舒

绽放生命的精彩

有个男孩叫洪云，七岁时不幸遭遇了一场车祸，他虽然幸存了下来，但是下半身却注定要终身与轮椅相伴，不能自由行走，也不能像其他孩子一样去学校上学。

洪云最喜欢看史书和四书五经，这也是支撑他活下去的精神支柱。在很长的一段时间里，他每天都会坐在轮椅上，手里总拿着一本书，时而翻阅手中的书，时而望向身旁大大的窗户。他抬头眺望窗外，窗外的风景真美啊！天空真蓝啊！不知不觉中陷入沉思，他幻想着自己能有一对翅膀，像飞鸟一样在广阔的天空自由翱翔，游览险峻的高山和波澜壮阔的大海。

他内心时常充满疑惑："吾的人生之路究竟为何？"他翻阅一本又一本的书，苦苦追寻答案。白天窗外烈日炎炎，屋内他一边流汗一边查阅；夜晚明月清风，他专心致志，"两耳不闻窗外事，一心只读圣贤书"。

有一天深夜，熟睡中的洪云做了一个奇怪的梦。梦中他来到了一座非常陡峭的高山，山顶上除了一个亭子外，只有一层层的白云围绕，完全望不到边际。忽然四周狂风大作，几道白气从四方涌来，在亭中央慢慢聚成一位仙风道骨、白发须眉、头顶霞光、脚踏祥云的老人。老人大手一挥，把洪云招到面前，曰："吾与汝有师徒之缘，今日吾便送汝一场造化。天将降大任于是人也，必先苦其心志，劳其筋骨，饿其体肤，空乏其身，行拂乱其所为，所以动心忍性，曾益其所不能。

每个人皆有自己的机缘和历史使命，悟道悟心，汝也该走出来了。"老人言罢，洪云猛然从梦中惊醒。

从此，洪云幡然顿悟，他的眼神变得清明。当他再次仰望窗外的天空时，居然有了截然不同的感受。在白天，他感受到了光明，一股神圣不可侵犯的意境；黑夜中，则感受到了更多，无穷无尽的黑暗将星辰大海包裹其中，唯有黑暗方是永恒。二者结合，心中忽有明悟，光明也许只在一刹那，人生亦是如此，虽身陷黑暗之中，本心却不改初衷，永远向着光明，光明在永恒的黑暗中绽放，人在无尽的痛苦中坚持，方能水滴石穿，脱离困境，用光明来照耀成功之路上的黑暗。

日复一日，年复一年，窗外日月星辰、斗转星移、寒来暑往，洪云都没有因为身体的残缺而自暴自弃，轻言放弃，他还将"路漫漫其修远兮，吾将上下而求索"作为座右铭，为了实现自己最终的梦想而努力奋斗——未来成为一位文化思想大师！向世人证明残缺也是一种独特的美，也能绽放生命的精彩。

洪博/文，七年级

深夜冥思

"月上柳梢头，人约黄昏后。"夜幕逐渐降临，窗外一片漆黑，我坐在床头，夜不能寐。望着窗外那一轮皎月，借着微弱的月光披衣飞身而起，摸索着去小书房。

为了不打扰还在沉睡的父母，我迈着猫步，在黑暗中移形换影。伴随着"噔噔噔"细微的轻响，我来到了书房，悄悄地关上书房的门，拉开书房的窗帘，抬头凝视着朦胧的月光，手慢慢摸向书桌，拧开台灯，随之而来的是一室光明。因为口渴，我去泡了一杯热茶，放在窗台上，玻璃茶杯上方弥漫着氤氲之气，带着一缕缕香气，化作似白霜般的白雾爬上玻璃。忽然，我侧身看到了镜子，望着镜面反射下的自己，我疑惑："这是我吗？"多么丑陋的一张脸啊！说起来，进入初中以来，我就没有好好地"正眼"瞧过自己。如今夜深人静，悠闲时刻，刚好可以仔仔细细地打量自己一番。在学校老师的眼里，我不求上进，不按时完成作业，是多么丑陋不堪啊！在父母眼里，我不听劝告，阳奉阴违，我行我素，是多么桀骜不驯啊！这些真的是我想要的吗？

我坐在窗前，桌上是一堆我的"债业"，想起家人的失望、郁闷、无奈、又爱又恨的神情，心里涌起的情绪如波涛汹涌一般，久久不能平息。窗外，皎洁的月光一泻千里，星星眨着眼睛，我感激地抬起头，望望那弯月亮，仿佛看见了明天照常喷薄的太阳！什么是日子？日子就是一种精神，一种气概，一种始终奔向明天的希望啊！麦子黄了要割，布谷鸟叫了要播种；是土地就不能荒芜，有耕耘才有收获——这是一种信念，更是一种力量。只要明天太阳还会升起，只要再坚持下去，一切就都会好起来的！这一刻，我明白了自己的心，也明白了自己的路。在人生之路上，我要走大道，不受任何因素影响，不受外物干扰，永不言弃，坚持走下去。

　　沉思片刻，我微微一笑，端起茶杯，顾不得烫，对着镜子里的"兄弟"干杯，将杯中茶一饮而尽。我拉上窗帘，转身投入神圣的作业之海，以本为舟，以笔为桨，以知识为帆，在人生航路上继续向着更美好的明天进发！

洪博/文，九年级

时 光

时光，她会跑啊；

她在前面跑，我在后面追；

可——总是追不上啊！

路旁的鸟儿，从树梢飞起，叫着去寻觅时光的痕迹；

道旁的树儿，在风中摇摆，舞着去追寻时光的足迹；

草旁的虫儿，在地上扭动，跳着去探寻时光的气息……

万物都在叹气，在惋惜——时光的脚步之匆匆；

路上的人儿，她依旧在找，在寻，在觅……

她多想拉住时光，挡住时光，抱住时光；

恳求时光的脚步不要再那么匆匆，不要再那么易逝。

路过庭院，请慢下脚步，听听花朵的声音；

路过山川，请停下脚步，听听大地的声音；

你会发现，世界原来这么美好！

可时光她不听啊！

她依旧每天循环着，忙碌着。

看，那个女孩伸手，握拳，即将要抓住她了，

可她却又如烟似梦地，轻轻拂过指尖，

徘徊而去，潇洒而去，扬长而去……

计思涵/文，六年级　指导老师：胡莹

211

第七辑

记忆中的那口井

我很幸运生活在一个全面小康的时代，
让我每一段岁月都有温暖的回忆，
一如记忆中那口永不干涸的水井！

铁盒中的纸币

有一天，我在书房打扫卫生，不经意间发现了一个老旧的铁盒子。

铁盒子已经锈迹斑斑了，几乎看不出它本来的颜色，用手一摸，手上都粘了不少铁锈。我很好奇，打开一看，发现里面有一些五颜六色的纸片，纸片大小不一，上面有比较丰富的图案。此外，还有一些圆圆的硬币，我知道这些硬币是以前人们用的钱，上面有"壹分""贰分""伍分"的字样。纸币上还有"壹角""贰角""伍角"等字样，难道以前人们还用这些纸币？

我很好奇，就端着铁盒子去问奶奶："奶奶，这些纸片是什么呀？"

"这个啊，"奶奶微笑着说，"这是很早以前我们用的钱呀。那时候，我们生活条件不好，根本没这么多高楼大厦，科技不发达，印刷技术也不先进，据说那时候用的纸币还是外国印的呢。你看现在我们用的钱，印刷精美，非常漂亮、大方。现在生活好了，我们的生活奔小康了，我随手都能给你买零食吃呢。我们小时候哪有这么好的生活呢？"

奶奶很得意，顺手拿出了一张百元纸币，跟那些小小的角币对比起来。我知道了，奶奶又要跟我玩我小时候经常玩的游戏：找不同。我当然再也不是当年的小顽童，只会找诸如"大小不同""颜色不同"之类的了。我仔细分辨，百元纸币上有隐约的水印，还有一根非常清晰的金属线。让我惊讶的是，如果把纸币平放在比较强的光线下变换角度，还能看到颜色有了不同的变化。用手指头顺着图像摸过去，还有凹凸不平的感觉。

　　和奶奶研究了一会儿，我又赶紧上网查阅资料，了解了很多关于现代纸币的相关知识。首先就是"光彩光变技术"，据说这是国际钞票防伪领域公认的最前沿防伪技术之一，目前使用这项技术的纸币还不是很多。其次是"光变镂空开窗安全线"技术，当观察角度由直视变为斜视时，安全线的颜色会发生变化，这种神奇的变化我刚才体验到了。最后是图像水印的清晰度很高，与以前的纸币相比，立体感更强了。拿出铁盒子中的那些小纸币一比较，就能看出那些图案的层次感不强，也没有什么防伪水印。

　　我吃了一惊，心想：哇，这才过去了多少年时间，我们国家就发生了这么大的变化。小小的纸币，伴随着我们国家由弱到强、由落后到先进，是我们国家发展繁荣昌盛的见证者，是我们建设伟大祖国征程中的忠诚陪伴者。

　　透过小小的纸币，我看到了我们未来美好生活的璀璨图景。

　　　　　　　　　　　　　　　　　　喻叶桐/文，五年级

外婆的针线包

　　我家的抽屉里躺着一个小小的布包，小的时候外婆不允许我动，我猜那里面一定藏着什么宝贝。直到有一天好奇的我趁外婆不注意，偷偷地打开那只小布包，才发现在一块毡布上插着各种型号的针，里面还有一个巨型"戒指"，外婆告诉我那戒指叫顶针。

　　外婆常念叨："你们这一代人赶上了好时候，吃得饱穿得暖，不用再穿破旧的鞋子，真幸福！"她常回忆儿时的生活："我小时候，兄弟姐妹多，只有阿太一个人会纳鞋，昏黄的油灯下，她常常用顶针做鞋。但阿太舍不得把新鞋子给我们穿，只在过年的时候给我们新一新，所以我的小脚趾是长着鸡眼的。"从那时起，外婆就学起了纳鞋，做起了针线。从外婆的回忆里，我体会到了她从前的苦。

　　以前，外婆用针线绣花、替人做衣服是为了换一些钱改善家人的生活。现在外婆偶尔也做针线，则是为了给生活增添一些乐趣，比如绣十字绣，给妹妹做布娃娃的鞋子，给小区里的孩子们做香包……

　　针线包是外婆一辈子的宝，曾经蓝得发绿的布面已微微泛白，轻轻抚摸，细细慢瞧，我仿佛看到了岁月的流淌，听到了远方的歌谣。如今那沉沉的担子已经卸下了，外婆念叨的是赶上了小康的好日子。

　　"什么是小康？"我问外婆。外婆笑道："小康就是从穷苦到美满，日子越过越好。"我想，外婆的针线包或许就见证了这一过程。

卢辰云/文，三年级　指导老师：陶琴琴

小小白云看杭州

大家好，我是一片白云，我生活在杭州，一个拥有着"人间天堂"之称的城市。

青山环抱，每一处风景都绿意盎然、生机勃勃；高楼大厦鳞次栉比，矗立在钱塘江畔，犹如秀美的礼仪小姐欢迎着来杭的旅客；城市道路犹如巨大的章鱼触手伸向各个角落；川流不息的车流承载着人们每天辛勤的成果，带着他们奔向幸福的小康生活。

不知从什么时候起，附近的马路越来越宽敞，越来越整洁；行道树苍翠挺拔得像一个孜孜不倦的卫士，路边的草丛是一幅四季画卷。走过城市河道，湖面泛着微光，绿色的湖水里总能看见小鱼欢快地玩耍，偶尔一只白鹭飞过，惊得小鱼儿们飞快地躲进湖边的水草丛中。天空蓝得那么纯，像一片海洋倒扣在天上。我和爸爸、妈妈每天都悠闲地在空中漫步，少了雾霾的骚扰，我们每天都结伴出来游玩。

这天我和好朋友风宝宝出门散步。突然，一阵嘈杂的声音传来，我们循声望去，两位金发碧眼的外国朋友被一群大爷大妈围了起来。他们互相比画着什么，"吵架了么？"我们迎了上去。原来是外国朋友来杭州迷了路，茫然失措的时候，几个晨练完的大爷大妈路过，一猜就知道是他们迷了路。可是语言不通，这可如何是好呀？这可难不倒睿智的大爷大妈们，大家争先恐后，又是比画，又时不时夹杂着简单的英语单词。外国朋友恍然大悟，顿时就明白了何去何从。临别时，外国朋友竖着大拇指不断地说着生硬的中文："谢谢，谢谢你们。"

与爷爷、奶奶道别之后，我们又踏上了行程。

"好渴呀。"我对风宝宝说。

"随我来吧。"风宝宝拉着我的手，来到了一个饮料机边上。我却犯了难，因为我没带钱。

"我请你喝饮料。"风宝宝俏皮地说道，笑嘻嘻地朝着饮料机看了看，饮料居然就出来了。

"风宝宝，你是怎么做到的?"我惊呆了。

"这是刷脸支付，现在出门根本不需要带钱。"风宝宝自豪地说道，"另外还有扫码支付、指纹支付等。"

"风宝宝，杭州还有什么智能化的服务啊?"我听得出神，好奇地问道。

"那可多了!"风宝宝扬扬得意地说，"无人超市，即没有营业员的超市，你买了什么东西都会被智能终端记录，出门直接付款；还有智能交通，打开手机软件输入你要坐的公交线路，它就会告诉你公交车现在在什么位置，什么时候能到站台。这里还有很多，以后再和你说吧。"

"风宝宝，杭州太厉害了!"我意犹未尽地点着头。

回到家，我把今天的经历兴奋地和爸爸说了一遍。爸爸说："这就是全面小康，物质和精神的全面丰收。我们的生活水平越来越高，人们的素质也不断提升。"

是的，这就是全面小康，我们来了。

刘兆阳/文，三年级　指导老师：王莉舒

一口井·一座村·一个国

我妈妈的老家在温州洞头，一个百岛之县。以前那里淡水很少，周围都是大海，饮用水十分困难。曾祖父和我外公就在村口庙边挖了一口井，方便人们取用，井水滋养了一代又一代村民。

过年回家，外婆特意带我去看了这口井。井口直径一米左右，井沿和井壁是用凹凹不平的石头砌的，井边布满了青苔。往井里探去，井水十分清澈，犹如一面明镜。

外婆说："那个赚工分的年代，女人当男人使唤，男人当牲口使唤，饿了喝这口井里的井水，渴了也喝这口井里的井水……"外婆说的时候显得十分波澜不惊，我却听出了一种不可言说的苦。

外婆接着说，井水有一个非常惊奇的特点，冬暖夏凉。那时外婆家还没有洗衣机、电冰箱。海岛的冬天特别冷，井水却十分暖和，刚打上的井水都能看到蒸腾的热气。外婆很喜欢用井水洗衣、淘米、洗菜。夏天，我妈妈会拿着西瓜，把它放在冰凉的井水里。到了夜晚，邻居们吃完晚饭，就聚在村庙边，一边吃冰镇西瓜，一边拉家常。

外婆满是皱纹的手轻轻抚摸着井口，说："你妈呀，小时候最喜欢的就是这口井。那时她和你现在年龄差不多，每天放学还没等我们大人回家，自己就去打水挑回来。把家里的水缸盛满，要整整七担水。等我一下班，就能有水烧饭。每年夏天干旱的时候，你妈就光着脚丫，沿着井边凸出的小石头爬下井底，边等水边看书，没有空调，倒也图个凉快。在那个没有冰箱、没有空调的年代，你妈和这口井成了最亲密的伙伴。这口井，陪伴着她长大，度过了一个又一个酷暑。"我眼前仿佛出现了那个扎着小辫子围着井口玩耍的女孩，井口还回荡着她欢快清甜的笑声。

这曾是一片封闭的土地，这口井诉说着岁月的沧桑……

尽管这个地方曾经是个十分偏僻、不起眼的村落，但国家并没有遗忘她。后来大家过上了小康生活，海岛进行了大陆引水工程和村村通、户户通供水管网工程，彻底改变海岛人民"靠天吃水"的历史。

现在，家家户户都用上了自来水，曾经的平房变成了一幢幢别墅，各家庭院都整理得干净整齐，还种上了五颜六色的花草。但村里的人们吃完晚饭后，仍然会聚集到井边的小广场上。这里灯火辉煌，乐声四起，村民们踩着节奏，欢快地跳着广场舞。还有的村民拿着手机，摆弄着各种时兴的社交媒体软件，比如微信、抖音等，人与人之间的交流变得更方便快捷。落寞的古井尽管无人问津但似乎并不介怀，它已功成身退。它承载着几代人的回忆，见证了时代的变迁，如今也为村民生活改善而喜悦。

小康之路，多少人为之努力奋斗。在中国九百六十万平方公里的土地上，名不见经传的小村落，老实巴交的村民们赖以生存的方寸之地，正走向腾飞的小康之路。一村如此，况复一国乎？

现在的中国正在腾飞。亿万人民走上小康之路，复兴之路。作为当代中国青少年，我们一定要传承老一辈艰苦奋斗的精神，为实现强国梦而努力奋斗。

范馨文/文，六年级　指导老师：楼说行

提速的火车站

　　南京——我的第二故乡，也是我外公外婆的家乡。这个国庆长假，我去了一趟南京，这座现代化的大都市，孕育着古色古香的味道。

　　我很喜欢南京，因为它是外公嘴里念叨着的"老地方"。有悠久的文化、惨痛的历史、典藏的工艺，还有外公口中说的老火车站。因为那时外公外婆相隔两地，主要靠火车见面，他印象最深刻的就是火车站。现在我要陪外公看看火车站的变化。外公说，他是看着南京南站落成的，从旧到新，变化太大啦：宏伟的候车厅、先进的进站口、精致的铁轨。外公回忆，他们那时代的老南京火车站非常老旧，黄黄的墙面贴着简陋的字报，只有一个售票口，从火车站门口进来就会看到，售票口挤满了人：有的在焦急地等待买票；有的在跟别人大声争吵；还有的站累了将大包的行李放在地上席地而坐，仰着头看着售票口。售票员大声呵斥着要求排好队，拿着现金快速地点着，好不热闹。候车厅里人挤人，有的坐在老旧的座椅上等待检票；有的站在墙边打瞌睡；还有的在地上睡觉，恨不得就把地面当成床铺了。火车站的景象陈旧而繁忙。

　　现在的南京南站，是华东区最大的交通枢纽。人们只要网上购票，刷身份证，人脸识别就可以进站了。售票处购票的人少，一排排安放着售票的机器，人们直接在机器上买票，再也不用排长龙了。安检员有序而耐心地检查着每个人的证件和行李，指挥着人们安全进站。等车的时候若是无聊，还可以看看南京的特产和展览，不再像以前那样只有闭上眼睛睡觉了。火车站里有美食区、休闲区、救助站，给等车的人创造了便利的条件，十分舒适。外公说原来南京到杭州要六七个小时，南京到哈尔滨要三天三夜。我不可思议地望着外公，现在南京到杭州只要一个小时啊，真的不敢想象！在站台上，外公又感叹道：以前的火车轨道质量也不那么好，在火车上就会感觉到下面"咯噔咯噔"的，晃得很！现在行进中的火车平稳得像走在路面上一样，还有免费餐食，真是社会主义好啊！外公脸上洋溢着幸福的笑容，我也跟着笑了。现在我们的生活像坐上了火车，提速了！科技的发展给祖国的未来插上了翅膀，人们都笑脸享受着科技的便利。科技带我们走进了小康生活，走向了世界。我在火车站里走着看着，特别自豪，因为这就是我们现在美好的生活。

　　我国人民安居乐业，生活和原来的年代大不相同了，摒弃了许多陈旧的习惯，变得更舒适、更便捷了。

韩奕彤/文，四年级

外公的手机号码

"妈妈,你是枫桥土生土长的,应该知道'枫桥三贤'吧?"妈妈没有回应我。这时我才注意到爸爸妈妈的脸色都很凝重。怎么回事?难道……我胡乱猜测着。

一阵沉默之后,妈妈说话了:"外公最近身体一直不好,多数时间都在医院里。今天我们去看看他……"我看到妈妈平静双眸里有什么东西闪了一下,像太阳光一样刺痛了我的眼睛。"你要有思想准备,如今的外公,是个连生活都不能自理的老人。吃的东西要榨成汁,大小便失禁,吐痰都靠吸……"冬天越过车窗玻璃,把空气冻住了,我就像在冰块里的一个馅心,突然感觉身体发抖,妈妈伸过手来将我搂在怀里。

恍惚中,似乎是夏初,外公菜园里葱葱茏茏。"这个好,你们拿走拿走……这个没长好,我自己吃,味道是一样的……"外公张着一双泥手,将自己种的蔬菜挑好的往我们车上塞。

往事如幻灯片一帧一帧在回放!

"外公年岁已高,八十四了,再硬朗的身子骨也奈何不了岁月的摧残,英雄总是要被雨打风吹去。"爸爸的话总是很有哲理。外公是个富有传奇色彩的人物,在家乡颇负盛名,早年教书时练得一手好字。二十世纪七十年代,外公四十多岁,家里粮食青黄不接,外公便闯遍大江南北偷偷摸摸做点小生意养家糊口。即使屡遭批斗仍然满怀理想,不曾湮灭内心的斗志,坚忍不拔、敢为人先。改革开放后,外公如鱼得水，吃苦耐劳、勤奋拼搏、诚信经营，硬是打下一片天，积聚了大量财富，爸爸说外公就是一名出色的浙商。外公成了当地首屈一指的大老板，更是我心目中的英雄！爸爸回忆起伟人邓小平逝世的时候，外公就很难过，外公总是说受益于邓公的英明决策，也对邓公和我们祖国充满感恩！怪不得办公室一直挂着邓公的相片，一开始我还不知道是谁，都是外公教我认识的。

"我们到了。"妈妈轻轻提醒我。病床上的外公虽然英雄白头，饱受疾病折磨，但目光仍然坚毅，思路清晰。他嘱咐我好好学习，热爱祖国。

"梓舟，我把我的手机号码给你吧！"手机号码？我疑惑地看着他。随即，外公报出一串数字。啊，这个手机号码可是伴随外公近三十年，这十一位数字已经刻进他的血管里，每一位数字都是他的一个孩子。不，不，确切地说应该是外公身上的零部件。对别人来说，它是外公的一张名片！这么富有意义和价值的东西，外公现在要给我！我不知所措地看看爸爸妈妈，他们对着我微微点头，示意我接受。

外公为什么要送一个手机号码给我呢？现在要一个手机号码不是很容易很简单的事吗？回家的路上，我带着这个疑惑问妈妈。"因为外公有了新的手机号码。再一个，外公上了年纪，也有……也有……处理后事的意思吧，最主要的是外公借这个手机号码表达对你的期望，你不要辜负他，要好好读书！"母亲吞吞吐吐，目光飘忽不定。大人总是这样，三句不离学习。但，"处理后事"四个字吓着我了，让我一哆嗦，我极力想把这几个字从耳朵边赶走，我晃了晃脑袋，突然好想外公……

"这可是一个好号码！你要珍惜，要一直用下去，不要更换……"爸爸说。手机号码也分好坏？爸爸一点一点告诉我，手机号码有十一位，第四位为"0"的多是最早一批手机的使用者，从另一个角度上可以说这些使用者久经大浪，值得信赖。如果加上"6""8"，更是弥足珍贵，寓意顺风顺水、财源滚滚，所以会出现生意人花费几十万竞拍一个吉祥号的现象。原来手机号码不仅是为了便于联系，还承载了这么多象征意义。我数了数，外公的手机号码第四位也是"0"，而且有好几个"8"。

"一个手机号码是说明不了什么的！外公是想将他毕生的期盼与斗志集中在这一串带0和8的手机号码上，交付于你……"爸爸继续说。

外公给我的何止是一个手机号码？这个手机号码可以触摸到的外公强劲的脉搏，这，是一个期望！是外公的尊严，一个平凡人的顽强，一个来自浙江商人精神的传承！坚忍不拔、敢为人先，吃苦耐劳、勤奋拼搏，坚定的爱国精神。我，除了接受，别无选择。不，我已经有了选择！我抿了抿嘴唇，攥了攥拳头。

范梓舟/文，七年级　指导老师：陶素方

从田间药箱到三甲医院

我们村里建起了文化家园，这里既有村史村貌的介绍，也展出了各个时期的一些生活、生产实物。在二楼拐角处，陈列着一个旧药箱——积灰的外壳，略显斑驳，破皮处已露出木板，一条背带颜色变深，似乎沉积着背负者的汗渍。这个药箱的主人正是我爷爷。年轻时，他不仅是一个农民，还是村里的赤脚医生。

每次带我来到文化家园，爷爷总会骄傲地向我介绍曾经在田间地头给村民看病的经历。1972年的春天，刚满十九岁的爷爷，被村里送到拱宸桥医院进修，学习半年后就回村里当了一名赤脚医生。虽叫"医生"，却也是实实在在的农民。虽仍是"农民"，却担负起医生的职责。那个药箱一直跟了他十年。药箱里，一般有常备的针筒、听筒、纱布、硼酸等医疗用具，以及感冒灵、止咳糖浆、黄连素、四环素等常用药。当年一个晚上，附近生产小队的一个小孩高烧不退，家里人急得连夜来叫爷爷上门。爷爷就给孩子用了一支珍贵的青霉素，最后终于逐渐退烧了。现在这个孩子已过不惑之年，看到爷爷总是恭恭敬敬地叫一声"大伯"，也许是感谢当年的"一针之恩"。

后来，爷爷不做"赤脚医生"了，这个药箱就封存在家中角落里。我家拆迁后，每次搬家，他都不肯扔掉。村文化家园筹建时，村委号召村民捐赠老物件，爸爸就劝爷爷把药箱捐出去。每次在文化家园看到药箱，他总是对我们说："别小看这个药箱，这里装着我十年的青春。"

是啊，当年正是这样一群献出青春、既农又医的"赤脚医生"，才托起了农村医疗的一片天，小病不出村，急病有处理，农村人口的人均寿命在中华人民共和国成立后大幅提升。从这里开始，我们在小康道路上的医疗事业，才有了长足的发展。

如今，爷爷奶奶都参加了合作医疗，每年只要投保六百元，一般的医疗费用都能报销大部分。社区卫生服务中心门诊部就在楼下，每天早上就能步行去量一下血压，配点常用药。2018年，一所崭新的三甲医院——浙江医院三墩院区就建在我们家附近。

有一次，爷爷身体不舒服，爸爸带着他到这所新的三甲医院看病。回来后，他就在念叨："现在变化真大！进医院都是自动化，医疗设备不认识了，药品也看不懂了。我们当初学的，就像那个药箱一样陈旧了。"

我在一旁安慰他："爷爷，药箱是旧了，但那里面的故事还在。当年田间的药箱，现在高大的医院，一样都是老百姓健康的保障。"

唐伊漪/文，七年级

音·缘

　　缘起，未如缕缕音丝，缠绕心间，感谢你那时给寂寞少年的陪伴；缘落，未若根根音思，化入眸中，有你见证我们越来越好的生活。

　　我是别人口中的留守儿童，在儿时的记忆里，父母经常对我说，孩子，等我们手头宽裕了，爸爸妈妈就回来陪你。我每日都在看着夕阳和霞光，盼着他回来，偶尔一年也只能看到没几次，而我还一直陪伴在爷爷奶奶的身边，一年四季亦是如此。

　　记得我收到的第一件礼物，是一个音乐盒。是独居的老人送我的——为了让生活更好一些，他的孩子们也和我的父母一样在外面打拼。那个木质的小盒子套着一股阴湿的气味，旋转的发条时不时卡一下，发出的音乐时断时续且有些刺耳。他说，那是多年前儿子送他的礼物，陪伴他打发了不少寂寞的时光，现在再加工一下就可以赠予我了。我看着老人用木条和小工具加工经过粗粝的大手重整，终于在我期盼的目光中制成了这个音乐盒。它个头不小，清一色的绿，看上去很光滑，但偶尔也会露出芒刺伤手心，拧动发条它就会发出单调的音乐，但在那时却能编织出我那清澈如水般的梦，绘出我那时的骄傲、喜悦的神情。这样一个简陋的音乐盒在那时却伴我度过了独处的时光。

　　我对音乐盒的痴迷被爸爸知道了，一年之后，我们家人团聚时，爸爸慎重地送给我一个有着漂亮包装的音乐盒。它和老人送的那只不太一样，它是方正的长方体，淡淡的原木色，还有细细的条纹，有一支金属的发条插在盒子的后面旋转起来，从盒顶的小喇叭传出吱嘎吱

229

嘎的声音，音乐是有旋律的，但是不太明显。我深情地抚摸着它，就像爸爸深情地注视着我。那天月色正好，一束银白色的光洒落在音乐盒上，月光中还可以见到细小的灰尘，夜深了，这小小的音乐盒似乎还在万众瞩目下演奏着，像一把弹珠滚落在厚重的木板上发出沉闷且圆润的声音。我沉醉其中，在母亲的嗔怪和若即若离的音乐下，月光和灯光在朦胧的视线中融为一体。

多年以后，新农村建设之风吹暖了我的家乡，也送回了我的父母。爸爸妈妈回来了！看着他们脸上洋溢着的光芒，我知道这一切都好起来了，我如愿以偿又盼到一个新的音乐盒。俏皮可爱顶着圆圆的球，充满了设计感，我第一次见这样的音乐盒，满腔欢喜和期待中还有略微的紧张。水晶球中顶着一个戴红帽子和红围巾的小雪人，眼中竟是对我出现而感到不可思议，还有纷纷扬扬的雪花从小雪人头顶飘落，整个球体好像全身闪着金光，就像我那时眼里独特的光一样。当我拧动发条时，那婉转且轻快的音乐，便一直在我耳中回荡不散了，心里满满的充实感也像要溢出来般。

到了现在，工艺品随着生活质量的提高也越来越精致了，音乐盒不再令人感到欣喜和惊诧了，大街小巷到处都是。质量更好、款式更新、音质更优雅的音乐盒也纷纷出现在大众的眼前，有了爸爸妈妈陪伴的生活也充实起来，我不再像以前一样仅限于那个小天地，对音乐盒的执念渐减，连妈妈都发现我的改变，当她笑我"见异思迁"时，我抿嘴笑着不说话，只是紧紧地靠在她的臂膀上，是那种熟悉而又陌生的味道，我可不会告诉她，他们才是我最美的音乐盒……

吴余晴/文，七年级

一"卡"在手 幸福相"守"

智能社会,"机"不离手。什么"机"?手机呀!一机在手,出门不愁。

可我家外公外婆出门,却是"卡"不离手。什么"卡"?哈哈,可不是银行卡哦,是公交卡!

一"卡"在手探"亲"不愁

"兮兮,外公等会给你送鱼来。你不知道,外公今天钓到了一条大鱼,一定要给你尝尝,让我家阿囡长得越来越……"电话那头,外公还在开心地跟我分享钓鱼后的快乐,话还没有说完,就被老妈夺走了手机。

"爸,别来了,今天抽不出时间来接您!这么远,来来回回,我不放心!"

"我又不要你来接我,我乘公交车来,免费呢!我们老年人,现在啊,真是享福了……"每次说到乘公交车,外公就免不了要提一提七十岁以上老人可以免费乘公交和地铁这幸福事儿。

"爸,您年纪大了,车子上上下下的,不安全。"妈妈还试图阻止外公。

"安全,安全,司机师傅每次都还要叮嘱我,上下车慢点,多少好啦!放心,放心,你忙你们的去……"

大约一个小时后,外公就一手拎着鱼,一手拿着他的"宝贝公交卡"出现在我家门口啦。

外公外婆住在农村老家，以前交通不便利，来我家一趟很不方便。自从宁波推行城乡公交一体化，就把更多的公共交通资源延伸到了农村。城乡公交班车，间隔不超过半个小时，车内干净卫生，乘坐舒适，夏天还有空调，用老百姓的话来说——"我们乘上了党和政府派来的'幸福车'。"

一"卡"在手追"梦"不愁

每天往返于市区的公交车班次越来越多，外公进出市区的时间也多了。闲暇之余，他萌生了去上老年大学读书的想法。他说年轻的时候，没有赶上读大学的好机会，现在，城里有老年大学，也想圆个"大学梦"。

他之前因为爱好，自学了一些电气方面的知识，但从来没有进行专业的培训，听说老年大学开了一门家庭电工课程，他二话不说赶紧去学校报了名。"以前会的都是一些简单的接线，邻居想让我接个稍微复杂一点的线路，我就没有办法帮忙，是该去学习一些知识来'武装'自己的双手了。顺便，我也做个大学生哦！"外公不无风趣地说道。

这个新时代的"老大学生"，乘着公交车，开始了他的学习之旅。同时开启的，何尝不是幸福之旅呢？

一"卡"在手慢"游"不愁

"爸，等你把课程学完，就可以拿着公交卡，和老妈一起去外地旅游了。"妈妈对着外公神秘地眨着眼睛说道。

外公有点纳闷："外地？这卡不是只有宁波可以用吗？"原来，外公还不知道宁波的公交卡已经在全国三十五个城市实现了互联，省内有温州、台州、绍兴等，然后东到舟山，南到三亚、湛江等，西到兰州、白银等，北到葫芦岛、抚顺等，只需一张公交卡就可以通行无阻地畅游这些城市。

"哇，那我可以带着你妈去浪漫一把啦！"外公兴奋得像个年轻人，转身朝着外婆嚷着，"老太婆，老太婆，年轻时候没赶个时髦，度个蜜月啥的。现在给你补上，给你补上……"

一旁的外婆，眉眼弯弯，笑得那么好看。

真是，一"卡"在手，幸福相"守"啊！

张露兮/文，五年级　指导老师：胡芳

求　学

西风渐作北风呼，蛰虫伏藏，万物休止。

天色渐暗，一个十一二岁的小男孩，急匆匆唤着老黄牛入栏，手脚麻利地将牛绳系好，转身抱起一大把枯草投喂给老牛，撒腿跑向不远处——一间用泥巴墙围起的小茅屋。小男孩一边从打满补丁的单薄外套口袋里掏出冷冰冰的窝窝头，哈口气，往嘴巴里塞，一边使劲踮起脚尖，抓着泥巴墙上的木栅栏窗框，伸长了脖子，如痴如醉地盯着窗内……

"浴乎沂，风乎舞雩，咏而归……"屋内老先生抑扬顿挫的声音突然停顿下来，径直走到小男孩身边，弯下腰，"你已经连续好几天站在这里了，回去跟你父母说，让他们送你来私塾吧。"小男孩默默低下头，脸涨得通红，小声道："我家没钱……"老先生叹了口气，牵起被冻得红通通的小手，把男孩带进屋内最后一排的角落里，安顿他坐下："以后农闲了就坐这里来旁听吧。"

这位放牛娃，就是我的爷爷。

昏暗的白炽灯下，写完作业的小男孩从书包里掏出本《三国演义》，津津有味地看起来。旁边纳鞋底的妇人不时抬眼看一看，紧锁着眉头。突然，屋内一片漆黑！"停电了！"妇人似乎还有点儿高兴，"三娃，来，把书收了，咱上炕睡觉吧！"男孩在黑暗中急急地回道："妈，咱家不是还有煤油灯吗？您能让我再看会儿书吗？"妇人沉默片刻："娃儿啊，咱家灯油已经所剩不多了，你大哥、二哥的学费也要交了。

234

今年收成不好，你爹粮站里的工钱还没发呢。""妈，您就让我再看一会儿吧，这本书明天轮到其他年级看的，我就快速翻一遍好吗?"男孩几乎带着哭腔央求着他的母亲……

这个男孩就是我的父亲。

信息课上，同学们人手一台电脑，我熟练地敲打着键盘，不一会儿，屏幕上出现了一大段代码。"大家快来看啦，我用小程序制作了一个小动画哦!"身边的同学们哗啦啦围过来一圈!

隔壁教室里，科技社团的同学们搭建的乐高机器人正举行"比武"大赛；绿茵操场上，踢足球的同学们，身姿矫健，个个健步如飞；整整一层楼的图书馆，一拨同学正安安静静在书的海洋里遨游；音乐教室里，传来动听的歌声"国旗、国旗，真美丽……"

我们的校园，是欢乐的海洋!

岁月至今，我的爷爷——瞧!九十高龄的他，此刻正乐呵呵地在小院子里"侍奉"他的花花草草呢!我的父亲，将我们家最大的房间用来做书房，我和父亲在家待得最多的地方是书房；我在花园一样的学校里上学，不用交一分钱学费……爷爷、父亲和我的求学之路，何尝不是我们祖国一步步奔向小康路上的缩影呢?

宋子天/文，六年级

235

旧貌新颜对对碰

前段时间，走在大街上，总会看到那一抹鲜黄——是创文志愿者的身影。原来，我们衢州正在创文明城市。因为创文，我们的生活环境都整了容，有了很大的改变。今天就让我们来一次"旧貌"和"新颜"的大比拼，看看他们的改变吧。

赛场一：小区——单元楼下

旧貌：单元楼下是大家的菜圃、花坛，也是停车场，更是老鼠、流浪猫、飞虫的乐园。新颜：单元楼下位置安排合理，一半是绿地，一半是停车位，既解决了停车难题，也兼顾了绿化问题。在晴天，大树为车遮太阳；在雨天，大树为车挡雨。虫子和流浪猫都逃走了。远远望去，绿地和停车位的结合相映成趣。

赛场二：市区——道路两旁

旧貌：到了秋天，树上的果子到处乱掉，经常被人或车踩压到，成为道路上的污点。树叶也到处乱飘，变成电瓶车和行人的障碍物。有些树开花时还会散发出酸臭味，行人避之不及。新颜：树种更换成了银杏树、桂花树等。每到秋天，花香四溢，令人神清气爽。掉下来的树叶和果子都会被志愿者们捡走处理掉，不留下一点痕迹。大家走在路上都心情舒畅。

赛场三：生活圈——菜场内

旧貌：又脏又旧，黝黑的水泥地上有很多坑，里面积满了脏水，时常有人在里面滑倒。商家把菜品随意地丢在柜台或地面上，很不卫生。苍蝇、蚊子等小虫到处乱飞。灯随意地吊在墙上、天花板上，昏暗的灯光影响顾客们挑选菜品，难以挑出坏的果蔬。新颜：地面干干净净，商家都在自己的摊位上放置箱子、格子用于摆放菜品。柜台整洁，环境舒适，装修得很漂亮。灯安安稳稳地在自己的位置上为人们服务。每到晚上，灯火通明，前来买菜的人们都交口称赞。

城市越来越美，生活条件越来越好。这些变化都是国家全面建设小康社会的鲜活写照！作为城市大家庭的一员，每位公民都有责任、有义务通过自己的文明行为，为我们的城市增添一抹亮色。

邱俊棋/文，六年级　指导老师：潘丽萍

记忆中的那口井

我的孩提时代，在农村度过。现在想来，那里是一个世外乐园。离家不到一百米，穿过一座石拱桥的桥洞，就是一望无际的田野。记忆中，那里是一片金色的海洋，一阵风吹过，田野里泛起一阵金色的麦浪，很美。

我的爷爷奶奶祖祖辈辈都是农民，生活在一栋黛瓦白墙的老房子里，透出一丝丝岁月的沧桑。最值得一提的是院子里的那一口井，也是村里唯一一口井了。那口井装满了我对旧时代的回忆。

夏天，每当正午太阳最猛烈的时候，爷爷会从井中打起清凉的井水，冲到地上消暑。我会兴奋地穿上拖鞋，卷起裤角在水上嬉闹、踩跳。取一瓢清凉的井水泼到脚上，凉丝丝地一直沁到心里。此时，连阳光都是温柔的。

记忆里的西瓜永远都是冰爽的。西瓜刚买回来就被扔进井里。我总是急不可耐地往井里看，问奶奶什么时候能捞上来，奶奶总会慢悠悠地回我说，不急，还没凉透。一个西瓜被捞上来，切成几瓣。那时邻里都很热情，彼此也都熟络。不一会儿小院里就坐满了人，一人一块西瓜，盘子空了，人也就齐了。大家啃着西瓜，谈天说地。甜而亲切的乡音萦绕耳畔。

傍晚，太阳收敛了白日里的骄纵，变得柔和起来，在外工作一天的父母都回家了。该到晚饭时间了，洗菜煮饭照例用的都是井水，一桶桶的井水烧出一碗碗可口的饭菜。日薄西山，这时候最适合纳凉，看日落，记忆中的晚霞总是那么迷人。大家把桌子抬出来，摆上菜，家家户户隔着矮矮的土砖墙，人们互相谈论着一天的事，几家之间互相串桌。一顿晚饭吃得格外漫长，到了星星都出来了才接近尾声。等到一切收拾好，玩了一天的我，早就倒在妈妈怀里睡着了。

记忆中这样的日子仿佛过不完，但是日复一日、年复一年，那口井终是被埋了。

原来的老房子也由政府出钱改造而变成了一栋栋新式的建筑。田野里的庄稼人也就少了，一大片一大片的田野被闲置起来，最后越挤越小，变得一眼望得到头。刚开始，横竖觉得不习惯。但看着热火朝天的工地，邻居们的眼中依旧满是憧憬。

后来，新房造好了，我和爸爸妈妈搬到了新家。家里水电家具一应俱全，我们也很快结识了新的邻居，渐渐融入了新的生活。没了井水，却有了空调和冰箱，夏天更感觉不到炎热，冰镇西瓜也还有，而且通过冰箱速度还更快了。冬天家里还有热水器，洗澡也方便了不少。空闲时也可以通过电视、网络来娱乐。虽然少了玩伴，但是我也快过了玩的年龄，要步入小学了。爸爸买了一辆汽车，代替了老旧的自行车，出行变得快捷了，我也可以坐在汽车后座出去兜风。

流光易抛，红了樱桃，绿了芭蕉。日新月异的生活变得越来越便捷，物质上更是变得丰厚。我很幸运生活在一个全面小康的时代，让我每一段岁月都有温暖的回忆，一如记忆中那口永不干涸的水井！

方宇菲/文，八年级　指导老师：郁娟

幸福的味道

金黄的稻子乘喜讯而来，
与人们的笑脸迎了个满怀。
全面小康，是一个奋斗时代的成果，
是又一个奋斗时代的开始。

祖国，我走进了您

我是一个四年级的学生，刚好十周岁，前几天学校为我们举办了"十周岁成长礼"。祖国，这个词，我是熟悉的。一年级的时候，开篇第一章就是"我是中国人"。在老师的讲解下，懵懵懂懂的我知道了我是中国人，我的祖国是中国。虽然没法明白其中的深远意义，但每当我大声读的时候，我小小的心灵中总是充满了一股激动的情怀。

二年级的暑假，爸爸妈妈带着我去泰国旅游。在泰国，宽阔美丽的海滩，洁白无瑕的沙粒，碧如翡翠的海水，美丽的异域风情让我情难自禁，陶醉其中。也许是太沉醉其中，我们的背包竟然不知道丢到哪里去了，只有妈妈的手机还拿在手里，但是只有百分之四的电量了。一家三口瘫坐在美丽的沙滩上惊慌失措，不敢贸然打电话求助，怕把电用完。爸爸妈妈思虑再三，决定打电话给中国驻曼谷的大使馆……很快，大使馆的人就来接我们了，在看到开着沙滩摩托的大使馆叔叔时，我的小小心灵再次盈满了激动的情怀。而且经过大使馆叔叔和泰国警察的沟通，我们的背包竟然找回来了！在旅馆，爸爸语重心长地对我说："在外面任何国家发生了困难，都可以找当地的中国大使馆，因为我们是中国人，我们有共同的祖国母亲，我们是一家人！你要好好学习，长大为祖国人民服务，去帮助有困难的中国人！"

旅游归来，很快开学了，我又回归了校园。在三年级的课程表里，我发现了一门新的课程：中国历史校本课程。拿到新书的第一天，我特意找出这本书，看看这门新的课程讲的是什么。翻开书页，我震惊了！我们的祖国母亲以前有那么多苦难：那一条条丧权辱国的不公平条约，那一场场屈辱疯狂的侵略战争，那一枚枚被掠夺的绝世瑰宝，那一个个被肆意杀害的无辜人民……祖国母亲屈辱难当，可是她还有四万万的孩子，她顽强地站了起来，赶走了列强，夺回了珍宝，保护了人民。1949年，人民欢呼，人民雀跃，人民自豪，因为祖国母亲终于有了一个扬眉吐气的新名字——中华人民共和国。开学上课以后，老师还告诉我们更多关于祖国的历史，同时老师也告诉我们少年强则中国强，教导我们作为新时代的小学生要好好学习，学习新科技，为祖国服务。

一转眼，我已经四年级了。国庆节的第一天，我们一家到爷爷家，坐在沙发上观看新中国成立七十周年阅兵典礼。看着电视里整齐划一的阅兵方阵，卡车上举世威武的洲际导弹，蓝天上展翅翱翔的"战鹰"，街道上欢歌燕舞的围观群众，他们脸上的自豪和骄傲，以及爷爷眼中的热泪，我才明白了"祖国"两个字的含义，她是伟大的母亲！

王思忆/文，四年级

"小康生活"里的你和我

  我是个十一岁的小学生，但是回忆小时候，印象里的建筑物不怎么鲜亮，大体是用水泥直接砌成的，不粉刷。家家户户的房子也很矮小，而且里面的空间密闭而狭小，给人一种压抑的感觉。而今，高楼大厦随处可见，普通人家住进了宽敞明亮的公寓楼，条件好一点的人家拥有了属于自己的大别墅，不仅户外的配套设施齐全，里面都可以按照自己的喜好选择，欧式、美式或是极简风格的摆设，物质条件的改善是小康生活里最直接的感受。

  小时候我经常乘车出去玩，马路上来往车辆并不多，人们大多都选择步行或自行车。直到我有了一个淘气的弟弟，家里条件也更好了，爸爸就买了辆适合一家人出行的大车子。车辆的剧增会导致交通堵塞，也会污染我们赖以生存的环境。令人欣喜的是，新能源汽车逐渐进入大众的视野，环保理念如今深入人心。

  爸爸妈妈小时候住的村庄，条件不是很好，即使是商店，也只是一家陈旧的小店铺，据说占地面积不到十平方米，零食的品种少之又少，唯一的优势是便宜，大白兔奶糖、喔喔奶糖可能只需要一毛钱就可以带走几颗。那家小店现在已经不复存在了，取而代之的是大商场，物品琳琅满目，应有尽有，连付款都可以不用排队，全程自助。

  2020年春节暴发了一场新冠疫情，病毒传染力极强。我看到新闻报道里说，有些医院都启用了"机器人护士"，尤其是不用深入检查的时候，医生都不用进入病房。在家里，强大的科技让我们通过电视、电脑上起了网课，我甚至还通过手机和钢琴老师视频连线，线上学习钢琴。辛勤的老师们通过钉钉这个软件，每天发送作业，收缴作业，批改作业，再反馈给我们。

我不禁想问，究竟怎么定义小康社会呢？既然现在我们已经幸福地进入了这个美好的时代，那就让我们一边珍惜，一边努力创造吧。

方芷今/文，六年级

一个爱国少年的自我修养

近几年来，我们的科技飞速发展，前有"中国天眼"，今有"中国北斗"，美国在太空领域的霸主地位，被我们的中国速度撬起了一条缝；而我们已经服役的"辽宁号"航母、自行研发的"蛟龙号"潜水器，也证明了我们中国在远洋海域的行动潜力……许许多多的历史之最，正在由我们这个古老又年轻的中国创造！

更不用说中国在国际舞台上越来越举足轻重的影响力，中国"基建狂魔"的速度和行动力，中国"一带一路"的伟大倡议和胸襟……无不在展示着我们上下五千年文明沉淀的泱泱大国的气度和风华。

中国的速度和发展，或者说世界的和平与发展，显然并不是作为军事强国的美国所喜闻乐见的，世界范围内的每一场战争背后，都有美国的影子。

这一次，美国四处点火，遍地撒网，伊拉克、乌克兰、叙利亚、伊朗……终于，一计不成再生一计，美国的爪牙又伸向了去中国化最久的香港！

"天欲使其亡，必先使其狂"，特朗普的"辛勤"和"敬业"令我们充分见识到了资本主义国家的伪善嘴脸，但也令没有接受过爱国主义教育的香港同学们沦陷在了居心叵测的政客们所展现的"美好未来"里。

"港独"青年的遭遇，就是我们的前车之鉴！

忘记历史，就是背叛，我们每一个中国人，都应该了解我们伟大的祖国、热爱我们的伟大祖国，都应该坚定地站在祖国和人民这一边，牢记历史，爱我中华！

少年强则国强，少年雄于地球则国雄于地球，祖国日益强大，面临的国际压力也会更大，我们身为中华儿女，都应该从自身做起，用实际行动爱我中华——我们学生能做的，莫过于好好学习，时刻做好准备投身于祖国的建设，报效祖国。

学语文，是扬弃我大中华的智慧；

学英语，是师夷长技以制夷；

学好数理化，走遍天下都不怕；

学体育，强身健体、锤炼意志；

学艺术，艺术无国界，民族的就是世界的！

…………

行动起来，加油吧，阳光下奔跑的少年们！做一个有修养的爱国少年，我们就是祖国的未来！

来章洋/文，七年级

逐梦·山水

波涛汹涌，云雾缭绕，东海之滨，海天佛国，一颗星辰射出万丈光芒。原本与世隔绝的她，在我们的共同努力下，编织出一张连接大陆的网。暮色苍茫看劲松，乱云飞渡仍从容。舟山——我的家乡，已经迎来了全面小康。

家乡舟山名字中有一"山"字，可见她即使没有高耸的山峰，但地势绝不平坦，连绵的山丘犹如宝石般镶嵌在这片并不广阔的土地上，给舟山人岛内出行与沟通带来了一定的困难。外婆是螺门人，年轻时嫁到了临城，那时家里穷，公交车又少，每次回家都要翻过几座山峰，从太阳初升启程，日暮西山时才到达目的地，常常累得上气不接下气。

而现在，原本要花大半天的路程，十几分钟便可以轻轻松松抵达。丘陵之间，一个个高大宽阔、灯光明亮的隧道纵横交错。汽车穿梭其间，如同一条条光带，点缀着美丽的海岛风光。人们不仅"遁地"，而且"上天"。东西快速路不久前刚刚建成，气势恢宏的高架桥横亘大地，好似腾飞的巨龙，见证着舟山的高速发展。

作为海岛城市，为了更好地发展与交流，必须跨越大海。二十几年前，舟山群岛漂泊于东海之上，像远行的游子，日夜盼望大陆母亲的怀抱。澎湃的波浪，狂躁的气流，让如此接近的两个地方仿佛生活在两个世界。前往大陆，舟山人最早是使用"舟"的，妈妈曾说她去金华上大学时，往往要先看天气，天气好才能出发，等船、坐船要花好几个小时。海岛交通不便由此可见一斑了。

时过境迁，如今的海岛似乎已成为半岛。蜿蜒曲折的跨海大桥让舟山与大陆之间畅通无阻。长峙岛、朱家尖、小干岛、鲁家峙……一座座分散的小岛因桥连成一个整体，它们互帮互助，协同发展。红、黄、蓝、白，形态各异的桥彰显出舟山科技的发展。夜晚下的大桥璀璨绚烂，映射出舟山人的喜悦与自豪，也成为舟山一道亮丽的风景线。

　　"逢山开路，遇水架桥"，在中国共产党的领导下，中国迎来了全面小康。舟山也将攻坚克难，奋勇前进，为实现中华民族伟大复兴的中国梦而努力！

刘宇希/文，八年级　指导老师：严瑾瑾

小康在身边

全面小康，什么是小康呢？在我们这个新时代里，这个问题总是出现在我们的生活中。其实小康就在我们身边，我们生活中发生的点点滴滴几乎都和小康有关。对于我来说，小康就是我们老百姓这么多年来，在生活、心理还有国家政治上发生的变化。

《诗经》曾写道："民亦劳止，汔可小康。"这句话深深地铭刻在我的心中，永远也忘不掉。我们国家从站起来，到富起来，再到强起来……经过这一系列的变化，也让我们的生活发生了变化。

以前的红军战士们翻雪山、过草地、历经了千辛万苦，后来又和日本侵略者们斗争，最后把他们赶出了中国。正是因为有这些英雄豪杰为中国的未来奋斗、努力甚至献身，这才让我们过上了这么安稳、幸福的生活。

中华民族拥有着五千多年的历史，这五千年来，我们时常会看到一些在古代很常见的事——生病，在各种史书上都有记载，哪个皇帝病逝了，哪个诗人因病去世了……在古时候，没有什么高科技，都是一些草药熬起来喝下去，效果比较缓慢；而现在呢？医院有各种高科技的仪器，做完各项检测后就能清楚地知道自己哪里出现了问题。

我曾听爸爸说过，在以前我们回老家要坐那种绿皮火车，而且一坐就是整整两天，车内闷热、肮脏、乱哄哄的；这还算好的了，有时候可能连一个座位都买不到，那腿不得站得没了知觉？后来，国家科技发达了，我们坐上了高铁、动车：那速度，可以和风比赛了！不但速度大大加快了，时间也减少了一半。俗话说：家家有大楼，户户有汽车。这体现了我们现在生活的美好、充实。果然！只有国家强大了，我们的生活才能更美好，我们才可以创造更好的小康社会。

我们青少年，是祖国的花朵，更是国家未来的栋梁！在我们父辈那一代，他们和我们这么大时，每天早早地起床，去干什么？他们要去上学，很多人的家到学校要好几公里，要翻越几座山，可他们并没有厌倦，因为对他们来说，读书是一种乐趣，这才使我们中国涌现了大量人才，科学家、教育家、文学家、军事家……创造了现在的美好生活。现在，我们每天早上都有妈妈准备好丰盛的早餐，爸爸则会开小汽车送我们去上学，送我们来到干净、充满书香的教室里。在这样的学习环境中，我们更应该认真学习，争取为国家献出自己的力量。

小康不是从天上掉下来的，而是要靠我们自己的双手去创造的；让我们在这个新时代、新社会，完成我们的小康梦，完成伟大的中国梦！

林中鹤/文，六年级

盛世稻花香

　　"一畦春韭绿，十里稻花香。盛世无饥馁，何须耕织忙。"曹雪芹对盛世的描绘，在两百多年后的今天，即将成为现实。摆脱贫困，绝不只是银行卡余额从四位到五位的机械转化。授人以财，不如授人以才。全面小康，不仅仅需要生活上的富足安定，也需要头顶如洗的碧空，更需要一颗颗人格健全的赤子之心和繁荣兴旺的文化。

　　淳安的人们因水而生，又为水所困。在水源保护地，甘泉清流哺育了世世代代的淳安人。他们怎么舍得忘恩负义，用戕害大地来满足一己私欲呢？专家们明白这一点，经过实地走访考察，终于寻得了两全其美的办法——不能破坏山水，那就吸引人们来欣赏山水吧。于是，在山里沉寂了多年的淳安与大地达成了共识，再次与自然和解。旅游生态村建立起来了，世界各地的人们慕名而来，游览这不辞辛劳的人们所精心呵护的如画风光。经济发展了，生态保护了，每位村民都该享受忙活了半辈子而应得的安康。为此，淳安的人们齐心协力，建立起完备的"发现机制"，"发现一个帮扶一个，帮扶一个解决一个"。如果有村民遭遇困难，"绿色通道"将第一时间开启，家家户户伸出援手，为其排忧解难，不落下任何一户人家、任何一位农民。几百年来面朝黄土背朝天的人们，在抬手抹汗时不经意地转眼，看见了足以放心依靠的参天大树。

　　抚今追昔，保护水源曾阻碍了淳安，也最终成就了淳安。人们从绿水青山中蹒跚而来，必步履铿锵地回到绿水青山中去。保卫家园迫在眉睫，人们防微虑远，"绿水青山就是金山银山"的重要理念产生了。2018年，浙江打响土壤污染治理攻坚战，各地迅速开展土地质量调查行动，从农业、工业和生活污染多方面入手，向土地污染防治迈出重要一步。土里生长出的中国人，在风雨中生根，开花结果，回馈这片神州大地。

是什么让这群渺小又伟大的华夏儿女坚信幸福的生活终将来临，并为此奋斗朝夕？是全面小康，小康生活、小康精神和小康文化。余秋雨曾言：中国文化，乃是中国人的集体人格。只有同血脉相承的文化一并繁荣，滋润到人们的心底，中国的腾飞才不至于金玉其表而败絮其中。2012年底，全国美术馆、图书馆、文化馆全部实现免费开放，艺术情操在潜移默化中被陶冶，美好的品格将渗透到人们生活的方方面面。

金黄的稻子乘喜讯而来，与人们的笑脸迎了个满怀。全面小康，是一个奋斗时代的成果，是又一个奋斗时代的开始。与山清水秀的环境和不屈不挠的思想齐头并进，伟大复兴的史诗必将在每一个华夏后人的心中唱响，震彻云霄。

孙思洁/文，二年级　　指导老师：竺辽妍

难忘的红色之旅

"我和我的祖国，一刻也不能分割，无论我走到哪里，都流出一首赞歌……"广场上的歌声传入每个人的耳朵，唤醒了我的记忆。

暑假里，我和同学一起来到了岭南乡许岙战斗纪念馆。在这里，我们看到了一幕幕革命烈士不畏牺牲、英勇奋战的画面。这里讲述了浙东游击纵队讨伐田岫山的战斗故事。田岫山生性残忍多变，背信弃义，投敌卖国。他还是一个杀人魔王，经常以射击百姓取乐。他来到许岙村后修建碉堡，设了很多地牢和刑具，残害百姓。1945年5月29日，讨田战役打响。

经过连续四日的战斗，我军连克了许多田部的据点。从6月7日开始，我军对田岫山的后方巢穴发起猛烈攻击。战斗持续了十四个昼夜，我军攻克了二十八座碉堡，歼灭敌人一千多人，但是我军也有八十多名英勇儿女血染许岙山头。6月21日，我军完全占领了许岙。

在纪念馆里，我看到了一尊年轻的士兵雕像。这名烈士叫杨奚，他小小年纪就加入了革命队伍，但在攻打锦峰碉堡时不幸牺牲了。

让我印象深刻的还有一位女英雄，她叫张菊兰，是我军打入田岫山部从事情报工作的战士。她深入虎穴，在那么危险的环境里，为我军提供了很多重要情报，为我军的胜利立下了汗马功劳。

正是因为有无数先烈的英勇奋战，才有了无数类似讨田战役的胜利，才有了中华人民共和国的成立。经历了一代又一代中华儿女的奋勇拼搏，我们的祖国母亲开始站起来了！愈发强大起来了！她是东方的雄鸡，向着太阳高啼；她是东方的青龙，卧于中华大地；她是东方的金狮，奔跑在华夏旷野之上；她是东方的麒麟，发出耀眼的光芒……

我们现在身处和平年代，远离硝烟和炮火，但是我们不能忘记历史，不能忘记先烈。我们要学习他们英勇无畏、奋勇拼搏的精神，为建设一个更强大更辉煌的中国而努力奋斗。

长江奔流千古，黄河汹涌澎湃，我和我的祖国，一刻也不能分割。我自豪，我是中国人！

蒋瑜璐/文，四年级

夜空中最亮的星

我迷失在，
这黑暗的边界，
我徜徉在，
这光明的边缘。
可是啊，
我却丝毫不能动弹，
那空气中无数
快活的，
旋转的，
令人恐惧的病毒，
那样沉重的枷锁，
将我禁锢在，
这黑夜笼罩的，
无形的牢笼。

红旗在悠悠地摇，
白衣在轻轻地飘。
是谁，
在这碧绿的知音湖畔驻扎？
是谁，

在这洁白的火神山长廊疾行?

又是谁,

将倒下的人扶起,

给予他们温暖的臂膀?

啊,

无尽的恐惧

只会颤抖我们的手,

不会动摇我们的心。

人类不会因病毒而倒下,

更不会因病毒而消亡,

一次次跌倒,

更能增强我们的意志,

这是大自然对我们的考验,

我们要迎难而上。

夜空中流光溢彩的繁星啊,

请献出你的光芒,

献出你的力量吧!

那闪烁的光呵,

它将驱散一切阴霾,

谨以此诗,献给所有曾经奋斗在抗击疫情一线的医护工作者们!

成舒睿/文,八年级

幸福的一代人

每次吃饭的时候，爷爷总会忍不住对我感慨："潇潇，你们这代人真的是幸福啊！"爷爷小时候，吃不饱，穿不暖，没钱读书只能早早干活赚钱。那个时候，走水路比较多，出门基本靠走路。

爷爷的那个年代经济没有现在发达，但是鼓励多生孩子。多子多孙，养儿防老。孩子生下来就夭折的现象也很普遍。我的外曾祖母生得多，还被评为"光荣妈妈"。她一共生了七个孩子，其中两个生下来就夭折了。当时医院的设备没有现在先进，从怀孕到生孩子，都不去医院做检查。

现在我们都有医保或农保，大家都很关心自己的健康。一旦发现自己有个头疼脑热就去医院做检查，印证了毛主席的那句话"身体是革命的本钱"。家里一般有一到两个孩子，准备要孩子前，国家会免费提供孕前检查。从怀孕到生下宝宝，陆陆续续有很多检查。少生优生，幸福一生！

今年暑假，我们郭店村去慰问了养老院的老人，他们基本无儿无女，但是国家福利好，养老院的老爷爷老奶奶生活过得挺充实的。平时坐在一起聊聊天，下下棋，一点都不寂寞。还有专门的护工为他们服务。

现在经济水平日益提升，大家的环保意识也逐步增强。外公是一个渔民，以前在河里捕鱼，渔网里夹杂着一些生活塑料垃圾。为了保护我们的水资源和生态资源，去年外公等渔民的渔民证也被撤销了。

河道有了专门的清洁员。

2016年12月15日杭海城际铁路开工，线路全长四十八点一八千米，设有十三座车站。现在已基本完工，还有二百多天就能通车了。这是我们海宁历史上投资规模最大的交通基础设施项目。我已经迫不及待想要坐着高铁去杭州游玩了。

虽然现在物质条件变好了，但是我们也会保留勤俭节约的好习惯，珍惜每一粒粮食。身为海宁人，我很自豪。我们这里有皮革城、百里钱塘，有名人徐志摩、金庸、王国维。我会以他们为榜样，为实现中华民族伟大复兴的中国梦贡献自己的力量。

孙晟潇/文，三年级

遇见，小康

千百年前，诗人杜甫的一句"安得广厦千万间，大庇天下寒士俱欢颜"深深触动着每一位有志之士的心灵。中华人民共和国成立后，党和国家秉承先辈意志，始终将人民放在第一位，多年来不懈奋斗。全面小康，终于来了。

作为一位中学生，让我更有感触的是学生们多彩的课外活动。每次艺术活动，节目精彩纷呈。有身着天鹅服的女生的优雅起舞，更有两个男生一唱一和、令人捧腹的相声。爸爸妈妈说，他们小时候没有那么多的兴趣可以发展。而现在生活水平提高了，这些活动大大丰富了我们的课余生活，让我们有更多机会实现自身的综合发展。我也曾在首届杭州配音大赛英文配音中取得了第一名。大家都说，现在的孩子了不起，什么都会，而我想说，是这时代了不起。

同时，广大群众的精神文化活动也愈加丰富。城市里，小区广场上的大块空地成了男女老少休闲娱乐的天堂，有唱评戏的，有跳广场舞的，还有打太极的。孩子们也总喜欢绕着广场肆意奔跑。广场上从来都是灯光闪烁，音乐此起彼伏。节假日小区也会组织活动与居民一同欢庆，张灯结彩，热闹万分。小区里还经常飘来不同种乐器的演奏，或为稚嫩音符，或为纯熟篇章悠然成曲，许多孩子早早就接受着艺术的熏陶。

除了城市，乡村发展也正牵动着人们的心。去年，父母带我去天目山自驾游玩。当地民宿十分抢手，房源十分紧张。顺着蜿蜒的公路，伴着群山，我们一路驱车到了预订的民宿。我们住的民宿有四五层楼高，楼下有小喷泉、长廊、秋千。即使不去山上，游客们也都喜欢在楼下坐坐。民宿的主人是一位阿伯，谈及生意，阿伯笑弯了眼，说游客一年比一年多，逢节假日更是热闹非常。平时也会有退休的老人来住，一住就是十几天，倒把这儿当成家了。阿伯感慨，多年前，这里还是不通公路的穷乡僻壤，乡亲们守着山林过着紧巴巴的日子。后来，凭着乡村振兴政策，乡亲们在政府的组织下退耕还林，开发民宿旅游，舍了那一亩三分地，腰包反而鼓了起来。如今，山更青了，水更绿了，日子也越来越富足了，改革创造财富，实是"绿水青山就是金山银山"。

　　"全面小康，一个都不能少"，这是习总书记对人民的庄重承诺。从国强到民富，彰显的是党和国家对人民的重托。全面小康，我们实现了！

苏弈慧/文，九年级　指导老师：何海香

感悟小康

    光阴似箭，日月如梭，中国共产党迎来第一百个生日。我们从过去的贫困、穷苦，变成了现在的人民幸福、家庭美满、民族和谐。在新时代社会主义价值观的引领下，实现全面小康。

    我们成功做到了上可九天揽月，下可五洋捉鳖。我们的"嫦娥五号"成功上天，我们的"奋斗者号"成功在马里亚纳海沟一万零九百零九米处做底。所以小康社会的存在，就是为了人民要富裕，一国上下脱贫的队伍当中，一个也不能少！

    全面小康也为这个国家带来了全新的生机。就拿我的家乡嘉兴来说吧。嘉兴地处浙江北部，北临杭州湾，被称为"上海的后花园"。这样得天独厚的地理位置，人民一定生活得很幸福。

    20世纪70年代初期，嘉兴并不富裕。城里人只能走在水泥路上，马路上又不宽，车子寥寥无几。农村还只有低矮的房子，环境脏乱差、污水直流。农民一天到晚拼命干活，可收入还是很低。现在时代不一样了，全面小康以及脱贫攻坚战的推进让嘉兴变得不一样了。我们的道路变宽了，八车道的马路比比皆是，而且铺上了柏油，路上车水马龙，形成一道亮丽的风景线。到2021年建党一百周年，我们就要迎来全新的有轨电车了！农村的变化我们也有目共睹：一座座精致的民宿拔地而起；乡村文化礼堂的到来，让居民们感到生活不再单调；乡村产业方式变得多样化，利用机械化的机器，一片金黄黄的稻田瞬间被收割完毕。展望未来，我们的生活一定会更好！这一切都是因为以习近平同志为核心的党中央的正确领导，小康社会给了我们人民幸福感，人民的生活水平已明显提高。

我的爷爷奶奶告诉我："以前我们那个年代物质匮乏，人们住的地方很简陋，买水果也是一种奢侈，更别说到处旅游。不像现在马路四通八达，可以随时来一场说走就走的旅行！"爷爷奶奶现在都可以自己做旅行计划了。

"少年强则国强，少年富则国富，少年胜于欧洲，则国胜于欧洲，少年雄于地球，则国雄于地球！"让我们一起携手实现中华民族伟大复兴的梦想吧！

周瑞翀/文，五年级　指导老师：沈丹璐

寻找美好生活的定义

　　国庆假期前一天，杨老师布置了一份特殊的作业——参加小康生活的征文比赛。我不太理解"小康"的定义，于是回家后就挠着头问爸爸。"小康生活是什么意思啊？"爸爸先是愣了一下，问清原因后，他故作神秘地说："我们明天就要回外婆家了，到那里后自己体会吧。"好吧。看样子我去外婆家玩又多了一个任务。

　　第二天，爸爸开车带我们回到了外婆家——上虞国庆村。到了村口，映入眼帘的是一条平平整整的大路。我吃了一惊，因为上次来的时候，因为在开展五水共治工程，村口的路面还是坑坑洼洼的，就像月球表面一样。到了外婆家，我拉着外婆的手说："外婆，村里的路修好了啊。"外婆摸着我的头说："乖孩子，不仅路修好了，村里的小河经过整治，也变美了。"吃完午饭，爸爸妈妈牵着我的手来到了小河边。河水清澈见底，许多小鱼儿在水中快活地游着。微风吹来，河边的柳树轻轻地舞动起嫩绿的枝条。哇，村里的景色变得真漂亮啊！

　　享受完丰盛的晚餐后，舅舅提议去城市阳台玩。我眨巴着眼睛，奇怪地问："上虞也有城市阳台？"舅舅用食指刮了一下我的鼻子，反问道："杭州有城市阳台，上虞就不能有啊？"

　　到了城市阳台，首先是阵阵悠扬的音乐声飘进了我的耳朵，原来是大型广场舞。跳舞的人群中有年轻的阿姨，有满头白发的老奶奶，甚至还有几个四五岁的小孩子。大家随着音乐声舞着双手，扭着腰肢、踏着节拍，沉醉其中。马路上还有手牵手的情侣，有将小孩架在脖子上的爸爸和妈妈，有推着轮椅来散步的爷爷奶奶，还有玩着滑板车的少年在人群中穿梭。哇，这里可真热闹啊！

我走到观景平台时，一下子被江边的建筑吸引了。高楼大厦都被绚丽多彩的霓虹灯装饰着，不断变换着美丽的图案与文字，令人目不暇接。江边还有许多人在欣赏音乐喷泉表演。喷泉时而像花朵一样向四面绽放，时而如同扇子似的左右摇摆，时而根根水柱都直冲云霄。一阵江风吹来，喷泉形成的水雾变成毛毛细雨洒向人群，但不管男女老少，没有人躲避，我看到的是一张张洋溢着幸福笑容的脸庞。

我突然一下子想到了，急忙拉了一下爸爸的手："爸爸，上虞人现在过的就是小康生活吧？"爸爸欣慰地点了点头，笑着说："对的，现在上虞人民享受到了便捷的交通、优美的环境、丰盛的美食、精彩的文化娱乐活动，所有这些美好的生活，就是小康生活。"

张逸健/文，四年级　指导老师：杨皓楠

记海南文昌观礼"胖五"发射

中国首个月球采样返回任务"嫦娥五号"发射升空，目标是采集约两千克月球岩石和土壤样品并送回地球。我特别渴望亲临"嫦娥五号"发射现场，想亲眼感受那一道烈焰划破海南文昌的天空，见证"长征五号"运载火箭运送"嫦娥五号"探测器至地月转移轨道，开启我国首次地外天体采样返回之旅，只为一睹"胖五"的风采，感受科技的震撼力量。

跟徐杨姐姐报好名，安排好交通住宿后，不幸消息突传，"由于疫情影响及基地战备要求，本次观礼除军方及相关工作人员以外均不可进入基地"。临近出发，不得已退费，但我们还是再次申请，抱着希望等待着，功夫不负有心人，希望重燃。时间一天天过去，所有的努力都只为了这一刻，只要未安全进入航天基地，变数就一直存在，不知道尽所有的努力后会不会成功。越是如此，内心越极度向往。疫情之下，一人一张参观证，佩戴口罩，携带身份证，亮健康绿码、十四天行动轨迹，并严禁出发前十四天到过中、高风险地区以及港澳台、国外的人员参加……越不易实现，越显得无比珍贵！

我们承受住所有压力，解决所有难题，最终也得到了好消息，愿望终得以实现。我和两位好朋友及妈妈，于11月24日1时30分，在海南文昌市维嘉酒店门口集合准时出发，凌晨3时30分终于顺利抵达海南文昌航天发射基地现场，在综合运动场参观区等候，距离火箭发射塔架一千米不到，于2020年11月24日4时30分，一同见证我国探月工

267

程的收官之战——"嫦娥五号"发射。

海南文昌航天发射场发射测试站副站长、"嫦娥五号""01"号指挥员是胡旭东，当他喊出发射倒计时十秒时，我和好朋友已准备好平板电脑，跑到了最前面空旷的草地上。听到指挥员说发射，屏气凝神，一起数着"5，4，3，2，1，发射!"，瞬间发射塔架地面两边腾起无数的白雾，顿时窜上数百米。天空和大地霎时像白昼一样，火光冲天，随着指挥员播报着发射时间，地面倏地升起一个大大的火红火红的圆滚滚的火球，像早晨的太阳从海平面冉冉升起。唯一的不同是，它带着阵阵轰隆隆的巨响，带着所有人的梦想，声音震颤直击心灵，在场所有人发出阵阵尖叫，它快速升上天空，只花了五十秒便进入云层，随着它的上升，在即将穿入云层之上时，白色的天空以迅雷不及掩耳之势从周围按圆形迅速收缩变暗了下来，像无数个月圆之夜，只留下在它周围的一片亮光所形成的一个不断变小变圆的大玉盘，而仅仅只持续了四秒。随着火箭升入云层上空，天空又恢复白昼般的光彩，像盛夏的晚晴天，直到1分09秒，我心中的火焰"胖五"消失在无边无际又无垠的浩瀚太空里。我此时已经热泪盈眶，激动的心情久久不能平复，好似做梦一般。虽然它飞向了月球，离我越来越远，却在我心中燃起熊熊的烈火，一颗热爱祖国，为梦想而努力、坚持奋斗的精神力量充斥着我的内心深处。

一行二十六人，除我们四人来自浙江省桐乡市，其余大部分来自北方，相聚海南文昌。来自祖国最北方城市哈尔滨的五岁女宝母女组合，她俩穿越近四千千米，小小的身躯抵抗着凌晨的困意，只为一睹"嫦娥五号"的风采。

"我在电视上看到过杨利伟叔叔的故事，心中一直有一个航天梦。这次来到现场，我非常激动。其实，航天离我们并不遥远，只要我们努力学习，锻炼身体，每个人都能成为未来的'航天人'。"一个小男孩说道。

"在平时，这里不允许游客进入的。特别在发射时，只能在基地外的大众观测点隔海遥望，距离远不说，还瞧得不够真切。所以这次能进去看，对我来说意义重大。"一位来过几次的航天爱好者抑制不住激动的心情说。

科学课本记录着："2016 年 11 月 3 日，'长征五号'运载火箭发射升空。'长征五号'系列运载火箭，又称'胖五'，是我国运载能力最大的火箭。'长征五号'系列是由中国运载火箭技术研究院研制的，是中国新一代运载火箭中芯级直径为五米的火箭系列。我国的'天宫'空间站、'北斗'导航系统的建设，'探月'三期工程及其他深空探测的实施都使用了该火箭系列。"

这不仅标志着中国"嫦娥"工程"绕、落、回"三部曲进入了第三阶段，也意味着人类时隔四十四年再次从月球带回岩石和土壤样品——上一次月球采样返回任务，还是 1976 年苏联的"月球 24 号"。

观看结束后，我们返回大巴上，依依不舍地离开了海南文昌航天发射基地。离开了"胖五"和"嫦五"，这次观礼活动圆满完成。

对我这"后生"来说，能够近距离观礼"嫦娥五号"的成功发射，将会在我的人生中添加浓墨重彩的一笔，以此激励我向祖国的航天人学习，探索太空，勇往直前，让更多人看到中国的成就和强大的国力。少年立志，科技强国！愿我们的这一代有责任与担当！让世界向我们看齐！

曹虓/文，四年级　指导老师：汪良英

小康在我心中

当我听见"全面小康"这个名词时，其实是不以为然的。我曾经在春晚听到电视里传来的"脱贫攻坚"，我曾经在教科书里看到过加粗的大号黑体字"全面小康，我们来了"，我曾经在大人们的对话里捕捉到过"全面建成小康社会"。但是当我现在重新审视时，脑海中浮现出的却是我的老家。

我还记得在小时候，我的老家和城市完全没可比性。不必说无人看管的公墓、水流一急就溃堤的大堤、遍地是垃圾的道路，也不必说摇摇欲坠的房子，在行人耳边不厌其烦"嗡嗡"绕圈的苍蝇和蚊子，单说村最重要的办事处——村委会办公楼，也不过是烂泥墙、瓦片顶、黄土地而已。

但是大概在两年半前，老家正式开始维修道路，从最初的黄泥路翻修成石子路，而后水泥等建筑材料一车一车地运进来。不久，由于建筑材料变多、石子路磨损，村里又将石子路翻修成了水泥路。今年暑假，水泥路也正式翻修成柏油路。于是老家运出去的粮油食品跟上了市场的步伐，卖出了好价钱，外界的家电等快递也迅速地送达。

由于石子路翻修成功，建筑材料的大批云集让村民们有了翻修房屋的愿望。从仅用黄土和少量大块石头混合成的烂泥墙，到钢筋和水泥混合而成的坚固水泥墙，从普通泥瓦片盖成的人字形屋顶，到用五颜六色的钢瓦铺成的屋顶，从黄泥石灰地坪到光滑亮丽的瓷砖地板，人们居住的环境变得清爽整洁。因为环境的优化和村民素质的提高，村民的生活质量和幸福感显著提升，这些无一不展示着老家的进步。

老家还陆续开办了众多的农家乐，在政府的帮助下，浮云岭被正式开发成了一个小有名气的旅游景点。去年，这座山还上报纸了呢！更重要的是浮云岭在让村民骄傲的同时，还给大家带来了一定的收入。

如今房舍排列错落有致的村落让全面小康在我眼里不再是镜花水月，而是更新换代的房屋，是日益完善的道路，是飘荡在乡村上空的笑声，这些都是全面小康的代名词。

作为新一代的中国梦接力者，我们肩负着实现全面小康的责任。《诗经》中曾说："民亦劳止，汔可小康。"意思是说，人民实在太劳苦，但求可以稍安康，由此可见，"小康"在很久之前就已经成了人民的愿望。没想到如今这个愿望在我们这一代人的手中实现了！

陈星宇/文，七年级　指导老师：陈子镒、文怡希

美好生活之我见

  国庆节期间，我与爸爸妈妈去参加舅舅的婚礼，顺道在17摄氏度的清凉的新安江畔度过了悠闲惬意的假期。

  建德新安江对于妈妈来说，不仅是个景点，更是生她养她的故土。妈妈在这里度过了她的童年，离开的时候跟我现在一样大。"这里以前叫白沙镇，但生活在这里的人们更喜欢称它为新安江，因为这里有中国第一座自己研发建造的水电站。""我小的时候，这里只有一条街，两端就是这座城的起点和终点。""哎呀，花园山公园到我家可远了。""白沙大桥太长了，我还数过上面的石狮子呢。""以前这里是轮渡，对岸什么都没有，只有农田和村庄，我偷偷跟小伙伴坐渡轮到江对岸，感觉经历了一场探险，但回家就被外婆揍了。"……每次来到这里妈妈总会变得滔滔不绝起来，把我带进她记忆中的新安江畔。

  我在脑海里努力还原妈妈口中的这座小城，可还是失败了。因为汽车还行驶在高速上的时候，便远远地看到这座小城的繁华。高楼耸立，城市的灯光铺洒在新安江的两岸，宛如一条玉带龙蜿蜒而上，一眼望不到头。哪里像妈妈说的有起点有终点呢？我们随着车流穿过白沙大桥，这座石桥根本不像妈妈口中说的"太长了"，都还不及钱塘江大桥的三分之一。不过它是这个小城里年龄最大的建筑了，也是当时人们过江的唯一道路。桥栏上一共有一百零八只石狮子，每只石狮子都神采各异、活灵活现，在繁华城市风光的衬托下，庄严而肃穆地守卫着这座城。江面上，我也没有看见妈妈口中的"轮渡"。取而代之的是另一座色彩斑斓的"新安江大桥",横跨在江面上。这两座跨江大桥代表着"过去"和"现在",很像一个不苟一笑的爷爷和一个俏皮爱美的孙女,一起见证着这座小城的发展和传承。

在阳光充沛的午后,我们一家人坐着龙舟游新安江,逆流而上,想去看看外公外婆当年工作过的新安江水电站。一路微风迎面,泛舟在清凉的江水中,好不惬意。江水是绿的,临江步道旁的树也是绿的,步道远处的群山也是绿的,淡绿、深绿、墨绿,层层叠叠。眼前的景色和《绿》的意境太相符了,我不由背诵起来。

这就是这座城市的美妙之处,在经济发展的同时,依旧秉持着习近平爷爷的"绿水青山就是金山银山"。物质上小康了,精神上也要小康。人们在这座小城里努力创造财富,悠闲享受生活。

罗歆越/文,五年级

走出家门看小康

俗话说：中华大地起苍黄，举国人民奔小康。改革成功迎发展，民生至上好风光。小康社会到底是一个什么样的社会呢？带着疑问，我走出了家门。

来到街上，那一座座高楼大厦鳞次栉比，形态各异，直插云霄。那一块块闪耀光芒的玻璃，在阳光的照射下，显得每座大楼都熠熠生辉。一条条高速公路笔直宽敞，车辆川流不息。各种高大的大桥密如蛛网，四通八达，在公路的两旁风景如画。看那鲜艳的花圃、绿色的草坪，真令人赏心悦目。商店里的商品可以用"琳琅满目"这个词来形容，人们的脸上都洋溢着笑容。

龙似的高铁速度之快，犹如豹子，身体笔直，犹如一只长颈鹿的脖子，真有趣。有些外国人来中国交流学习工作等都会乘坐最方便的地铁。

回到家，我问奶奶："奶奶，您那个时代是怎样的呀？"奶奶叹了口气说："唉，我那时候生活十分艰辛，吃了上顿没下顿，房子都是泥巴砌成的墙，屋子里黑漆漆的，一到冬天，刮风下雨，家里到处透风漏雨。我那时上学，因为没有汽车，也没有高铁，只能徒步。下雨天路更难走了，一不小心就会摔倒。"如今，人们的生活是多么幸福啊！在中国共产党的领导下，中国人民已经实现了全面小康，中国的经济、文化、科技等方面的力量都有了突飞猛进的增长。

杨思航/文，四年级

"浙"就是小康

　　清晨，小鸟在枝头歌唱，花儿在朝我微笑。我背着书包，沐浴着和风，踏着欢快的脚步走向美丽的校园。校园里有和蔼可亲的老师，还有幸福的我们！

　　我出生在2010年，一出生我便处在这样一个五彩缤纷的世界里，一直以来，我总以为世界本来就是这么美好的。直到前几天，2020年10月1日，中秋又逢国庆。在这样一个举国欢庆、全家团圆之日，吃着大餐，赏着明月，爷爷感叹道："这真是小康生活啊！""啥？小康生活？我们不是每天都这样过的嘛？"我反问道。

　　爷爷说："我们那个年代，过着连饭都吃不饱的日子，看着村里共有的那台老式电视里播放那些城市的生活，我羡慕极了，我觉得那简直是世外桃源……"

　　爸爸用手朝阳台外一指："老爸，您就别再忆苦啦！你们梦寐以求的小康生活现在不都实现了嘛！从世界看，中国越来越富强。从中国看，城市越来越富强。从城市看，人民越来越富强。你看，我们的浙江是如此的美丽，一座座高楼大厦鳞次栉比，直插云霄。高速公路笔直宽敞，汽车川流不息，立交桥密如蛛网，四通八达。商店里商品琳琅满目，人们脸上都洋溢着幸福而满意的笑容。尤其是医学科技也日益发达，人类攻克了不少疑难杂症！"

　　爷爷说："对！对！'浙'就是小康！"

蔡梓涵/文，五年级　　指导老师：裴肃奋

我和吉祥物的故事

"妈妈，妈妈，我有一个愿望。"

"宝贝，你有什么愿望呢？"

"我想邀请北京冬奥会的吉祥物——冰墩墩和冬残奥会的吉祥物——雪容融陪我一起过六一儿童节。"

"好啊，那我们现在就开始行动吧！"

六一节那天，冰墩墩和雪容融如约而至。我们时而嬉戏，时而歌唱，时而围坐在一起边吃零食边看电影。我们好幸福啊！

"轰隆隆，轰隆隆！"电视机里传来震耳欲聋的枪炮声。我们屏住呼吸，目不转睛地盯着电视机看镜头：在国民党军队接连不断的炮火声中，中国工农红军开启了两万五千里长征的艰巨任务。瞧，在毛主席的带领下，他们爬雪山、过草地、渡险江；他们渴了吞食地上的雪，饿了吃路边的野草，实在没东西吃了只好啃树皮来填肚子；他们抛头颅洒热血誓死杀出国民党军队的重围，那是何等的壮烈啊！一幕幕惊心动魄的画面，一个个斗志激昂的背影，怎能不让我们热血沸腾起来呢！

冰墩墩激动得满头大汗，他脱下了冰晶头盔，瞬间露出一张可爱的小脸。雪容融亢奋极了，他红彤彤的灯笼脸，酷似一个燃烧的小火球。我情不自禁地回想起白天在南湖革命纪念馆参观时的情景：我一脸自豪地充当起冰墩墩和雪容融的向导，走在南湖边的绿荫道上，心旷神怡。那里有红船，它承载着中国共产党历史上的重要事件——中国共产党第一次全国代表大会在此顺利召开。中国共产党的正式成立，犹如一轮红日在东方冉冉升起，照亮了中国革命的前程。如今中国共产党正带领着全国人民，实现中华民族伟大复兴的中国梦呢。我滔滔不绝地讲述着家乡的革命历史文化，冰墩墩和雪容融听得兴趣盎然！

"终于会师了！"我被慷慨激昂的喊叫声拉回到现实中。"我们胜利了！"冰墩墩和雪容融激动地异口同声道。我被眼前震撼人心的画面深深触动，左手牵起冰墩墩，右手牵起雪容融，三个人不约而同地肃然起身，行少先队队礼。虽然稚嫩，但却庄重。

夜幕降临，快乐的时光总是那么短暂，离别总是会到来。临行前，冰墩墩捡起掉落一地的零食并放回橱柜。雪容融奶声奶气地叮嘱道："我们是祖国的未来，一定要珍惜现在的美好生活，努力学习科学文化知识，增强全面建设小康社会的主人翁意识和责任感，为祖国做出自己应有的贡献，才不辜负革命先烈的付出。"我用力地点点头，恋恋不舍地看着他们俩驾驶着飞船离去。

沈朱宥成/文，四年级

凉亭下话小康

爷爷退休后在老家门前建了个漂亮的院子。国庆长假，坐在院子的凉亭下，周围青石黛瓦、花团锦簇、鸟语花香，在一派古色古香的风景中读书，别有一番韵味，景那么美，空气那么甜，书那么香。

爸爸看到书的封面，惊讶地问我什么是小康。我轻轻合上妈妈刚包好书皮的宝贝，郑重其事地告诉爸爸："小康，就是不再贫苦，过得幸福！""哈哈，不错哟，我的孙子都理解小康了！"爷爷端着一盆新鲜上市的橘子，笑眯眯地坐了过来。

我拉过椅子，靠到爷爷身边，好奇地问："爷爷，您小的时候也是小康吗？"爷爷笑着摇摇头，回忆起他的故事。爷爷通过自己的努力考上了师范学校，可那时家里很苦，爷爷是家里唯一上学的幸运儿，他穿的衣服都是哥哥们穿过的，而且补丁上打补丁。学校离家很远，要翻山越岭，为了省一角钱的车费，还要多走七八个小时的路。每个月回来一次，爷爷吃的只有一小罐"状元菜"。"就是我最爱吃的霉干菜扣肉吗？"我好奇地问。"哈哈，是的，不过那时爷爷吃的可没有一点肉，连油也少得可怜。"

爸爸递给爷爷一个刚剥好的大橘子，我也赶紧拿起一个剥了起来，并问爸爸："爸爸，您小时候小康了吗？"爸爸骄傲地告诉我他从小就过上了小康生活。爷爷和奶奶省吃俭用，努力工作，将经常漏水的泥房改造成了砖瓦房，家里买了冰箱、彩电、洗衣机。而且每年过年都有新衣服。不过，并不是所有人都能这么幸福，他的同学里也还有天天吃没肉的"状元菜",甚至交不起学费而放弃学习的。

我把剥好的橘子送到爸爸手上问道:"读书原来这么贵!我的学费要多少钱?"爸爸告诉我学费不用钱,连课本费也不需要。第一次知道这惊天的"秘密",我不禁难受起来。我们学校那么多老师,他们这么辛苦,也一分钱都没有吗?爷爷大笑起来,告诉我是国家帮我付了学费,也给了老师们很好的待遇。爷爷也是老师,现在退休了,收入却一点都没少。

凉亭下,秋高气爽,祖孙三代欢声笑语不断。读完《全面小康,我们来了》,心潮澎湃。苦尽一定会甘来,努力的人们一定会过上幸福的生活。

陈天右/文,三年级　指导老师:李美萍

我爱你，祖国

　　祖国在每个人的心目中究竟是怎样的呢？我作为一个普通人又应该怎样去热爱我的祖国呢？带着这个问题，我开始了我的寻找之路。

　　我回家问我那古稀之年的太太。太太朴素地告诉我，她年轻的时候，去上海做保姆，日本人打进来了，烧杀抢掠，无恶不作，害怕得要命。她只好躲到租界里，但还是不安全，后来又逃回了自己农村老家，以为可以过安稳的日子。可是日本人很快就打过来了，于是村长就带着他们躲到山上，只能眼睁睁地看着日本人抢走了他们的庄稼，烧了他们的房子，这样来来回回很多次。日本人走了之后，又来了国民党的兵匪，和日本人一样凶恶，一天安生的日子都没有。直到中华人民共和国成立，终于可以过安稳的日子了，是国家给了他们安定的生活，给了他们真正的安全啊。听了太太的话我才明白，祖国在她的心目中，是老百姓安全的保障，是值得好好珍惜的。

　　然后我又去问爷爷。爷爷颇有些得意地说，他年轻的时候，中华人民共和国刚刚成立不久，一切百废待兴，虽然生活还很艰苦，可是每天都有使不完的劲，因为充满了对美好生活的向往。那时的他，带着扁担、锄头，凭着一身的力气，和他的小伙伴一起，响应国家的号召，到处参与国家的建设，这里铺路，那里修桥，从近处的安华水库、东白湖水库，一直到远方的新安江水库。有了这些水利工程，农田才会丰收，日子也就渐渐好了起来。这一切，是国家带给了他们建设的信念和动力，让他们用自己的双手创造了美好的生活。

后来我又带着这个问题去问我爸爸。爸爸坚定自信地说，他小的时候，国家还很落后，和西方国家的差距很大，所以一部分人羡慕西方的生活，投入了他们的怀抱。而其他人都跟着国家努力奋斗，一步一步发展，在每一个岗位上都兢兢业业，贡献着自己的力量。那时大家都知道，发展是硬道理。所以过了这么几十年，强大的国家已经屹立在了世界的东方。所以在爸爸的心中，祖国是带领大家发展的导航员，要跟着它的步伐，一步一步前进。

　　当我每天戴着红领巾迎着朝阳走进美丽而整洁的校园的时候，当我坐在电视机前看着那威武而雄壮的人民军队走过天安门的时候，我的心中充满了自豪。习爷爷说，谁也无法阻止中华民族伟大的复兴。听到这句话的时候我想到了陈汤"明犯强汉者，虽远必诛"的豪言，想到了于谦"粉骨碎身浑不怕"的毅力，中华民族的先烈们前赴后继、奋不顾身的事迹无一不在激励着现在的我。我不禁默默地告诉自己，一定要好好学习，锻炼出自己的能力，为国家伟大的复兴之路添砖加瓦，贡献自己的力量。

殷秦楚/文，六年级　指导老师：陆芳

盎然的绿色　幸福的底色

"东南形胜，三吴都会，钱塘自古繁华……"翻开浙江如诗画卷，紧随钱塘江奋进的步伐，"浙里"的山与海、平与川，有着绰约的身姿，有着引航的担当，"浙里"的城镇与乡村、小康与生活，流淌着闪亮的盎然绿色，洋溢着满眼的幸福底色。

在钱塘江南源头衢州开化，你可以远眺层峦叠嶂、谷狭陡坡，也可以近观呵护参天古木、潺潺溪流。沿着钱江源森林公园，登台而上，踏石而行，处处可感受到开化人的"良苦用心"。这里的"百姓云梯"、长卧公园中，你可沿石台寻姓氏，迈步百级而不觉得艰辛。在齐溪镇，原先村民沿袭着在溪边浣洗的习俗，生活污水流入河渠。当地政府治污从"细节"着手，全面推行"洗衣板革命"，兑现了"一江清水送下游"的承诺。正是开化一路向"绿"行，让浙西这个欠发达的山区变成了"溪水晶莹鱼米足，明珠遍闪马金河"的全国"幸福百县"，实现了"绿富美"的蜕变。

在钱塘江南北水源交汇处建德，这里有千年奇景——灵栖洞天、七里扬帆——富春江；这里有严陵问古、胥江野渡，可以说是"一折青山一扇屏，一湾清水一条琴"，是名副其实的"天下佳山水"；这里保留着八百余年自然淳朴的新叶古村，还有全国航空小镇，华东地区首家高空跳伞、赛车公园。今天，你来建德将会体验到，一是烟蒂换食品、银行垃圾分类优惠贷活动，一是浙江首届"爱在17"脱单生活节暨省级婚俗改革试点活动。快乐单身、甜蜜新人可在建德一年中体验到"春、夏、秋、冬"四条不同爱之旅,真可谓幸福满满!

在钱塘江入海口,当然就是天堂杭州了。这里有闻名遐迩"淡妆浓抹总相宜"的西湖,有"钱塘一望浪波连,顷刻狂澜横眼前"的钱江潮,有世界遗产名录"遗梦虞朝续华章"的良渚遗址,还有"卢锥几顷界为田,一曲溪流一曲烟"的西溪湿地,真可谓老旧相伴而弥新。而如今,杭州已从西湖时代走向钱江时代,从"跨江发展"迈向"拥江发展",连续十四年荣获"中国最具幸福感城市"。G20峰会后,杭州又斩获"数字经济第一城"等诸多荣誉,如今在补齐短板中向全面建成更高目标的小康而阔步前进。

钱塘江曲折而奔腾的水,让幸福自信的花朵开满了流淌的每一个角落。此时浙江正以"干在实处、走在前列、勇立潮头"的浙江精神,在十一个地级市全部获得全国文明城市的基础上,朝着富民、惠民、安民的高水平全面小康"标杆"起航,坚决扛起新时代建设"重要窗口"的使命与担当!

正是:潮涌钱江千帆竞,全面小康万马奔!

徐睿泽/文,九年级

感悟小康生活

今天，我读了《全面小康，我们来了》这本书。通过阅读，我认识了全面小康社会，了解了中国人民在党和政府的领导下，通过艰苦奋斗，走上脱贫致富之路。科技的创新和发展，不断地改变着我们生活的方方面面。

在以习近平同志为核心的党中央的领导下，全面小康已展现在我们面前。尤其是浙江人民用自己的行动，大胆创新，书写出独属于浙江的新篇章。为什么浙江能有如此迅猛的发展呢？全国有这么多省份，难道是浙江人特别聪慧吗？不是的，他们是用勤劳的汗水，积极主动探索，才有今天的发展。比如淳安县的下姜村，这里过去可是交通不便、人才和资源都十分匮乏的地方，是个名副其实的"贫困村"。但是，下姜村作为扶贫的重点地，政府先后送去科技和人才，又将修路的事抓好，再进行多村联动，让大家互相借力，几年之间，下姜村已从原来的贫困村摇身变成"绿富美"之村。

而在几年前，我老家边上的河道里到处都是漂浮着的生活垃圾，河水浑浊，不时散发出强烈而刺鼻的臭味。最近几年，有了习爷爷说的"绿水青山就是金山银山"，党和政府将"五水共治"作为全面深化改革的重要内容，扭转了"江南水乡为水愁"的局面。如今我们身边有宽宽窄窄的河道，两岸绿树成荫，枝繁叶茂的垂柳倒映在水中，时而可以看到小鱼在悠闲地游来游去。这些改变是党和人民共同努力，砥砺前行，一步一个脚印创造出来的。

读了这本书我才知道什么是小康生活。我们从一开始的人力劳动到用简单的机械进行操作，再到信息化时代，直到现在的智能快捷化生活，都离不开科技的创新和改变。新时代属于我们每一个人，每一个人都是新时代的奋斗者、开创者、建设者。

"自古英雄出少年。"少年的力量，从来都不容小觑。让我们从自己做起，从小事做起，珍惜时光，练好本领，勇于创新，做一个全面发展的新时代好少年，为祖国建设添砖加瓦！

蔡翱泽/文，四年级

伟大的祖国，美丽的常山

我有一个伟大的祖国，那就是中国，它有着壮丽的山河、富饶的物产，还有勤劳善良的人民。我们的国旗是五星红旗，旗上的五颗五角星及其相互关系象征着共产党领导下的革命人民大团结。

2020年，一场突如其来的新冠肺炎疫情席卷而来，随后在全国各地迅速蔓延，给全国人民带来了巨大的灾难，人们都陷入了困扰之中。八十四岁的钟南山和七十三岁的李兰娟等科学家亲临一线，带领医护人员医治病人。在中国共产党的坚强领导下，在钟南山等一批科学家的指导下，全国人民团结一心，众志成城，掀起了抗击疫情的浪潮。中国有句谚语：人心齐，泰山移。只要全国人民上下一心、齐心协力，我们一定能战胜疫情。在此，我们要特别感谢钟南山、李兰娟等科学家，他们冒着生命的危险、不顾个人的安危，毅然亲赴灾情最严重的地方——湖北武汉，与那些"白衣天使"一道奋战在一线，他们是我们全国人民的榜样和骄傲。

我的家乡坐落在美丽的常山江畔，是浙西大地的一颗璀璨明珠。因大多是丘陵且人口稀少，经济发展水平不是很高，但我们有着得天独厚的生态环境优势，山清水秀、蓝天白云，还有着热情、淳朴、善良的人民。城市让生活更美好，农村让生活更惬意。家乡虽小，但我感到常山人民的热情、善良。我爱我可爱的家乡——常山！

邹羽歆/文，三年级　指导老师：郑黎莉

我自豪我是中国人

有一天，我和爸爸妈妈去看电影《我和我的祖国》。看到电影里面七个感人的故事，我竟然流泪了。我问妈妈："妈妈，妈妈，我没有伤心，只是很激动。"妈妈比我流的眼泪还多，一边擦眼泪，一边小声地跟我说："这是自豪的眼泪，人一旦感动到极点的时候就会流眼泪。"

妈妈的声音虽然很小，但是她说的话一直在我脑子里转悠。"感动到极点的时候就会流眼泪"，我回味了一下电影里的故事，可不是吗？国内从未有过的电动升旗，在开国大典前夜最后十四个小时，工作人员克服重重困难，老百姓踊跃捐献材料，中华人民共和国的第一面五星红旗冉冉升起的那一刻，想想都激动！香港回归，五星红旗一秒不差地升起，怎么能不激动！和我差不多年纪的冬冬，高举天线，让大家看到女排最后胜利的一刻，街坊邻居的欢呼声，听得我都想放声欢呼！还有纪念抗战胜利七十周年阅兵，女飞行员吕潇然刻苦训练，事事争先，处处要强，等来的阅兵机会竟然是做备飞，但是她服从指挥，身为队长却把荣誉留给了队员，真的很帅气！这让我回想起2019年10月1日国庆节的阅兵式，我在电视机前全神贯注地看了几个小时。爸爸妈妈破天荒没有说我，还陪我一起看完整个阅兵式，全家人都无比激动。

通过电视，我看到军人们的步伐整齐划一，像机器人一样，动作精准，他们的表情慷慨激昂。先进的武器装备，让我看了十分震撼。爸爸曾经是一位空军战士，他跟我和妈妈说："想当初中国只有'小米加步枪'，现在经过科研人员的努力，我们国家的武器让其他国家都望而生畏！虽然现在是和平年代，军人很少因为打仗流血牺牲，但是在军事科研这个岗位上，有很多军人和科学家舍小家，为大家，甚至还流血牺牲！"是哦！《我和我的祖国》电影里讲到，中国第一颗原子弹研发工程中，科研人员和解放军官兵三年都没有与家人联系。技术员高远不顾个人生命安全，冲进反应炉，受到致命剂量的核辐射，徒手关闭发生泄漏的反应炉，解除了危机，为国家挽回了巨大的损失。

　　一个个故事都打动着我的心，一幕幕画面都震撼着我的心！我们的祖国用自己的方式，向全世界诠释我们的实力。我自豪我是中国人！

梁宸毓/文，三年级

南湖畔　小康情

小时候，爷爷奶奶在我耳边唠叨，以前的生活是多么艰苦，缺衣少食，物资奇缺，告诫我们要珍惜现在的生活，绝不能浪费，我听得迷迷糊糊。

后来，爸爸妈妈告诉我，我们成长在南湖畔，红船边，人们生活日益富足，衣食无忧，叮嘱我们要感恩祖国，感谢新生活，我还是懵懵懂懂。

今天，老师告诉我，我们已经全面建成小康社会，人们的满足感和获得感越来越高，你们要继往开来，努力学习，创造更加美好的未来。我慢慢开始理解了，美好的小康生活来之不易。

走上马路，高楼大厦直耸云天，宽阔的马路车水马龙，熙熙攘攘的行人井然有序，那是我们生活的地方，这不就是小康社会最好的写照吗？

走进公园，空气清新，绿树成荫，孩童们欢乐地嬉戏，老人们悠然地跳舞，还有那来来往往络绎不绝的锻炼者们，放下一天的忙碌，开始快乐而悠闲地自由生活，这不就是小康生活最好的写照吗？

走入校园，朗朗的读书声此起彼伏，小朋友们手捧着课本孜孜不倦，欢乐的笑声响彻学堂，人人都怀揣着拳拳报国之心而努力学习，人人都谨守着为中华之复兴而努力学习的铮铮誓言，这不就是小康生活最好的写照吗？

走近工厂，科技已经成了第一生产力。宏伟瑰丽的现代化创造数不胜数，无数的工人正用他们的智慧和汗水，勤勤恳恳、任劳任怨地书写着新社会伟大创造的奇迹，这不就是小康生活最好的写照吗？

走进家庭，我们每一个南湖畔的小家庭，都是展现新时代中国特色社会主义优越性的一个小窗口，承载着全面建成小康社会的喜悦，老有所依，少有所养，这不就是美丽的小康生活最好的写照吗？

作为生活在南湖畔的小学生，让我们努力学习，孜孜不倦，为将来能够成为国之栋梁而努力奋斗吧！

鲍亦可/文，四年级　指导老师：陆真传

圆月依旧照中国

  2020年10月1日，是少有的"家国团圆"的日子。国庆和中秋撞在了同一天，闹了个举国欢庆、阖家欢乐。

  今夜的晚风很醉人，吹得我有几分微醺。圆月的光芒柔柔地映照进了我心底，星星也安分守己地躺在湖中安眠。电视里正播着国庆晚会的盛况，一切都是恰到好处的美好！

  "爱国"这两个字，我早已烂熟于心。还记得刚上小学一年级时，老师就在黑板上一笔一画郑重地写下这两个字，并要求我们认真地记住它。当时，对这个词，我还有些懵懂。但父亲告诫我，无论在什么情况下，都不能忘记"爱国"这两个字是如何书写的。他说，国人的爱国不是挂在口头上的，而是应该满怀深情、恭恭敬敬地刻进心底，融入血液里。

  当时我年纪尚小，不明所以，却也被这热血沸腾的话语给感染了。此后年岁渐长，开始读一些讲述古今历史的书籍，常常被那些英雄赤诚的爱国之心打动。

  南宋抗元英雄文天祥，兵败被俘，拒绝了元世祖忽必烈亲许的丞相之职，且斩钉截铁地说："唯有以死报国，我一无所求。"革命家陈天华在听闻清政府又要签署丧权辱国的条约时，咬破自己手指，写了几十张救国血书，终因流血过多而晕倒，可嘴里仍高喊："救国，救国！"为保卫东北，在弹尽粮绝的情况下，杨靖宇坚持爱国信念，身先士卒地血战于白山黑水之间，直至战斗到最后只剩他孤身一人依旧不屈不挠，与敌军搏杀数个昼夜后英勇牺牲……

当下，全球新冠疫情肆虐，我华夏大地正积极"抗疫"，其中涌现出大量可歌可泣的感人故事和英雄人物：八十四岁高龄的钟南山院士，听闻武汉疫情暴发，即刻告诫人们暂时不要去武汉，而他自己却毅然决然地乘上火车赶往"重灾区"；七十三岁的李兰娟院士，当得知武汉疫情严重，便马不停蹄地带领团队奔赴武汉，连续奋战几日几夜，走出重症监护室后，脱下厚重的防护服，取下护目镜，摘下口罩，才被人认出，人们看到的是她脸上那几道深深的压痕。之后，成千上万的医务人员主动请战要求去往疫情的最前线，他们的白大褂上写着"武汉加油"，人们赞颂他们是"最美逆行者"！

这些英雄，用脊梁撑起了破败的山河，用肩膀顶住了祖国的蓝天，用鲜血灌溉了祖国的希望，用生命换来了祖国的新生。他们誓与国共进退，共存亡！正因为有了他们用一生诠释着"爱国"二字，才有了今天繁荣昌盛的中国！正因为有了他们舍己为人的崇高精神，才有了生生不息的中华文明！

诸葛雨昕/文，八年级　指导老师：王健

幸福的味道

窗外，银装素裹，天寒地冻。屋内，火锅欢腾，"咕嘟咕嘟"唱个不停，圆桌虽大却放不下品种繁多的鱼肉海鲜。一家人你捞一下我夹一下，正有说有笑地聚餐，为我庆祝十二岁生日。

"丁零零……"突然，妈妈的手机微信铃声响了。

"儿子，快，爷爷奶奶跟你视频聊天啦！"妈妈连声催促，我连忙跑过去。

"孙子嘞，祝你生日快乐！哇，晚饭这么丰盛啊！"一阵寒暄后，爷爷语重心长地说，"你太幸福啦！你一定要珍惜幸福生活，好好学习，将来报效祖国啊！"

挂断视频电话，我的心情久久难以平静……

回想起电影《八佰》中，那中华民族抵抗外来侵略肉搏之战的画面，我们这代人的生活是何其幸福！我们生来就沐浴着阳光，呼吸着令人心旷神怡的空气，徜徉在蓝天白云下，内心无比安宁。这，就是幸福的味道。这，就是"小康社会"的味道。

小康社会，曾经是全国人民最熟悉却又最陌生的字眼，熟悉到人人都视其为美好的理想、奋斗的目标、生活的追求，陌生到没人知道那是怎样的景象，什么滋味，什么时候会到来。而如今，小康社会，伴随着时代强音，真的来了。

曾经，人们割稻谷要跑去几十里外的梯田。然而，因为家里兄弟姐妹多，种植水平差，一家人再怎么起早贪黑地辛苦劳作，粮食依旧不足，只能喝粥充饥，或配些红薯等杂粮。而如今，割稻是城里的学校为学生们精心安排的实践体验活动，吃红薯是因为粗粮养身，一年四季可以吃火锅，各种食材应有尽有。曾经，传递信息靠书信，兜兜转转得好几个月才能到达，后来有了BP机、电话机、大哥大手机。而如今，有了智能手机，远在山东的爷爷奶奶可以在几秒钟内与在绍兴的我面对面聊天，我可以看清他们脸上的丝丝皱纹，感受他们的一颦一笑。曾经，人们身上粗布麻衣，或者"新老大、旧老二、缝缝补补给老三"。而如今，款式新颖、时尚靓丽、轻便舒适的锦衣绣袄样样都有。曾经，人们住的是用黄泥巴砌成墙的茅草屋，常常"屋外下大雨，屋内下小雨"，漫天的风沙尘土封杀了人们出行的脚步。而如今，高楼耸立，窗明几净，霓虹闪烁，大街小巷熙熙攘攘的人群，尽情地享受城市的繁华，守护这片繁华的还有那四通八达的立交桥、川流不息的小轿车、人山人海的大商场……

今非昔比，是这个伟大的时代由衷的感叹。小康社会，已大踏步到来。作为新时代的少先队员，我们已接过新一代的接力棒，唯有努力学习，奋力奔跑，才能不负这个伟大的时代。

胡沛祺/文，六年级　指导老师：丁帅英

还绿水，筑青山

湖水碧波荡漾，鱼儿无忧无虑地在水中嬉戏，天空一碧千里，一群群大雁舞动着迁徙的翅膀，挥手与我告别。不远处山林里的松树郁郁葱葱，山间竹林更是四季常青，山外绿水又青山，山里溪流又山泉……山村的新颜令我心旷神怡，同时也不禁让我想起爸爸讲述的几年前发生在村里的一些事。

十年前，我们浦西村史家岙是个名副其实的山坳坳，这里原有的一座水库因长年失修，大坝渗漏严重，水库蓄水无法满足农作物灌溉及村民饮用。村里通往林场的唯一一条路全是黄泥铺成，一到下雨天在山林劳作的村民便叫苦连天，即使踮着脚小心翼翼地走着，回到家一身"黄金泥甲"依然少不了。更为可怕的是，在我三岁那一年，一场因人类不文明行为引发的大火把村里原本并不美观的山头烧成了"三毛"样，那场大火一连猛烧了小半夜，所剩无几的松柏被它吞噬得一干二净。山间尘土飞扬，浑浊的空气赶走了小鸟，热浪蒸发了山泉，大火撒泼的结果：我们村瞬间成了人间地狱。

渐渐地，大火被扑灭了，但那可怕的一幕却深深地刻在了村民的心头。针对以上情况，六横镇政府从实际出发着手建设我们村，三年前开始实施修建加固水库工程，说来也凑巧，那个加固工程的项目部就设在我家西院的小平房里，由此我目睹了修水库的工程师伯伯及工人叔叔们无数个日日夜夜的工作。现在，崭新的水库枢纽工程由大坝、溢洪道、输水隧道等组成，蓄水再也不成问题，村民中有经济头脑的还利用清水资源建起了"甘霖"纯净水厂，净水换来了财富，也成就了他们的小康生活。再看那秃头的山林，几年前镇政府带领村民们种植的美国松已满山翠绿，荒芜变成了绿色，饱满填充了空无，生机代替了颓废……

如今我们漫步林间，牛蛙欢叫，布谷高啼，树木遮天蔽日，四处可见的野花散发出特有的清香。爸爸的枇杷林、桃林、梨园更是在这几年大获丰收。

未来，这里将会是怎么样的呢？未来这座小村庄应更加葱郁、发达而不失自然，成为"自然、机器、人类"和谐相处的家园。

"绿水青山就是金山银山"，习爷爷的话我们铭记于心。"树林阴翳，鸣声上下"，保护美好家园，成就了我们的全面小康生活。村民们在政府的领导下多年的努力未白费，最终抱得绿水青山归。

刘扬皓/文，四年级　指导老师：张燕

雄起吧，我的祖国

一本薄薄的红书，诉说中华人民共和国七十年风雨兼程、砥砺奋进的发展史。读着它——《我爱您，祖国》，我仿佛看到了新中国一步一个脚印扎实前进的身影，我仿佛看到了祖国一步步雄于地球的辉煌史。我不禁为自己身为一个中华人民共和国的公民而感到骄傲！

我无比庆幸，自己出生在一个伟大的时代。国家国力的日益强盛、科技的高速发展，让我们享受着美好的一切："一带一路"绘就发展新蓝图、航天科技助力飞天探月、高铁网络纵横交错、人工智能方兴未艾……一项又一项令世界瞩目的奇迹让我们的生活惬意无比。

上学期，我和好友一起参加省里的少儿讲故事比赛，比赛地点在浙江桐庐县。妈妈查了百度地图，发现从瑞安出发到那里居然有三百九十八千米，开车要近六个小时。看到这些数据，我们的心都凉了半截，这么远的路程，对于不会坐车的我们来说，这可怎么办呀？见我们愁眉不展，妈妈灵机一动，她激动地说："我怎么没想到呢？我们可以坐高铁去呀，高铁可舒服了。"

说干就干，她立马抖擞精神开始上网搜寻去桐庐的高铁。因为瑞安没有直达桐庐的高铁，所以我们的最佳出行方案是从瑞安出发，先到杭州，再转桐庐。经过再三比较，最终妈妈为我们订购了瑞安到杭州用时最短的高铁，居然两个半小时都不到。到了出行那天，我们兴奋地来到瑞安车站，坐上开往杭州的高铁。无聊的我在位置上东张西望着，突然，我像发现新大陆一样兴奋地喊起来："你们看，这不就是

'复兴号'吗?""什么'复兴号'?"妈妈莫名其妙地回答。"就是《少年客户端》里讲到的'复兴号'啊,是目前世界上跑得最快的火车,它的最快速度能达到每小时五百千米,最慢也有每小时二百千米呢。"我滔滔不绝地介绍着。

妈妈将信将疑地观察了高铁,果然,在车厢里的时速显示器上,"复兴号"的速度飙到了每小时四百多千米。"哇,太快了吧,难怪到杭州只要两个半小时不到呢。"妈妈啧啧赞叹道。"还有呢,听说'复兴号'的座椅下方还有充电的插座,可以免费给手机等电子设备充电,另外还有免费的Wi-Fi可以上网……"我继续现学现卖着,心里无比地骄傲自豪,这一切可全是我们中国人自己创造的呀!我们的新中国,它就像是一条腾飞的巨龙,不容忽视。

时光飞逝,历经七十年的曲折前行与开拓创新后,中华人民共和国昂首迈入一个新时代。新时代有新气象,新时代有新作为,全面建设社会主义现代化强国的新征程已经开启,中华民族的伟大复兴路在前方,"逢山开路,遇水架桥",让我们齐心协力,创造更多的"中国奇迹",让中国真正雄于地球!

赵若兮/文,六年级　指导老师:林小君

美好生活　你我共创

　　小康，主要从政治、经济、文化、社会、生态等各个方面，满足城乡的发展需要，而国家也在建设小康社会的发展能力的要求中，提出了六个"更加"："经济更加发展""民主更加健全""科教更加进步""文化更加繁重""社会更加和谐""人民生活更加殷实"。

　　1984年3月25日，邓小平在会见日本首相时说过："翻两番，国民生产总值人均达到八百美元，就是到本世纪末在中国建立一个小康社会。这个小康社会，叫中国式的现代化。翻两番、小康社会、中国式的现代化，这些都是我们的新概念。"这个新概念的提出，为我国的现代化建设提出了一个明确的奋斗目标，我们能为此顾小家而为大家，为中国而努力！

　　近年来，中国小康网市场拓展能力和综合竞争力不断提高，向网站服务、互联网广告服务、新媒体平台等许多项目开展了工作，一直走在世界新时代前沿。不仅如此，中国小康网重视团队文化建设，坚持人才队伍的培养，重视精神文化建设，形成了一个和谐而又高效的工作氛围和生态良好的文明发展道路。

　　那怎样才能做到小康生活呢？我们可以从以下几点去努力：一是认真学习党的十八大、十九大会议精神，充分了解全面建设小康社会的目标，社会主义民主更加完善，社会主义法制更加完备，依法治国基本方略得到全面落实，努力做到更好。二是坚持共产党的领导，努力学习党的各项方针政策，积极拥护社会主义制度，进一步提高个人的思想素质和政治素质。三是不忘初心，牢记使命，砥砺前行，在我们每个人平凡的岗位和学业上，认真做好自己的本职工作，严格要求自己，时刻不松懈。四是继续保持艰苦奋斗的传统，做到虚心、谨慎、不骄不躁的精神作风，艰苦奋斗是我们中华民族的传统美德，也是我们党的优良品质。五是积极参加以小康为主题的特色社会实践活动，除了自己的本职工作，我们也可以留一些空余时间来深入社会，参加一些有意义的活动，比如扶贫，给予他们精神上的温暖和物质上的帮助，让我们一起为小康、为中国贡献出自己的一点力量吧！

小康生活，你我共创，为建设富强、民主、文明、和谐的美丽祖国贡献自己的微薄之力，为自己，也为国家，让我们一起共圆中国梦！

沈晨露/文，七年级　指导老师：俞亚琴

传承中华美德，做勤劳好少年

大河泱泱，大潮滂滂，今我中华，屹立东方。中华文明传承五千年，勤劳一直是中华民族的传统美德，在全面建成小康社会的今天，作为新时代少年的我们也要为小康社会添砖加瓦，勤劳奋进，培养美德。

美丽的浙江大地民风开放，人民勤劳智慧。中华人民共和国成立以来，浙江人民用自己的勤劳和智慧过上了富足的生活。2015年，浙江交上了一份漂亮的扶贫成绩单，在全国率先消灭家庭人均年收入四千六百元以下的贫困现象，成为全国第一个完成脱贫攻坚任务的省份，我为家乡感到自豪。改革开放以来，慈溪人敢为天下先，勇于闯新路，在这片绿水青山的富饶土地上开出了梦想的花朵，成为杭州湾畔一道亮丽的风景线，我为家乡感到自豪。生活在浙江，我时时刻刻都能感受到浙江人勤劳的美德，我也要将这种美德传承下去。魏晋诗人陶渊明所作的诗写道："种豆南山下，草盛豆苗稀……衣沾不足惜，但使愿无违。"古人日出而作日落而息才能获得好收成，如今的我们虽然不用如此辛劳，但这种精神却是值得我们传承的，也只有不断地发扬这种精神，才能在祖国建设中贡献自己的力量，才能让小康社会走得更远，走得更高。

习近平爷爷曾说过幸福都是奋斗出来的，要撸起袖子加油干。我知道伟大的梦想不是等来的、喊来的，而是拼出来、干出来的。随着经济的发展，物质生活的丰富，有些人有了好逸恶劳的思想，生活中的浪费现象也层出不穷。有的青年宁愿宅在家里啃老，也不肯出来找工作；有的人梦想一夜成名，却不愿付出行动；有的人在学校看到地上的纸屑不肯弯腰捡起，甚至嘲笑主动捡拾垃圾的同学。曾国藩曾说过："百种弊病，皆从懒生。懒则弛缓……一处弛则百处懈矣。"可见懒惰之人，是做不成任何事情的。作为新时代的少年，我们要坚定地摒弃这些好逸恶劳、享乐主义的观念，树立劳动最光荣、奋斗最幸福的价值观。

　　就像习爷爷说的那样：幸福是奋斗出来的，我要从现在做起，从身边的小事做起，将勤劳的美德传承下去。一方面我要在家庭中主动承担起家庭责任，做一些扫地、洗碗、整理房间等力所能及的家务；另一方面我要向同学们宣传勤劳是每一个少年都应该坚守的美德，让每一个少年都知道勤劳的人最美丽！

韩峻熙/文，四年级

老房子的自述

如此盛世，如此风情，
一股强烈的自豪感涌上心头。
似乎有什么声音在回响，
唤醒我血液里沉睡的爱国心。

迟家的传奇家训

迟姓在中国属于少数姓，却有一段源远流长、热血澎湃的演化过程，而家训的由来与演化过程密切相关。

传闻迟姓原是尉迟姓。北魏时东窗事发，尉迟家惨遭灭族，在尸横遍野、血流成河中，有二子仓皇逃出，因生存所迫，痛将有深厚历史的尉迟姓分割为尉姓与迟姓，避过风头后二人分道扬镳。在这个传说中还尘封着一个千古遗憾——二人后来似乎并未见面，对方生死不明，音信全无。

说到尉迟，大家耳熟能详的自然是两个门神之一——尉迟敬德大将军，他那种勇冠三军、赤胆忠心的品格千古流传。迟家爱憎分明、不畏强暴的良好品质也一度出现在历史舞台上，王莽的代汉建新统治时期，有位女子叫迟昭平，不满世事，招募乡勇搞农民起义，后来王莽失势，也有迟昭平的功劳呀！

大家不要以为现在这种忠勇精神已经不复存在了，瞧，在我爷爷身上还可见一斑。爷爷曾是南京军区师长级参谋长，从事军事通信工作三十多年，在对越反击战以及和平时期军事建设的无声战场上发挥了较大作用，他那种"拼命三郎"、舍身忘我为党工作的精神，很值得我们学习。

随着时代发展，如果觉得以武将居多的迟姓再无出头之日了的话，那就大错特错了。现在姓迟的名人也不少，如大名鼎鼎的茅盾文学奖获得者迟子建先生，这足以说明迟家随时应变，名人辈出。我也要说说姓迟的平凡人，比如我爸，一位普通的教育工作者，他那份敬业精神也很令人钦佩。

"行孝悌，存忠厚，贵朴实，勉勤俭"短短几句话却是老祖宗留下的饱含传奇的家训，作为子孙，我们都应铭记于心，在迟家事业蒸蒸日上的岁月里，不要忘记迟家祖宗的历史传承，牢记忠言，振兴中华。

迟天济/文，七年级

小黑变土豪

　　小时候我在老家住了一段时间，那是我很快乐的一段时光。在老家，我认识了一个好朋友，就叫他小黑吧，因为他皮肤黑黑的，身上的衣服也总是弄得脏脏的。小黑家里又苦又穷，妈妈生他的时候难产死了，爸爸也有疾病，不能干重活，他们父子俩只能在石头搭就的屋子里靠着微薄的补助和种果树养活自己。但是小黑很乐观，他带我去捉鱼，教我养鸡、养鸭，还教我种果树呢。我这些独特的经历可是让城里的同学听得目瞪口呆呢。

　　暑假，爸爸说带我回老家看看，老家的变化可大了。我满怀着喜悦的心情，不知道老家变得怎么样了，小黑又变得怎么样了。印象中原本坑坑洼洼的路，竟然变得一马平川，原本尘土漫天的道路两旁屹立着一棵棵树木，视野无比宽广。到了老家，气派的景象映入了我的眼帘，干净、整洁的路面，一幢幢精致的小洋楼，当年的一些瓦片房、石头房都不见了踪影。路上行驶着好多小汽车，当年拖拉机的轰鸣声再也听不到了。这里还有一个小小的商业区，服装店、小吃店应有尽有。

　　突然，一个熟悉的身影出现在了我的眼前。"你怎么没认出我，我是小黑啊。"真是一语惊醒梦中人。小黑变得可白净、可清秀了，身上的衣服也整齐有型，跟我印象中的小黑，差了十万八千里呢。小黑跟我说，后来村里发生了很大的变化，来了一个村官，跟村干部一起带领村民因地制宜种果树，还帮助村民销售农产品，村里的人好多都富了起来。小黑说，政府给他家贷款，他家包下了一大片果园，现在他可以带我光明正大地拿果子吃呢。他爸爸也有钱治病了，现在身体好了。小黑还带着我去了他的家，哇，就像电视剧里有钱人家的房子一样，前面还有一个大花园，看起来非常气派。我边走边和小黑开玩笑说："你现在可是一个小土豪了啊。"小黑笑得都合不拢嘴了。

　　老家的变化太大了。我在心中种下了长大当村干部这颗种子，希望能带领人们建设更多这样的小村庄。

张鑫宇/文，五年级　　指导老师：陆鸿燕

车　轮

　　今天早上，我和爷爷奶奶翻着老照片。我一边看，一边问爷爷："爷爷，你们怎么小时候就穿上有补丁、有洞洞的时髦裤子啦？"奶奶哭笑不得："这哪是什么赶时髦啊，这是因为我们那会儿没有新裤子穿，一条裤子新三年旧三年，缝缝补补又三年。"

　　"呃……一条裤子竟然要穿九年！我现在十周岁，买过换过的裤子早就谁也记不清数不清了。"我一边算着年份，一边心里小声嘀咕着。"那么你们小时候有什么好吃的吗？"我试探性地问。说到这儿，爷爷就按捺不住了："我们小时候可没什么吃的，一年里难得有机会吃上几次肉。吃白米饭的时候，我的姐姐也就是你的姑婆们，都是让我第一个挑，因为只能吃一碗，没有盛第二碗的机会。困难的时候，经常一连好几顿稀饭，更不要说什么零食了。看看你现在多幸福啊！"想不到，我平时最不爱吃的稀饭，竟然是爷爷奶奶当时的一日三餐，我每天能吃到的鱼肉，竟是他们的"奢侈品"。

　　聊着聊着，我们聊到了国庆节假期去西安的事。我跟爷爷说，我们中午从上海起飞，两个多小时就到了。爸爸告诉我，我们已经跨过了一千七百千米。这时候爷爷又来了聊兴，他说："我十八岁去黑龙江大兴安岭插队的时候，要在绿皮火车上坐三天三夜，遇到春节回家的时候，甚至连个座位都买不到，就这么挤在过道上熬三天三夜。如果一个来回的话，差不多一个星期都在拥挤的火车上，身体不好的人都经不起这一路上的折腾。"爷爷说的话再次让我感到无法想象，天呐，三天三夜！现在三天三夜的时间我们应该可以到世界上任何一个角落了吧。奶奶补充说；"你看，现在爸爸妈妈经常带你去这里那里旅游，去上海的话坐高铁半个小时就到了。我们以前出一趟远门很不容易的，去上海要坐公共汽车，还没有高速。一路走一路停，两三个小时才能开到上海。"回想爸爸妈妈这几年带我去的祖国大江南北，真的是啊！我们可以选择飞机飞越蓝天，可以选择又舒适又方便的高铁。

我想起爸爸有一天在看一个新闻节目《坐着高铁看中国》，是说我们的祖国经历了高铁大建设，很多地方都富裕起来了！爷爷奶奶说的是五六十年前的中国，经过爷爷、爸爸他们几代人的努力建设，前进的车轮把我们带到了现在的幸福生活里。等爸爸他们老了，把任务交给我们的时候，我们要把这个车轮继续往前推，推向越来越好的明天！

雷子骞/文，五年级

听外公讲故事

从记事时候开始，就喜欢听外公讲故事。这次，外公给我讲的是他们村子里的故事。外公的老家在新昌县原桃源乡斑竹村，光听名字，就猜得出那个是茂林修竹的桃源胜地了。

外公说，这个斑竹村可不简单。明清时期，这里是省城到台州、温州的必经之地，村中设有驿站斑竹铺。历史上驿道两侧，店铺林立。哪怕现在已经歇业，但是遗留下来的光溜溜的石子驿道，还有一些木制柜台及木质排门，还是能让人想象到之前车水马龙的热闹景象。

但是，随着时代的变迁，驿站没落，驿道冷清，茂林修竹、山水相依的桃源胜地，变成了产粮少、不养人的穷乡僻壤。外公村里的好几户人家，甚至都背井离乡举家搬迁到有田有粮的江西。

随着改革开放的推进，好政策不断落实，勤劳的乡亲们开始动脑筋、想办法，劳动致富。外公也跟着工程队，开启了建设家乡、建设县城的征程。省城发生了翻天覆地的变化，县城也日新月异，家乡斑竹村也再次热闹了起来。

首先是走出去的乡亲们，陆陆续续回来了，带回了资金，也有了思路，道路干净了，庄院翻新了。慢慢地，富起来的城里人，也走进了斑竹村，"八山半水分半田"的家乡，开始搞起了旅游。司马悔桥、司马庙外、小公馆、双连古井等古代建筑成了游人们流连忘返的景点。上次，外公还带我去参观村里的章家祠堂，虽然章家祠堂历经百年沧桑，但看山门前精美而完整的砖雕墀头，就知章家大户曾经的辉煌。

尤其是最近几年，乡村振兴，青山再现，绿水重流，桃源斑竹的乡村美景，又回到了大家的眼前。

　　远眺如今的斑竹村，它依山而建，临水而居，如世外桃源，映藏在云雾缭绕的苍翠群山之中。青山依旧，溪水长流，游人如织，似人间仙境。古驿道文化的辉煌虽然远去，但如今发展中的斑竹村，依然保留着那一份宁静和美丽。

俞俊琦/文，六年级

潮起梅山

2012年的春天，我呱呱坠地。随着我慢慢长大，直到有一天打开妈妈儿时的一本旧相册，见见盐田、海涂、芦苇荡，当时很好奇这些是什么，这又是哪儿。

正当我百思不得其解时，妈妈亲切地对我说："想知道答案，跟我走。"她根据照片开启导游模式："欢迎来到时光隧道，小康号即将为你开启神奇之旅！"怀着好奇的心情，我踏上列车。列车缓缓前进，妈妈告诉我这是梅山。我非常惊讶："梅山？怎么可能！"我的画面定格在梅山保税港区：红桥犹如绚丽的彩虹连通岛内外；宏伟的港口忙碌不停；高楼大厦直入云霄；清新的空气、迷人的海景让人流连忘返，港口博物馆、国际赛车场、万人沙滩……这些与照片上相差甚远。

妈妈笑着告诉我，她小时候的梅山可不是如今这副模样。当年的梅山，可以说是穷乡僻壤。岛上交通十分不便，与外界音信难通，岛上的居民到城区来就要依靠渡船。晚上渡船不通航，遇上台风天，就更别想出岛。20世纪90年代，许多沿海城市在改革开放大潮中日新月异，梅山却停止了前进的脚步，盐场也日趋衰落，岛内居民收入微薄。梅山都留不住年轻一代。2008年2月24日，国务院批准成立梅山保税港区。国家专门为梅山这个小岛出台发展政策，让梅山成为中国第5个保税港区。2008年3月28日，梅山三个工程同时开工，工地周围围满了老百姓，当时可以说是人山人海。建设一座通往梅山岛的跨海大桥，是多少梅山人的夙愿啊！当大桥刚刚全线贯通时，岛内居民自发敲锣打鼓舞龙灯庆祝，梅山人民终于有了属于自己的桥！

如今的梅山湾你还认识吗？蝶变中的梅山，依然可见小岛渔村的淳朴；蝶变中的梅山，已经散发滨海港城的气息。跨海大桥、近海蓝色港湾……它一路向前；现代化国际新城、自由贸易岛……它时刻憧憬着。从盐田、海涂、芦苇荡，到龙门吊、远洋船、工程机械，昔日的渔村显然已焕然一新。

妈妈合上相册，我却还沉浸在此次的"小康号之旅"中，我更加明白：在脱贫攻坚战中，广大群众真切感受到党和国家扶贫政策带来的实惠，全面小康一个都不能少。百年追梦目标的实现，靠一代又一代中国人的持续奋斗。

江宜声/文，三年级　指导老师：孙依宁

三个愿望

　　奶奶对我说，她小时候，中华人民共和国成立还没多久，正好赶上了三年困难时期，家里面姐弟五人吃不饱饭，只能靠挖野菜充饥。那时，家里很穷没有钱，为了能够早点下地干活补贴家用，虽然她百般不舍，但是只上了四年小学就不得不辍学劳动。那时候，奶奶最大的愿望就是能有饭吃、有书读。

　　爸爸对我说，他小时候，虽然不用为吃饭发愁，但是全家一起挤在一间很小的屋子里。冬天，窗户玻璃上的缝隙还呼呼地漏着风。每天上学不是步行，就是靠爷爷奶奶用一辆又大又重的自行车带着风里来雨里去。那时候几乎没有什么零食，想拥有一支自动铅笔都是非常奢侈的事情。爸爸最大的愿望就是生日时能吃到一块美味的蛋糕。

　　我就不一样了，我有一个温暖而舒适的家。每天我们来到美丽的校园里，坐在明亮宽敞的教室中，听着老师的谆谆教诲，学习科学文化知识。放学回家，爸爸妈妈就已经给我准备好了美味的糕点，喂饱我咕咕叫的肚子。家里的书架上有各种各样的书籍，我时刻可以畅游在知识的海洋中。假期的时候，爸爸妈妈会开车带着我去好多地方游玩，有时候还会坐上火车、飞机去游览祖国的大好河山。

　　我觉得我的生活幸福、温暖，自己就像受到精心呵护的树苗一样茁壮成长。

施奕辰/文，三年级　指导老师：陆逸菲

家乡的小路

　　我的老家在农村，听爸爸说，他小时候居住在那里。有时候爷爷奶奶要去看爸爸，晚上必须带上手电筒。

　　因为在那时候老家很穷，家家户户都养牲畜，等到年底可以把它们带去市场上卖掉，补贴家用。而这些散养的牲畜常常会在道路上拉粪便，让来往的百姓们苦不堪言，生怕一不留神中了那"好运"。所以在夜间走路时一定要把手电光牢牢"锁"在前方，这种大自然给予的馈赠，他们可不想获得。还有就是在下雨或下雪天，原本就凹凸不平的土路变得泥泞、湿滑。哪怕再小心翼翼，走到家时，鞋子上、裤子上还是会粘着一层泥巴。在爸爸的记忆中，每当下雨天，他总能看到家门口那些戴着斗笠、穿着蓑衣、脚踩草鞋、牵着水牛闷头走路的农民伯伯。那时候老家的小路是地地道道山沟沟里的路，是印着不同脚印的泥巴路，也是孕育着希望的路。

　　在爸爸长大后，他口中那些原本凹凸不平的泥巴路，陆陆续续变成了平展的水泥道。路变好了，也变宽了，各式各样的小汽车进出村子，更多的人去城市里工作，大多数家庭都变得富裕起来了。所以在家里养牲畜的人也慢慢地变少，道路也变得整洁了。原来的破房子也变成了新的砖瓦房。那时候的路是印着不同车辙的水泥路，也是连接城市与农村的致富之路。

　　我长大后偶尔回到老家时，发现水泥道已然变成了青石板路，原来的砖瓦房，被设计成了各式各样的仿古样式。原本堆着垃圾的脏乱环境经整改种上了五颜六色的花花草草，一些蝴蝶、蜜蜂被那美丽的色彩所吸引，不愿离开。漂亮的亭台楼阁上还雕刻着许多脊兽。脚下的青石板，身边的古建筑，与间隙中点缀的各种花草交相辉映。

　　一个个电视台记者扛着机器，带着团队来这里拍摄纪录片；一车车游客来这里走街串巷，拍照留念，忆当年，叹今天，对我的家乡的变化之大赞不绝口。我听了别提有多自豪了呢！现在的路已然是旧时风貌和当代科技完美融合的路，是怀揣着千百种梦想的路，更是通往全国乃至世界的奋进之路……

　　这就是我家乡的小路，"美丽乡村"楼塔的路。

楼筱楠/文，三年级　指导老师：徐刘兰

爷爷家破旧的电风扇

爷爷家有一个"老伙计"，从外形上已经看不出它最初的颜色了，好几处还有了锈迹，三个按钮也少了一个，看着颇像我换牙时缺的门牙。

每到炎炎夏日，爷爷就搬出它，插上电源，用上老虎钳，对，它不仅仅少了颗"牙齿"，还有个转动键也破了，需要用老虎钳夹住去转，这个时候你能看到它慢慢悠悠地转动起来，还发出嘎吱嘎吱的声响，爷爷也会笑着说："这大热天，还是需要老伙计出马。"这就是连搬家我爷爷都对它不离不弃的"老伙计"——电风扇。

其实"老伙计"并没有爷爷说的那么好用，声音响得像随时都会散架似的，扇叶转动的速度就连数它转了几圈的人都能数到打瞌睡，而且真的不凉快。我妈又一次吐槽："这台风扇又破又旧，吹起来不凉快也罢了，摇头的时候这嘎吱嘎吱的声音太闹心了，早就该淘汰掉了。"我暗暗欣喜：加油！妈妈，一定要说服爷爷把这电风扇给换掉，被这嘎吱嘎吱的魔音折磨多年，我早就对它心存不满了。爸爸也加入了游说阵营："对呀，爸，您要不换一台智能空调吧，它不仅方便好用，还特别凉爽。"

爷爷大概是用习惯了，头也不回，笑呵呵地坐在破风扇前看着报纸，时不时反驳："哼！空调有什么好的？不仅贵，还特费电，而且新闻里不也说有开空调中毒的事件发生吗？""现在的空调智能环保，省电，而且中毒事件也是人为因素造成的。"爸爸解释道。我也忍不住坐到爷爷身边，给他讲解空调的便利："爷爷，换了智能空调后，您都不用动手，只要说声开，空调就自动开了，说声关，它就关了，而且还特别凉爽，温度随您控制。"爷爷终于扭过头看向我，问："真的像你说的那么好吗？"我趁热打铁继续说道："对呀！不止这些呢，有些空调还可以手机远程控制，天气炎热的时候提前把空调打开，这样回到家就能很凉爽，您快把这破风扇换掉吧！"

爷爷有一些动摇，但想了一会儿，还是决定不换："算了吧，算了吧，买空调装空调都太麻烦太费劲。"爷爷摆摆手说。"爸，一点也不麻烦费劲，我都已经给您在网上买好了，中午就能送来，安装师傅也一起来的。"妈妈这算是先斩后奏了。

中午工作人员来安装空调时，爷爷不停地在空调旁边打转，这看看，那看看，全程"监工"，始终不信这两个大盒子能这么"听话"。空调装好了，我马上打开空调，一阵凉爽的风一下子就出来了，不多久整个房间的温度就降下来了，爷爷夸赞："早知道有这么好用的空调，我早换了。"

爷爷的养老金以及爷爷舍不得丢弃的破电风扇，后来购置的洗衣机、洗碗机，餐桌上色香味俱全的菜肴……都见证着全面小康政策为我们带来的新生活，让我们的生活变得更美好便利。

王绎焱/文，四年级

青春之歌

《诗经·大雅·民劳》曰："民亦劳止，汔可小康。"我忍不住思考：什么是全面小康？是大街上的川流不息、车水马龙，是商场里的琳琅满目、眼花缭乱，还是任正非先生的华为5G时代？

在我看来，小康就是爷爷奶奶安享晚年，爸爸妈妈勤奋工作，小朋友健康成长、幸福学习。在我们家，小康生活就是浓缩在时光中的那一组照片。

七十年代的黑白照

身穿白色的确良衬衣的爷爷面带微笑，推着一辆自行车，奶奶穿着深色工作服依偎在他身边。他们脸上洋溢着青春的风采。

那时的爷爷在生产大队担任赤脚医生，冒着严寒酷暑在乡间为农民伯伯看病。全家最值钱的就是那辆自行车，还有别人眼中一堆一文不值的泛黄的书刊。白天忙完一天的工作，夜晚他还坚持在油灯下看书自学，练习书法。物质虽然贫瘠，但他却乐此不疲。

九十年代的彩色照

梳着小辫的姑姑小手拉着爷爷和奶奶站在小楼前。阳光下新植的小树看起来格外青翠，白色的外墙、红色的春联、橙色的雅马哈，一切沐浴在明媚的春色里。清风把他们的欢笑传向四方，鸡鸭也欢快地满园飞跑，仿佛大家的喜悦它们也听懂了一般。

新世纪的全家福

太爷爷太奶奶、爷爷奶奶、姑姑姑父、爸爸妈妈、妹妹们和我，还有许多亲戚，大家身着喜庆的新衣，团聚在老家拍全家福。院外停满了各种小轿车。

这张照片我记得可清楚了，这是前几年我们家新造了别墅，在别墅里为太奶奶过八十大寿呢！四世同堂，太爷爷太奶奶笑得合不拢嘴。那天大人们喝得面红耳赤，我和小伙伴们玩得热火朝天。

…………

翻着这一张张照片，我顿时明白了，这不就是我们家走向小康生活的足迹吗？不也正是千千万万个普通家庭的小康之路吗？微微尘埃积土成峰，涓涓细流汇成江海。一辈辈人辛勤地工作，一曲曲美妙的青春之歌，在祖国的大地上奏响！

马振朝/文，四年级　指导老师：章志英

最美的风景

　　我有一副神奇的VR眼镜，戴上它就可以看见世界上最美的地方。哇，我迫不及待地戴上眼镜来看一看这个奇妙的地方。

　　它是灰色的？那好像是一个大大的池塘，还有水田，附近的山上有很多野猴子出没。湖面有几只木舟划过，湖边有一些小作坊。这地方似乎是我熟悉的，可又是我不熟悉的。

　　不对不对，肯定是哪里出错了，这不是我心中惦念的地方啊！我赶紧摘下眼镜四处检查。噢，原来，我不小心把VR眼镜的时间线调在了二十年前。我立马把时间调整到了2020年，满怀期待地再仔细一看。

　　它是绿色的。远远望去，它就像一面巨大的宝镜，绿树环绕着它，青山怀抱着它，它碧绿又安静。金色的阳光透过云彩，照在湖面上，这块澄澈的大镜子光芒万丈。这里有蜿蜒的湘堤和越堤，它们像两条绿色的绸带。还有独木舟造型的跨湖桥博物馆、千姿百态的石桥、精致的游船和古色古香的亭子，画桥烟柳、云树笼纱。我在其中一个亭子里看到一副对联："湖光写出千峰秀，天影融成十里秋。"我边品味着对联，边泛舟湖上，悠闲极了。

　　它是粉色的。一片绿色之中，一朵朵桃花竞相开放，绿中缀粉，粉里透白。微风徐来，花瓣纷纷落下，像下了一场粉色的雪。我走在铺满花瓣的路上，像走进了一片粉红色的海洋，登山眺湖，观花探幽，风景如诗如画，美妙极了。

　　它又是彩色的。哇，我看到了最爱的森泊乐园、杭州乐园和极地海洋公园。过山车、海盗船、摩天轮，全都是我非常喜欢玩的项目，到处是欢乐奔跑的身影，到处是尖叫声和欢笑声。从森泊水乐园高高的滑梯上冲浪下来的那一刻，所有的烦恼都化为乌有；从极地海洋公园萌萌的小海豚一跃而起的那一刻，所有的幸福感都翻涌而出，开心极了。是的，它就是湘湖，我心中最美的风景！

我兴奋地拿下VR眼镜，发现妈妈正全神贯注地看《全面小康，我们来了》这本书。我也立马加入阅读，此时，我恍然大悟，从VR眼镜中湘湖的小变化就可以看到我们祖国母亲的大变化。我们已经实现了全面小康！哇，这一切多么令人振奋啊！所以，我要发奋学习，踏踏实实地学好文化知识和建设祖国的本领，为实现中华民族伟大复兴的中国梦，努力建设更美的风景。

陶醉/文，四年级　指导老师：席玉芳

我的"小康"超级棒

　　什么是"全面小康"？作为一名三年级的小学生，我对此还没有太多了解。于是，我以小记者的身份采访了已退休的爷爷和在交通系统工作的妈妈，听他们讲讲过去的事情。

爷爷的故事：海岛时代，难忘的815号客轮

　　四十多年前，爷爷来到舟山当兵，在这里认识了奶奶。那时候的交通非常不便，坐轮船是唯一的出岛方式。有一年，爷爷带着奶奶回老家探亲，先乘船到上海。"那天，我们乘坐的815号客轮，从傍晚五点在定海道头码头起航，在海上开了一夜才到达上海十六铺码头。"爷爷说，"当时，船票特别紧张，我们只买到了两张统铺票，在船上吃了一点自带的干粮。半夜里，海上刮起了大风，你奶奶晕船了，吐得天昏地暗，直呼再也不想离开舟山了。"听了爷爷的回忆，我难受得好想哭。

妈妈的故事：轮渡时代，漂洋过海来嫁你

　　说起舟山交通的不便，妈妈告诉我："我嫁过来的时候，舟山人已是通过轮渡出行了。每到节假日，轮渡码头就会排起长长的队伍，要等很久才能上轮渡。"说起做新娘，妈妈又开始"臭美"了。结婚的那一天，妈妈美美地化上新娘妆，等着爸爸来迎娶。迎亲车队从舟山出发，经轮渡到宁波的妈妈家已是中午时分。午饭过后，迎亲车队经过几个小时的路程到达白峰轮渡码头。妈妈的伴娘们因为是第一次坐轮渡，都非常好奇，感叹着妈妈结婚的交通工具好"丰富"呀。妈妈却吐槽说："我出嫁时还没赶上大桥时代的好时光呢。"听到这里我突然好想唱"我漂洋过海地来嫁你"呀！

我的故事：大桥时代，我们自驾去旅游

转眼间，大桥通车已经快十一年了，我也九岁了。现在的我要跟爸妈去旅游，真的是太方便了！每次放假，我就盼着来一次说走就走的旅行。每次出岛经过壮观的跨海大桥时，我发现每一座大桥都有着不同的颜色，红橙黄绿青蓝紫，美得让我又嗨了起来：大桥，我来了！大海，我出发了！有了大桥，我跟着妈妈回娘家与外婆团聚更方便了！妈妈说：未来的舟山还会建很多大桥，再过几年，我们就可以直接乘坐高铁去远行啦！我觉得我好幸运，生在一个超级棒的年代。

原来这就是我们的小康梦，这就是舟山交通的巨大变化带给我们的安全感、幸福感和获得感！幸福的小康生活，正向我们走来！

周姝羽/文，三年级　指导老师：唐文娜

美丽乡村　相约小沙

看了《全面小康，我们来了》这本书，从书中，我了解到浙江省是率先完成脱贫攻坚任务走上致富道路的。那什么是脱贫呢？什么是小康呢？什么是致富呢？我通过《昔日"光棍村"今日"幸福村"》《九旬老记者镜头中的叶家四代人》《富义仓的华丽转身》《美丽海岛开拓美丽经济》《杭州：打造移动支付之城》等篇目中得知了摆脱贫困的过程，得知了走上安定舒适生活的不易，让经济更发展、民主更健全、科教更加进步、文化更加繁荣、社会更加和谐、人民生活更加殷实所做出的努力。

现在我来说说我的家乡小沙这几年的变化。听妈妈说过，她小时候都住在山脚下，上学、放学很不方便，要走山间小路和几条蜿蜒的田间小道。如果遇到下雨天，那路就坑坑洼洼、泥泞不堪。夏天时，家里又热又闷，还招蚊子、苍蝇，她们为了凉快点，晚上都带上席子去操场上睡觉。

可现在的小沙呢？"横看成岭侧成峰，远近高低各不同。"外公、外婆从来都没有想过小沙也会盖起高楼大厦，家家户户都有风扇、空调、洗衣机、私家车；住着冬暖夏凉的房子，社区改造得像一个个大花园、大公园。这样的生活，连当年的老板都不敢想。

这两年，小沙不仅变整洁、变漂亮了，也变得年轻而有活力了。你看，小沙街道旁的公园里，一架大飞机不知何时悄悄在这里安了家。我每次回去都要去看两眼，爬一爬，攀一攀；田地里统一种上了成片的稻谷、金盏菊、玉米，还有果树，还搭起了大风车、小木马、大水牛，还有一座座拱桥，远远望去犹如一幅迷人的油画，现在时不时有人到这里来拍照留念。小沙著名的景点三毛故居也发生了很大的变化，人们对之前的房子进行了修补、改造，又重建了一个大大的门框，醒目的牌子便于路过的人们一眼瞧见。我随爸爸妈妈去过几次三毛故居。现在，那里的路是用鹅卵石铺成的，两边种上了大片五颜六色、形态不一的菊花。每次去都发现里面有很多人，也有专门的导游在那边做介绍。

小沙的改变，还有很多，比如说，街道两旁的店面房都统一做了整改，社区的地名标记也统一设计。之前搬出去的人也都回来盖房子，外公还念着要把太爷爷的老房子给重建一下，搞个农家乐或民宿……

我不禁感叹，家乡不只是外貌变了，连人们的思想也变了。我现在必须好好读书、认真学习，以后为家乡建设添砖加瓦，为祖国繁荣昌盛出份力！

毛梓而/文，四年级

迈步走在幸福的大道上

我的奶奶有一个习惯，那就是每天晚饭后都会准时跟隔壁王阿婆一起去散步，今天在我的申请下也有幸加入了她俩的散步队伍。

我们走在路边的人行道上，柏油马路两旁的绿化带绿树成荫、花团锦簇，两排整齐的路灯投射着柔和的光芒，川流不息的汽车灯光像银河从天而降，与边上一幢幢高楼里的万家灯火交相辉映……这时王阿婆开始感慨了："现在小汽车真是多啊，基本家家户户都有了，我们年轻时家里想买辆自行车都要省吃俭用很长时间，做梦都想不到现在能买得起汽车。""是啊，是啊，你看这边上的高楼和商场，以前这一大片可都是农田啊，谁都想不到现在能建设得这么漂亮和热闹，以前我们住的是平房，谁家里要是有个黑白电视机都很稀奇了，现在家家户户液晶电视、冰箱、洗衣机，要什么有什么。"一旁的奶奶手指指向前方也开始把话接上了。一路上她们边走、边看、边聊，从以前干农活时劳作说到了现在在家享清福领养老金，从以前一日三餐饥不果腹说到了现在丰盛的菜肴，从以前写信联系说到了现在在智能手机的视频聊天，似乎对周围事物和生活所发生一切巨大变化都有着说不完的话和道不尽的感慨……

我出生在祖国繁荣昌盛的好时代，现在美好的生活离不开千千万万的革命先烈、离不开国家改革开放的好政策，更离不开党的正确领导。我们应该加倍珍惜来之不易的幸福生活！

林昱祺/文，四年级　指导老师：刘秀红

在路上

"小时候觉得2020年好遥远，想象那无限变迁。"而今那想象中的无限变迁都在我们的生活中精彩呈现。

清晨，我被闹钟唤醒，在羽绒被中伸了个懒腰，往窗外一瞧，只见爷爷奶奶们已经在空地上悠闲自在地打着太极拳。傍晚他们也会相聚在这里，进行广场舞比赛，他们打开广场舞音响，每个人的脸上都洋溢着笑容。奶奶常感叹着对我说："我像你这么大时一日三餐只有胡萝卜，喝碗粥都已经是奢侈，你们现在每天都有美味可口的佳肴。为了新鲜和营养，每天倒掉的饭菜在过去都可以养活一大家子了呢。"奶奶还说："我们儿时住的是简单的瓦片房，墙壁的缝隙就是蜜蜂的家，穿的也只是简易的斜襟衣。现在有高大房屋，还有漂亮衣服，夏天再也不用摇扇子，进屋就有空调，真的不要太幸福！"

我坐上了妈妈的汽车，踏上了学习之路。汽车在柏油路上飞速行驶着，透过窗子，我看见蓝天照耀着绿化带上的花花草草。几辆汽车从我们身边飞速经过，到了斑马线前都减慢了速度。"你看现在的人多遵守交规，他们的礼让体现的是整个城市的文明。"妈妈指着那些汽车说，"他们都是文明城市的最美践行者。"我听了后又望了望非机动车道上的人们，他们都戴坚硬的头盔，没有一个人因为赶时间闯红灯，他们也是我们城市最美的践行者！我心里不禁赞扬道。这一切显得这么有序。我突然想到几年前在车水马龙的道路上，没戴头盔的人在路上穿行，闯红灯的人也是数不胜数！

绿灯亮了，汽车慢慢地启动了，窗外又给我展现了新的世界。只见几栋高楼在我眼中显现，小区的安全措施做得十分好，每个楼道口和路边都装上了监控，使入住居民更安心！"你看金色港湾，我听你阿姨说金色港湾新建了活动室，人们都可以在那里娱乐休息，活动室给金色港湾的居民带来了更好的生活体验。你阿姨还说，每家每户的垃圾都自己手动分类，环境更整洁了。"妈妈看着路边的高楼感慨道："以前的农村可没这么发达！马路是石子路，房子是破旧的平房。市区最好的也就是多层，上楼只能走楼梯。现在电梯正有序地走进老旧小区，多层的住户再也不用负重爬楼梯了，这就是社会在发展，在进步。"妈妈边说边赞扬……

一转眼汽车已到校门口了，我激动的心久久不能平静，回想着刚刚看到的，觉得那无限的变迁早已实现。

万俞璇/文，七年级　指导老师：朱跃光

美丽浙江

"日出东海月落西塘，碧水千岛青山雁荡……"没错，作为一名光荣的浙江人，这首《美丽浙江》的旋律，你一定很熟悉吧！现在的浙江，很多方面都走在全国前列，我深深地为自己是浙江人而感到骄傲。

在这次"全面小康，我们来了"活动中，我们走进了浙江的很多地方，也从书本和影像资料上了解了浙江各地在"全面建成小康社会"的伟大实践中所取得的成就，令我感触很深。

第一站，我们来到了爱国主义教育基地——浙江省博物馆。这里是西湖风景区的中心，极富江南园林地方特色，掩映在湖光山色之中。这里是"园中馆，馆中园"，随处可见古桥、亭台楼阁、假山溪水，步步都是风景。老师说，这里的文物有十万余件呢，这令我们大开眼界。这里有远古时期的陶器，也有近代名家的书法、绘画等作品，我们看得眼都花了，还看不完。浙江的历史真的太悠久了，我们为勤劳智慧的家乡人民感到自豪。

我们又去了美丽乡村，路经风光无限的油菜田，依山而建的村庄。原先我以为农村随地是垃圾，污水横流，生活不便……结果待我看到真实的乡村后，大吃一惊。眼前的乡村，一排排别致的小别墅错落有致，鲜花盛开，花香扑鼻，就像画里的世界，"小桥、流水、人家"，很有诗情画意。乡村的各种配套设施非常齐全，如书屋、大型商场超市、娱乐设施等，应有尽有，大家出行购物极其方便。

我们还去了水雾氤氲千年的古镇。江南水乡，黑瓦白墙，杨柳依依。我们沿着屋檐下的长廊，一步步朝里走，糕点的香甜与浓郁的酒香混杂而来，拿一块桂花糕，入口即化，甜至心底。

我们逛了武林商圈，这里极其繁华。大街上人来人往，热闹非凡。商场里，商品琳琅满目，令人眼花缭乱。新天地活力无限，时光公园自然、怀旧，网红打卡胜地可谓实至名归……

从视频和书籍里，我还了解了很多浙江的过去与现在。我们的浙江，近三十多年来发生了翻天覆地的变化，我们正走在全面小康的路上。

夜里，我做了一个梦，我梦见我们浙江人坐上了可以飞起来的车子，我们的房子不用空调就可以冬暖夏凉，我们的校园里有各种可爱能干的机器人……我还梦到，每天我和妈妈回家后，机器人就送来可口的饭菜，妈妈劳累一天后，下班什么家务也不用做，机器人早已帮妈妈解决了……我梦着梦着，笑出了声。我想，这一天，一定会到来的。

姚思远/文，四年级

我眼中的小康生活

泱泱中华，虽经百年沉沦，但中华人民共和国成立后，就从一个被人看不起的弱国变成强国；中华儿女的生活也经历了贫困、温饱而逐渐进入小康阶段。作为一个少先队员，年纪小小的我时常会想，怎样才算得上真正的小康生活呢？这个疑问一直困扰着我，直到有一天，发生了这件事……

我家的地下车库里，摆放着一辆28寸的永久牌自行车，车漆有点褪色，轮轴生满了铁锈，我好奇地跨骑上去，车子发出"嘎吱、嘎吱"的声音。这东西也实在太破旧了吧！我向外公提出抗议，赶紧把这破玩意儿扔了吧。可是外公摇摇头，平静地微笑，说："它可是我的宝贝，虽然它和我一样已经退休了，但每次看到它，就像看到了我的回忆，那段艰苦奋斗建设家园、建设祖国的岁月。"外公抬起头，目光好像有些深邃起来。"几十年前咱们刚刚脱离贫困，那时候还没几辆公交车，外公这辆自行车也算很稀罕的高端配置。为了能准时到达远在城市边缘的厂区，我早上五点起床，天都没亮就要出门，骑着我的宝贝经过一个多小时才能到达。晚上天黑了，我又骑上它，眼看着路灯一盏盏地亮起来，才能骑到家里。如此日复一日。"外公低下头看着我说："可现在，交通太便捷了，有地铁，有电动车，还有小汽车！不少家庭还有好几辆汽车，想去哪儿就去哪儿，一脚油门儿，就驶过了外公当初工作时觉得好远好远的厂区！可是如果当时不艰苦工作，一点点地积累，又哪来现在的小康生活呢？外公每次看到这生锈的老伙计，就想起了我们这一代人的生活。"听了外公的话，我忽然明白起来。我们生活的进步，不就从外公出行的交通工具上清晰地反映出来了嘛！从温饱时代的自行车到现在满大街的汽车，不但让出行更舒适，效率也提高了太多太多，这就是小康生活啊！

有人说："十九世纪是英国人的世纪，二十世纪是美国人的世纪，而二十一世纪是中国人的世纪。"如今作为少先队员的我们，衣食无忧，住得宽敞，出行便捷，是妥妥的小康一代。今后可就看我们的了，今天的少先队员就是明天的共产党员，我们眼里的小康生活更是努力学习的土壤，是明天我们勇担重任、举起建设祖国的接力棒！

王若曦/文，五年级　指导老师：马娜

听奶奶讲小康的故事

爷爷家在南部山区的一个小山村，每逢假期我都会回去看望爷爷奶奶。一进山里，我就会仰望天空，蔚蓝的天空像一汪海水，几朵悠悠的白云点缀在天空中，像一个美妙的梦——中国小康梦！

村口两边的枫树叶子红得像一团团火，把人的心都燃烧起来了。漫步在田间的小道上，这里热闹非凡。成片的稻谷摇动着沉甸甸的身子发出"哗哗"的笑声，笑声中蕴含着祖国日新月异的变化；挺拔的甘蔗扬起黑红黑红的脸庞像是在欢声歌唱，歌唱伟大祖国的美好未来。

回到家，奶奶拿出一摞照片。我心想，奶奶经常念叨"改革开放以来，中国发生了翻天覆地的变化，我们过上了小康生活了"，那这刚好可以给我讲讲他们那个年代的故事。

不甚宽阔的街上，慢悠悠地穿梭着凤凰自行车，马路两边摆满了琳琅满目的商品。夏天，还能看到孩子们三三两两地在溪里游泳，妈妈们就在小溪旁的石板上洗衣服。到了傍晚，家家户户都坐在院子里吹着晚风吃着晚饭。晚饭后大人们聚在一起，手摇蒲扇聊着天，孩子们继续玩着跳皮筋、转陀螺的游戏。古老的黑白照片远没有现在的照片色彩靓丽，但每一张照片后面都有一段幸福和美好的回忆。

下午，我跟奶奶去集市买菜，一路上，奶奶依旧给我讲着"小康"的故事："衣食无忧，家庭生活宽裕就是小康。"一到集市，只见人山人海，一派国泰民安的景象。我细细观察，发现很多城市里有的东西在这里也是随处可见。奶奶在自产自销的老伯摊位前停下，挑了几样菜，结账时，奶奶掏出手机，"滴"的一声就把钱付完了。哇，我好惊讶！两位老人加起来都快一百五十岁了，居然也懂得用手机收付款啦！我瞬间明白了奶奶说的"小康"不是一个部分人的小康，是能切切实实感受到的、普通人民共同拥有的幸福小康生活。

热热闹闹的晚饭后，我们迎着夕阳启程回家。弯弯的小路变成了又宽又平的水泥路。远处原来的泥墙屋已经变成了一栋栋高楼大厦。新开通的高速，大大缩短了回家的时间。我想这就是咱们先辈日思夜盼的"小康"吧！

西斜的太阳，收起了耀眼的光芒，留下一圈柔和的光晕。周围的天空呈现出黄里透紫的迷人色彩，向大地喷出红艳艳的光芒。这柔和的色彩代表着一段恬静美好的生活的开始，象征着我们即将开启的新的"小康"之旅。

孔轶培/文，三年级　指导老师：赵建红

堂哥的婚礼

国庆长假伊始，我怀着愉悦的心情和妈妈一起去老家参加堂哥的婚礼。在高速熙熙攘攘的车流中，我窝在车里看妈妈朋友圈里面热热闹闹的节日祝福。而此时，在世界另一个角落——阿塞拜疆和亚美尼亚，这两个国家的人民却在战火中生灵涂炭，士兵伤亡惨重，当地人民的生活在疫情肆虐的2020年更是难上加难。鲜明的对比，让我深深地感慨，还好我生活在中国，生活在这个哪怕受新冠病毒威胁依然能够快速恢复经济和生活秩序的中国。

两个多小时后，我们终于到了妈妈的老家——桐庐县的一个小乡村。车子一驶入村口，就看到"向往的乡村"大招牌。一路上都是宽阔平整的大马路，路边花坛中花朵争相开放，一幢幢独栋民居整齐地排列着。为了喜迎国庆，家家户户门口都挂着鲜艳的五星红旗。妈妈的老家旅游业发展得特别好，在政府的支持下，几乎一半以上的村民都把自家的房子改建成舒适的民宿。因为庆祝堂哥的婚礼，今天村子里格外热闹，很多村民都携老带小，一起前往哥哥家喝喜酒。催大家去吃饭的鞭炮声热闹地响起，路上到处可以看到洋溢着笑容、欢快奔跑的孩子。"幼有所养，老有所依"，家家户户生活安定富足，我想这就是真正的小康生活的景象吧。

婚宴在大家的祝福声中开始了，美酒美食摆满了大圆桌，亲友们欢聚一堂。席间，有人说今天婚宴的水果都是堂哥在扶贫助农平台买的。2020年国内的新冠疫情虽然及时得到了防控，但还是给很多山区的农民带去了不小的损失。特别是二、三月份的时候，大批农产品滞销，农民的生活雪上加霜。为了帮助他们走出困境，各地的政府想方设法通过各种渠道推销农产品。哥哥就是为了支持山区，才在助农平台上购买水果的。他的善举赢得了亲友们的好评，大家都纷纷感慨国家的政策好。现在，大家在党和政府的带领下积极地帮助偏远地区的人民尽快改善生活，一起加入小康大家庭。

婚宴结束回家的路上，妈妈听到我感慨大家生活的富足，笑着和我说："今年是我们国家发展至关重要的一年，叔叔阿姨们正在努力展开脱贫攻坚的冲刺。而我们，也要做一些力所能及的事情。对于学生来说，现在最大的任务就是好好学习，争取有一天成为社会发展的顶梁柱，守护我们的小康生活。"我多希望能够快快长大，像我们的爸爸妈妈一样努力工作，报效社会，一起推动和守护社会的繁荣发展。

马一言/文，三年级　指导老师：瞿晓霞

奶奶的小红盒子

小红盒子是我奶奶的宝贝。记得我刚上小学的时候，奶奶每天晚饭后都会拿出她的小红盒子学唱歌。原来它是一台收录了五百首歌曲的播放器，也是奶奶闲暇时刻的唯一娱乐。

奶奶小时候没有读过书，认识的字寥寥无几。但不知为何，她对唱歌有种与生俱来的喜欢。有一次她把我叫到房间里，指着小红盒子正播着的歌，让我把歌词写出来。那时候我认识的字不多，有的还用拼音代替。当我用文字夹杂着拼音把歌词写完以后，奶奶乐开了花。我心想奶奶可真好学呀，一把年纪了还和我一样认字。

如今奶奶有了自己的智能手机，就不用天天抱着小红盒子听歌了。她可以在手机上轻轻松松地听故事、点播歌曲，还可以学认字、听新闻、看电视、刷抖音，学习、娱乐的内容丰富多彩，可谓不亦乐乎！而奶奶的小红盒子则静静地躺在抽屉里，渐渐变成了回忆。它代表着过去单一贫乏的学习娱乐方式，也会在历史的长河里渐渐被人遗忘。奶奶的物质生活走向了"小康"，精神生活也走向了"小康"。

富裕的生活、富足的精神，让奶奶的日子过得流光溢彩、熠熠生辉。

陈子叶/文，四年级

家乡的变化

　　我的家乡在衢州市一个偏僻而又美丽古镇里，四面环山，景色秀丽，有着一个个古色古香的明清建筑群，更重要的是它是5A级景区，是旅游胜地，是我们全镇人的骄傲，它是千年历史文化古镇——廿八都。

　　听爸爸说以前我的家乡道路泥泞，镇里面没有大超市，没有药房。看病买药都要到几十千米外的县城。没有小汽车，只有每天一班的公共汽车，道路两边也没有绿化，唯一完整保留的是古建筑群，但也破旧不堪。可这是我们镇里的宝贵财富。

　　光阴似箭，日月如梭。改革开放的好政策和新农村建设，让我的家乡发生了翻天覆地的变化。泥泞路变成了水泥路，并且还有一条高速路贯穿古镇，交通四通八达，路两边绿化林耸立。道路上铺着鹅卵石的老街，沉淀了太多的历史和沧桑。两边古建筑修复后完好如初，上面的人物、动物雕刻栩栩如生。大超市的物品种类齐全，应有尽有。特别是廿八都被评为5A级景区以来，一到节假日旅游的人更多了，人山人海。

　　到了傍晚，街两边高高挂起了红红的灯笼，游人漫步在街道上欣赏着夜景。小吃店都挤满了游客。你听，不远处传来音乐声，原来大超市边上好多爷爷奶奶跳起了广场舞，兴高采烈，不仅锻炼身体还丰富了老人的生活。

　　每到放假的时候爸爸都会带我回老家，去古镇玩。特别是国庆节、劳动节、春节的时候镇上的人都会表演节目，我都很喜欢看。每年我们一家人都会回老家过年，奶奶烧了好多好吃的菜肴。奶奶还告诉我以前很穷，只能吃萝卜青菜，哪有现在大鱼大肉。

如今镇里家家户户都有了小车，都能住上小别墅。仿古的房子越造越多，和古镇的房子相融合，环境越来越好，相信我们的生活会越来越丰富，旅游的人会越来越多，我的家乡也会越来越美丽。

刘祥宇/文，三年级　指导老师：姜肖琴

爸爸的三个愿望

　　我的爸爸是个"80后"，今年刚满四十周岁。生活当中，爸爸是一位喜欢怀旧、爱讲故事和大道理的"阿背哥"。爸爸的怀旧、故事和大道理，一般是从发现我们铺张浪费的时候开始的。故事的内容情节也很固定，就是他在不同时期的三个愿望。

　　爸爸出生在一个小山村，爷爷奶奶都是地地道道的农民，爸爸还有一个哥哥和一个姐姐，一家共有五口人。在二十世纪七八十年代，爷爷奶奶要养活一大家子并供三个孩子上学，生活过得着实不易。

　　在爸爸小的时候，他的愿望很简单，就是"吃新鲜蔬菜"。在我看来，这样的愿望是多么的不可思议！爸爸说他读中学的时候，因为学校离家很远，都是住校学习，每个星期奶奶都会准备一大罐子咸菜，这些咸菜就是他整个星期的下饭菜。那个时期，爸爸吃腻了咸菜，吃新鲜蔬菜竟成了他最大的愿望。后来，随着姑姑、伯伯相继大学毕业并参加工作，爷爷奶奶家的生活条件一下子有了明显改善。爸爸考上大学后，学校还给所有学生都发放生活补贴，爸爸很快也就告别了他的"咸菜生活"。他的第一个愿望，就这样实现了。

　　爸爸姐弟三人大学毕业后都留在了城市工作生活。这个时期，在城市购房、安居乐业，就成了他们姐弟三人共同的愿望。爸爸说，因为年轻和刻苦勤奋，他们姐弟三人很快都成了单位的业务骨干，工作很稳定，收入也每年都在上涨。靠着勤奋工作、勤俭节约和国家的住房公积金政策，他们三人先后通过公积金贷款，在城市里买了房。安居乐业的愿望，也就顺理成章地实现了。

记得有一次我问爸爸："您前面的两个愿望都实现了，现在是不是就没有愿望了?"爸爸认真思考了一番，说道："现在的愿望有很多，但概括起来一句话，就是品质生活。"看着我充满疑惑的眼神，爸爸又讲起了他的大道理："所谓品质生活，就是要有新鲜的水和空气，要有优质的医疗和教育，要有文明的生活方式和习惯，也要有健康的身体和心理……文明的生活方式和习惯，在我们家很重要的一条，就是不能铺张浪费。该用的要用，但绝不能浪费。"每当爸爸讲起大道理的时候，我和妈妈总会开玩笑说："年纪不大，絮絮叨叨。"紧接着三人一起会心大笑，这也成了我们家庭生活的一大乐趣。

爸爸的三个愿望，以及他的怀旧、故事和大道理，看上去有些絮叨，但值得我去细细品味。

齐天怡/文，七年级

期　待

今年暑假，桔楠给我寄来了一封信："家门前那条小溪里的鱼更多了，山里修了一条可以通往县城的大路，村里成了旅游风景区。"

五年前，爸爸的厂房从温州搬迁到了丽水的云和县。在那一年的暑假里我结识了一位新朋友，他叫蓝桔楠，他家住在丽水市云和县的大山里。有一次爸爸带我去山里的小溪抓小鱼，他也在抓鱼，我和他在合作抓鱼的过程中成了好朋友。

记得那天我们抓了好多鱼，他邀请我去他家一起吃晚饭。他家就在小溪边上，是一间两层的土房子，山里还没有通煤气，只有一个大土灶。一层木板下面四个角垫着一些石块，就成了他的床。那凹凸不平的墙壁上贴满了他学习的奖状，那是他家最美的一道风景线。桔楠扑闪着黑溜溜的大眼睛："我们这儿没有电子产品可以玩的。"我看出了他的羞涩："没关系，我们可以在竹林里玩躲猫猫哦！"那个暑假我和兄弟桔楠在山里各种玩耍，日子过得有滋有味，可惜天下无不散的宴席，我们依依不舍地分开了。

如今，桔楠家旁边山涧里修建了一座大水车，可壮观了。他爸爸说多亏了政府的扶贫方针和村里的改革政策。他们家被拆迁了，生活开始变样了。桔楠自豪地拍了拍我的肩膀："我爸爸买了一辆新汽车，很是威风！要不要坐上去游览一下山区的风光？"他再也不用每天起早走路上学了，还说他爸爸在镇里买了新房子，马上要搬新家了。新家的厨房里有天然气，家里还安装了空调，还有一台大电视和洗衣机，他们家也要过上小康生活了。他邀请我一定要去他的新家玩，我很为他高兴。他家附近成了旅游景区，发生了翻天覆地的变化！

从桔楠一家的变化中我发现，我们的生活水平正在飞速地提升，我们的生活质量也在逐步提高，这不就是爸爸所说的"小康"吗？我们已经投入小康温暖的怀抱，进入新时代了！

习爷爷说："绿水青山就是金山银山。"我们还要努力为中国的全面小康梦而奋斗，好朋友桔楠的一句话常常萦绕在我的耳际，"我的家乡一定会越来越富裕"。

王潮潮/文，六年级　指导老师：季爱莲

在我身边的幸福

清晨，小鸟赶集似的在树上唱着歌曲。太阳公公迫不及待地掀起窗帘，照在我的眼睛上。我依依不舍地从被窝里钻出来，伸个懒腰，真舒服呀！刷牙洗脸结束，妈妈已经准备好了丰盛的早餐。荷包蛋，热腾腾的牛奶，就连牛排都还在"滋啦滋啦"地哼着歌曲儿。吃过早饭，坐进姐姐的轿车出发去上学，在车里一点都感受不到寒风凛冽。我可真幸福啊！

经常听爸爸和妈妈讲他们小时候的事。以前，人们的住房条件很差，五口人挤在两间矮平房里。平房只有两米多高，墙没粉刷过，黄泥地面。雨季还没到，爷爷奶奶就开始发愁了。待雨季一到，外面下大雨，里面下小雨。家里的盆盆罐罐都得拿出来。每到农忙季节，家里的兄弟姐妹齐上阵，一起去稻田里割稻、收稻，总有忙不完的活。

现在我家已经住上了四层楼房。不仅外墙装饰漂亮，室内设计也是别具一格。各种电器一应俱全，而且家里的每个成员都有独立的空间。我还拥有一间梦寐以求的房间！我的房间里放着一个大书架，书架上有《格林童话》《安徒生童话》《一千零一夜》等中外名著。看看它们的封面，就知道书里面的内容非常精彩！所以我每天都会抽出两个小时去书房静静地看书。傍晚写好作业，和姐姐去公园散步的时候，常常看到老人在健身，打太极，跳交谊舞，不亦乐乎；而我呢？碰到小伙伴就和她们一起玩闹嬉戏，在大操场上追逐打闹，无忧无虑……幸福，荡漾在每个人的脸上。

妈妈说："你们现在比起我小时候幸福多了，现在完全是小康生活了。但是小康生活来之不易，要加倍珍惜。"

让我们一起手牵手，肩并肩，一起创造美好幸福的生活吧！一起感受小康生活的幸福吧！

吴垚琦/文，三年级

美好的时代

常常听爷爷说起他小时候的情景，一间土墙和茅草垒成的房子，一家八口人住在一起。爷爷说能吃饱穿暖是他小时候最大的愿望，常常是饿了喝口水把布腰带紧一紧。到了冬天，家里找不出一件厚点的衣服，只能往裤筒里塞点茅草……我无法想象那是个怎样的年代。

到了爸爸小时候，勤劳的爷爷已经有了自己的房子，土墙和灰瓦建成的三间稍微大点的房子。白天爷爷奶奶在田间劳作，那时爸爸只有五岁，就在田埂上一边放牛，一边照看两个妹妹。到了晚上，老油灯下奶奶正在缝着补着，爸爸穿小的衣服给两个姑姑接着穿。新老大，旧老二，缝缝补补给老三，这是一段艰苦的岁月。

爸爸说我的出生，给家里带来了很多欢乐。为了方便我上学，爸爸妈妈把房子买在了学校边上。看着这美丽干净的校园、宽敞明亮的教室、应有尽有的设施、和蔼可亲的老师、活泼友善的同学，我明白了：小康就是吃饱穿暖、居有定所、幸福美满的生活。

项兰/文，四年级　指导老师：章益红

我和张嘎哥哥比一比

　　这几天，我一直在读《小兵张嘎》这本书，我被机智、勇敢的小张嘎哥哥深深吸引了。张嘎哥哥比我大三岁，但他没有爸爸妈妈，唯一的亲人——和他相依为命的奶奶也被鬼子打死了。他恨极了敌人，渴望得到一支真枪报仇，于是他乔装打扮成卖西瓜的小贩，缴了胖翻译的"真家伙"，为了不让队长把它收回去，他竟然动了"嘎气"——他找到孟良营村头上的那棵大杨树，猴儿似的一口气爬上了大树，将枪藏到了鸟窝里。

　　而我呢？从小爷爷奶奶宠爱我，爸爸妈妈陪着我。我平时一天中最美好的时光，就是玩手机的时候。前几天，我好不容易把作业都写完，正准备在游戏中大显身手时，就听见开门的声音，我熟练地把手机放在沙发上，再熟练地把衣服盖在手机上，然后熟练地从书包里拿出英语书准备"装"样子。妈妈进门看穿了我，她把以前劝说我的那一套又说了一遍，我根本就不乐意，为此我和老妈进行口舌大战，最后还是她趁我不注意抢走了我的手机，大战才结束。

　　张嘎生活在抗日战争时期，他孤儿，被捕后被敌人打出血来，但他刚强不屈，逃了出来，走在坑坑洼洼的泥路上投奔革命，他最大的理想是"先去坐一回火车——老钟叔说，那玩意儿唧噔嘎噔、唧噔嘎噔的，可抖劲呢！"我平时经常听奶奶唠叨：你们是身在福中不知福。想想张嘎哥哥，我懂得了很多，现在我们不用受人欺负，不用过提心吊胆的日子，我们吃着肯德基的套餐，喝着奶茶，穿着耐克，我们上各种兴趣班，爸妈不放心，还都用汽车接送。我们还常常和父母怄气，张嘎哥哥，与你相比，我们缺少的不只是一点点。

我印象最深的是结尾：张嘎哥哥的学校被日本鬼子给炸成废墟，学也不可以上。他就想：以后学点文化吧，学会了，好写信。我呢，在美丽的城东实验小学上学，校园里一年四季鲜花盛开，我们在别墅式的教学楼里学习，有各种先进的教学仪器，有关心爱护我们的老师。大操场上，一圈崭新的塑胶跑道，中间绿油油的草坪，远远望去像是一块硕大的地毯。我最喜欢上体育课，能闻到花草的芳香，听到枝头鸟鸣。新冠疫情期间，我不能去学校上课，不能见到亲爱的老师和同学，我多盼望早点走进校园啊。想想张嘎哥哥，他都没有学校，如果他来到我们学校，一定会像书中写的"猴儿似的蹿，美得他吹起口哨来"。但是我们还有人上课吵闹，考试不及格，真是不应该。

我想对所有和我一样的同学们说：来读读张嘎哥哥的故事吧，你会发现他拥有的比我们少太多，也比我们多太多！

寿泠涵/文，四年级

台风里的播报

一到刮风的日子，我总会想起一件事，而这件事还得从两年前说起……

那是二年级时的国庆假期，我们一家又来到了天台外婆家。我是杭州电视台的小主播，这个国庆有任务——每天都要录一个视频口播发送给老师。前两天天公作美，口播录得非常顺利，但到了第三天，台风"米莉"在天台登陆了！

"台风登陆了，家门都出不去，我们怎么录口播啊？"我和妈妈急得像热锅上的蚂蚁——团团转！

妈妈在门口看了又看，听着外面"呼啦啦"的台风，门开了又关，关了又开。过了好一会儿，妈妈最终还是做了决定："辰辰，我们去台风里录吧！"我瞪大眼睛，倒吸了一口凉气："我的妈妈呀，这外面可是台风呀！出去的话，我们会不会被吹上天呀？"妈妈坚定地回答道："你看《新闻联播》里，越是在台风天，就越需要记者们出去给大家播报实时情况，作为小记者，你是不是也得有这样的勇气和担当？"听了妈妈的话，我像是注入了强心剂，瞬间信心满满了，感觉自己责任在肩，一定要做好这次特殊的播报。

可外婆还是不太放心。于是，我们全副武装，穿好防风衣，绑好腰带，外加雨衣、雨鞋，再打好雨伞。我和妈妈就像两个大粽子一样冲了出去。

虽然做好了充分的准备，但在冲出去的那一刹那，我感觉自己还是轻飘飘的，尽管双腿用力地往前迈，但身子就像被一股无形的力量往后推，不由自主地往后退着，脸上也被噼里啪啦的雨点打湿了。我和妈妈又退回了屋里。

这时候，我心急如焚地问妈妈："妈妈，我们再出去的话，会不会被吹上天啊？""妈妈，我们这样到底安全吗？""妈妈……""妈妈……"妈妈终于忍无可忍了："好了好了，有你老妈在，你怕什么？一会儿出去你抓牢我！"我只好把即将出口的"妈妈"给硬生生地咽回去了。

第二次，我紧紧地拽住妈妈的衣服冲出去，我们的衣服都被吹得鼓鼓的，就像灯笼一样。在台风的肆虐下，稻田里的水稻都已趴下，路上一个行人也没有。

"3，2，1，开始！"妈妈艰难地举起手机开始拍摄。

"大家好，我是杭州电视台的小主播李依辰……"在播的过程中，雨伞一次次被吹翻，人一次次被风吹得东倒西歪，连我的嘴巴里都灌满了凉风。

两分钟的口播后，我和妈妈逃也似的跑回屋里。此时的我们，一点都没察觉到自己已被冻得满脸通红了，伞也已经散架了。

这次特殊的经历，让我印象深刻，到现在都还历历在目！让我喜出望外的是，这次台风里的播报，被电视台评为优秀作品。老师们也被我的"记者精神"感动，评选我为"优秀小主播"呢！妈妈听到这个消息也眉开眼笑地说："你看，功夫不负有心人吧？"

李依辰/文，四年级　指导老师：郑秋霞

我的未来不是梦

　　我是一名四年级的小学生，我的故乡在浙江平湖，这是一个美丽而富饶的江南小城。她犹如我的母亲，用她那甘甜的乳汁滋养我成长。我徜徉在母亲的怀抱，从小筑起了一个遥远的梦想，有朝一日我要成为一颗炽热的中国星，站上世界的大舞台。

　　爷爷常说我们是被祝福的一代，我们一出生就生活在太平盛世；故乡的高楼大厦鳞次栉比，高速公路四通八达；人们衣衫整洁，体态健硕，住洋房，开汽车，一日三餐顿顿有肉，脸上个个洋溢着幸福而满意的笑容。我不明白，爷爷为什么总是一脸羡慕。原来，爷爷出生在中华人民共和国成立初期，常常因为粮食不够吃而到处挖野菜和着地瓜煮粥喝。白天出门全靠两条腿走路，下过雨后的泥路更加泥泞了，深一脚浅一脚，来回走一趟要花上三五个小时。晚上睡觉被子薄得跟纸片似的，寒冬腊月里一家人就挤一块儿取暖，能在屋子里烤个小火炉已是无比奢侈的事情！

　　哦！原来我们今日的幸福生活并不是与生俱来，华丽的梦想，要靠努力实践去为之奋斗，才会有实现梦想的那一天。

　　爸爸告诉我，他们小时候没有手机和电脑，也没有网络，只有十二寸的黑白电视机，频道非常少，每天晚上几乎固定的节目就是看《新闻联播》。他们上学那会儿学校普遍是复式班级，一个老师同时教不同年级的学生，既没有专业的老师也没有丰富的课程。啊！在美丽的崇文小学，我们有最专业的老师，有专业化的教室，有智能化的电子设备，还会经常开展各种有趣的活动。

　　妈妈常说我们是肩负国家希望和未来的一代人。十一岁的我懵懵懂懂，无法体会父母那个年代追求知识的艰难，但我切切实实地感受着祖国的繁荣昌盛。在走向美好生活的进程中，我要珍惜时光，不断努力学习，练好本领，勇于创新，做全面发展的新时代好少年。

沈朱宥成/文，四年级

照　片

　　一张照片，定格了一个瞬间；一张照片，记录着一个故事；一张照片，承载着一代人的回忆。

　　翻开相册，一张泛黄的老照片引起了我的注意。照片是爸爸小时候和爷爷的合影：爷爷坐在竹子做的椅子上，爸爸穿着白球鞋站在旁边，两人穿着奶奶编织的蓝色泛旧的毛线衫。背后则是一间低矮的平房，双开木门，一条低低的门槛，黄色的玻璃推窗。按当时的条件，都是水泥的墙和地。听爷爷讲，当时这样的房子已经算比较好的了。

　　继续往后翻相册，我骑在爸爸肩上，双手抱住他的头，那是我2岁时和爸爸在父亲节时在家门口的弄堂里拍的。背景是一幢两层楼房，白墙黑瓦，双开不锈钢门敞开着，天井里是灰色的水泥地，不过家里已经铺上了地砖，墙上也贴上了马赛克瓷砖。那是普通农家的房子。

　　2015年，父亲节的合照还是在这条弄堂里拍的。身后房子外墙贴上了青色的瓷砖，红色琉璃瓦在阳光下发出耀眼的光芒。天井里搭起了玻璃雨棚，我在天井里玩耍再也不怕刮风下雨了，地上还铺了暗红色地砖，干净又整洁。阳台上盖起了阳光房，冬天的阳光房暖洋洋的。此时的我，已经有一间小小的，属于我自己的房间：靠墙的小床，床头的小书桌，那就是我房间的全部了。

　　转眼间到了2018年，那一年的父亲节合照，是在新家门口拍摄的，小区里黑色的柏油马路，路边种着各色绿植，我和爸爸手牵着手，旁边是气派的四层大排屋，车库里停着刚买的新车，前后花园里是绿绿

355

的草地，种着漂亮的绿植。三楼有属于我的小天地，卧室、书房、卫生间、阳台，一应俱全。地中海风格的房间里是一整套家具，书房里摆放着画画和写书法的工具材料，一张书桌是我学习的天地，靠墙的书柜里摆满了我的课外书。我偶尔坐在阳台上看看书，别提有多惬意。

很久没回老家了，前不久，邻居姐姐给我发来了几张照片，富有农村特色的木栅栏，绿树、草地、景观，还有一群跳广场舞的人，姐姐说那是村里新建的公园。弯弯曲曲的水上长廊，清清的池水，碧绿的荷叶间盛开着一朵朵亭亭玉立的荷花，像一个个娇羞的少女在微风中翩翩起舞，池边的柳树枝随风舞动。那不是我小时候经常和小伙伴玩的村口的小池塘吗？新农村建设让我的家乡有了翻天覆地的变化，我迫不及待地想让爸妈带我回老家去看看。

一张张照片组合成了一本本相册，不仅仅装着一段段回忆，更彰显了一年年的变化。照片，见证了我家生活环境的变化，更见证了我们伟大祖国改革开放后人民生活水平的飞速提高！

章浙远/文，六年级　指导老师：张莺

如此盛世，如此风情

　　华夏九州，像一头雄狮，昂首挺胸，以铿锵有力的步伐走在新时代的大道上，迎一轮红日，熠熠闪烁。

　　熹微的阳光一寸一寸地涨，漫过水汀门前的青石阶，睍睆黄鸟，载好其音。我又一次驻足在这悠悠小巷，白兰花在粉墙黛瓦间，躲在绿油油的叶子底下，叶色碧碧，其华灼灼。风雨洗礼下的这座小镇，在"美丽乡村建设"的修葺下焕然一新。

　　我一头钻入这座承载了一方烟雨的小镇，它的柴门已不再斑驳，它的地面已不再青苍，它的屋檐已不再破败。生生世世奔腾的古渊又一次在我的眼前澄清而透明起来，洗刷了污秽，含了个古韵江南，含了个溪水潺潺。

　　有人说，钢筋水泥开始蚕食温润的烟雨小楼，城市的发展会把这一方青砖抹得一干二净。其实不然，我亦可守着这桃源仙境。新的时代早已到来，气势雄浑，诗意恣睢。我热恋的故乡啊，它别了一身沧桑，别了一袭蹉跎，古巷的万千繁华是又一次的锦绣前程。

　　有一种传承叫坚守，有一腔古老叫东方。眺望远方，天际的一轮红日美得动人。我亲爱的祖国啊，悸动的红，由上及下，一点一点渲染开来，像水墨铺在宣纸上，向整个华夏层层渲染。酡醉的红勾勒出如今的盛世大国。

　　我久久坐在老樟树的绿荫下，定定地注视着九曲巷的尽头。细看，圆润的雨花石填补了坑坑洼洼的水泥路；路边枯黄散杂的柴草不再成为孩子们的"绊脚石";倚在土墙上，横在木门前的木槌、洗衣板、木盆亦是规规矩矩放进了屋里。塌陷松散的陈年老屋变成了中西合璧的花园小楼，我不由得眼前一亮。记忆里那群在青石阶上耀武扬威、盛气凌人的大白鹅从这一带隐迹，胆子小些的孩子们也不必拾棍壮胆。

不知何时在拐角处添置了古色古香的彩灯和垃圾桶，在白墙之间显得和谐而统一。从前车马很慢，黑白相片里的邮差怀揣着多少斩不断的牵挂走过千里万里，跑过大江南北，幽渺年代里的羁绊何时能到达？而如今，网络的身影在这个小山村随处可见，时代的变迁，让思念不再遥遥无期，让这些盼子心切的老人放下等待地老天荒的执念。

聒噪的鸟鸣被乘凉老人的欢笑声所打断。"哎，现在的环境真是好太多喽！呵呵……""我跟你说哈！昨天书记来我家咧，我们家菜园篱笆都修了！""是喽！可好看！"没有华丽的辞藻，只有旖旎的乡音，如画的笑靥。久别老家，这样的声音清脆而动听。

透过光隙，清净的花萼宛如这个鲜活的小村庄一样灿烂。如此盛世，如此风情，一股强烈的自豪感涌上心头。似乎有什么声音在回响，唤醒我血液里沉睡的爱国心。爱你，中国！

蒋诺琳/文，八年级

我眼中的小康

"民亦劳止，汔可小康。"这是《诗经》中对小康的描述，两千多年来人们对小康生活的追求从未停歇。

爷爷奶奶小时候，天一黑就睡觉，人们毫无兴趣爱好可言。一到下雨天，外面下大雨，屋里下小雨。有些阴暗的屋子里没有啥摆设，清锅冷灶的样子，就一个收音机，用胶布缠得像个伤员似的，还分外珍贵。

改革开放以后，农村发生了翻天覆地的变化，家家有了电视机、缝纫机，大家也住上了窗明几净的宽敞房屋。村村还通了公路，方便大家把家里的农产品销出去。

去年年底，爷爷在电话里高兴得像个孩子，说老家拆迁了，他们搬进了洋房，这是政府给分配的。疫情原因，我们无法回去看看。

今年一到暑假，我就吵着要回老家。

坐在车上，妈妈说："以前放假回家，挤火车像挤面条，下了火车还要转长途大巴回家。现在人们的生活越来越好了，基本上家家都有自己的汽车，回家过年再也不用挤火车了。你看，干净宽敞的高速公路，川流不息的小汽车，四通八达的立交桥！"爸爸说："如果不想开车，还可以坐高铁，高效、快捷！"我说："那老爸就可以睡觉咯！"

我顺着车窗往外望去，高速中间的绿化带上种着漂亮的鲜花、绿植，令人赏心悦目；两旁是一望无际的农田，丰收在望。

下了高速，一座座高楼大厦鳞次栉比，形态各异，直插云霄。在公路两旁，有了美丽的花圃，绿色的草坪，令人心旷神怡。我赶忙问："爸爸，是不是导航出问题，导错路了？"因为，我印象中的农村，砖墙倾斜，杂草疯长，看起来不免破败。爸爸笑而不答。

又开了十分钟就到了爷爷家。爷爷笑呵呵地站在路边迎接我们。他的面前是笔直的马路，对面是四季河公园，树木郁郁葱葱，弯弯的小河像一个飘逸的带子，流向天际。以前耕田的牛儿，正悠闲地在河边吃草，还时不时地叫上两声，跟头顶飞过的鸟儿打招呼；淡淡飘动的云儿调皮地变化着鬼脸。农村变化真大，变得如此美丽！

爷爷看我愣神了，告诉我，现在他们这儿变成了网红淘宝村，专卖自家产的优质小米和时令瓜果蔬菜。我下巴都快惊掉了！这哪是我认识的爷爷啊！爷爷看出了我的疑惑，爽朗地笑了："再怎么说我也是高才生呀！"

哈哈哈，笑声飘向了天空，飘进了大家心里。天边，飞扬的晚霞正在远走，绽放出红橙黄绿蓝青紫的七色光，洒在每个人的脸上，洋溢着幸福的光彩。那应该就是小康生活的颜色吧！

周恩笑然/文，六年级

"口袋"公园

在我家小区的不远处，新建了一个面积不大，但小巧玲珑，很受居民欢迎的公园。它是由一小片垃圾堆放地变身而来的，有一个非常有趣的名字——"口袋"公园。

深秋的傍晚，我和爸爸一起到"口袋"公园散步。一踏进园口，一幅幅生机勃勃的画便映入我的眼帘：小草儿脱下绿色短袖，换上了黄色衬衣；银杏树一改旧时的风貌，得意扬扬地展示着自己的金袄；片片落叶像蝴蝶一般，在风中跳着轻快的舞蹈……美极了。

我们刚在公园一处迷你型的小板凳上坐下，不知从哪里传来美妙动听的广播声音："嘉兴将奏响新时代的田园牧歌，复兴升级版的农耕文明，打造世界级的诗画江南，建设'重要窗口'中的'最精彩板块'……""嘉兴开展对口帮扶成效明显，已建成东西部扶贫'飞地'产业园区四个，完成投资五点四八亿元，脱贫人数八千二百四十四人次……"

爸爸拉着我的手说："悦悦，嘉兴的'消薄飞地'建得可好了，这可是贯彻落实习近平总书记'全面小康一个都不能少'的生动实践哦……"我深有触动地说："爸爸，前段时间，我看了《全面小康，我们来了》这本书，里面还提到我们老家丽水与嘉兴有'山海协作'工程呢，一片叶子也能帮扶致富哦！"

我们父女正沉醉在美景之中，突然，一阵天真的笑声打断了我的思绪。"嘻嘻，好好玩哦，妈妈，你也来玩嘛。"我循着声音望去，看见一个三四岁的小男孩牵着妈妈的手，一蹦一跳地向一旁的滑滑梯奔去，我定睛一看，哟！小小一个公园，设备还挺多！跷跷板、秋千、太空漫步机……应有尽有！

我们还发现，在公园的一隅，有个读书吧，这里一尘不染，窗明几净，我和爸爸移坐这里，一本书，一杯水，静静地探索知识的奥秘，打开知识的宝箱……

到点了，我们依依不舍地离开。"口袋"公园就像一位婀娜多姿、人见人爱的少女，又像一位博学多才、奋发进取的少年，我们成了好朋友。

回到家里，躺在床上，我内心感慨，我生活的嘉兴，是中国革命红船的启航地。这里，红船显本色，彩绘大中国；而一个小小的"口袋"公园，影射、践行的是一切为了人民美好生活的初心；它是我们实现"全面小康"的一个"火炉"，是照亮"中国梦"永不熄灭的"路灯"……

皎洁的月光洒在我的枕边，我轻轻合上双眼。睡梦之中，我梦见自己手捧一份圈圈画画的图纸，图纸的正中央写着几个大字——"现代化强国七彩图"。

项紫悦/文，五年级　指导老师：严文华

发展加速度

你们喜欢听故事吗？我就特别喜欢听妈妈讲述她儿时的故事。妈妈说她小时候去她外婆家的交通方式非常特别，不是走路，不是骑车，更不是坐车，而是坐摇篮。噢，坐摇篮是什么？听起来真是有趣。原来是妈妈和舅舅坐在篮子里，外公用扁担挑着他们去外太婆家。那妈妈和舅舅坐在篮子里一定很好玩，可是外公会不会很累？妈妈说路途遥远，需要行走半日呢。

妈妈还跟我讲，她小时候最缺的是鞋，每一双鞋子都因为行走太多的路而破烂不堪。所以她儿时的梦想是拥有一辆自行车，可以每天骑车去上学。然而直到上大学，她才实现十年前的愿望。

我望望马路上穿梭的车辆，看看电梯口的自行车，很难想象如此平凡的生活、轻而易得的东西竟曾是她的向往。不过二三十年的光景，我们的生活变化有这么大？也许吧，因为从我懂事到现在，已见证了多方面的发展。其中，让我印象最深刻的是出行越来越便捷环保。

上幼儿园的时候，奶奶经常坐社区巴士接送我，每天放学走出校门，就能看到几辆社巴在路边等候，服务很是温馨。上小学后，我家搬去了七都，那时七都的公交车又少又旧，爸爸只好每天开车接送我上学。但就在去年，B6开通了，碰到爸爸妈妈忙碌没时间的时候，我可以自己到坝接桥坐公交车回家，又快又舒适。不仅温州的交通日益方便，我从温州回杭州老家也快了不少，原本开车四个小时的路程，现在坐高铁两个多小时就能到达，而且杭温高铁建成后，时间进一步缩短到一个小时，到时候我要"朝辞温州彩云间，长三角区一日还"！

不管路途多么遥远，只要加快速度发展，就能到达胜利的彼岸。通过几代人的奋斗，如今我们已从经济、政治、文化、社会、生态文明等方面全面建成小康社会，实现第一个一百年奋斗目标。作为第二个一百年奋斗目标的种子力量，我们要努力学习、不懈奋斗，在实现中华民族伟大复兴的路上站稳脚步、加快前进，一同奋力谱写新时代社会主义现代化的壮丽篇章！

朱颜/文，四年级　指导老师：虞静

小康的见证者

"什么是小康生活呢?"我问爷爷,他没有回答我。但爷爷说:"你听一听我年轻时候的故事就会明白。"

爷爷年轻时,一家人住的是小瓦房,很是拥挤,村子里其他人家的居住条件也差不多。村里所有年轻人都在生产队上工,每天最多能挣到10个工分(换算成钱也就几毛而已)。爷爷家年轻人多,挣的工分兑换成生产队里的食物,物资勉强够吃用,但也仅仅是大米和一些普通的蔬菜而已,常年清汤寡水更难得吃到肉。一年下来,结算工分,只有少数家庭会有盈余,可以改善生活,所以过年时只有极少数人才有新衣穿、好东西吃,而入不敷出的人家,来年继续过着清苦的日子。那时,整个村子基本没家电,像电视机、电冰箱、洗衣机、小汽车之类的可能连做梦都想不到,到处弥漫着"原始"的气息!爷爷当时最大的愿望就是努力上工,天天得10个工分,等攒够钱买一辆凤凰牌自行车。

我惊讶了!我再问爸爸,他没有回答我,但爸爸说:"你听一听我小时候的故事就会明白。"

爸爸小时候,一家人住的是自家盖的小瓦房,相对宽敞。小学刚开始在村里的学堂上学。当时总共只有两个教室,而且是混合教室(一、二、三年级一个教室,四、五、六年级一个教室),到二年级时才改到乡里的小学上课,条件有所改善,但上学的路需要穿过两个村庄,很是辛苦。整个小学期间,爸爸用的是奶奶亲手缝制的布书包,没有像样的学习用品；玩的是自制的小纸片、橡皮筋、玻璃球；吃的是普通的饭菜。整个村子的环境脏乱差，马路上尘土飞扬，难得看到有汽车经过。过年是小孩子们最开心的时候了，因为终于有新衣服穿，有好东西吃了。那时爸爸最大的愿望就是快快长大，帮助家里过上更好的生活。

我又惊讶了！环顾一下我家整洁明亮的大房子，房间里布置了很多现代化电器、家具；楼下车库里停着爸爸妈妈的小汽车；窗外绿树成荫，高楼大厦鳞次栉比，宽阔整洁的马路上汽车川流不息。我看了眼电视机里播放着的动画片，嘴里嚼着薯片，又低头看了看我身上崭新的校服，转过身瞥了一眼我那小书房角落里堆着的几个换下来的书包，我突然明白了。这，不就是爷爷、爸爸希望过上的美好而又幸福的小康生活吗？

是呀，从邓爷爷开始到现在的习爷爷，历经四十年，我们敬爱而又伟大的祖国让大家过上了美好而又幸福的生活！在这清新的空气下、在这碧净的西子湖畔、在这苍翠的天目山下，我必将好好学习，为将来全面建成现代化国家而努力奋斗！

胡科欣/文，五年级　指导老师：陈天伟

走市场

"欢欢，快起床！今天咱们去红四海鲜市场。"一大早我就被妈妈从被窝里拉了出来。

哎呀！今天真是太阳打西边出来了，以前妈妈不是从不让我去市场吗？还总说那边太脏、太乱，小孩子别去。

市场位置比较偏远。妈妈载着我，开着"新能源"汽车向市场的方向出发。

好几年没去那个市场了，一路上我担心不已：那边有停车场吗？有充电桩吗？原来坑坑洼洼的路凭妈妈的车技能开过去吗？……

但沿途的景象很快改变了我的困惑。凹凸不平的泥巴路不见了，变成了平坦宽阔的水泥路，两旁植满了鲜花和绿树，最吸引我眼球的还是路边竖立着许多漂亮的太阳能路灯。

过了一会儿，市场到了。下了车，我被眼前的环境惊到了。放眼望去，四周低矮的危房拆掉了，换成了一排排整齐的小洋房；旁边苍蝇纷飞的垃圾堆消失了，代替的是一个个整洁的分类的垃圾箱。咦，市场旁边还有个很大的露天停车场，一辆辆汽车整齐有序地停放在停车场中。场内还有好几个智能充电桩。

进入市场，首先映入眼帘的是琳琅满目的水产品，有黄瓜鱼，有鲈鱼，有乌贼，有虾……品种繁多，应有尽有。没有想象中的脏和乱，地上是整洁的。熙熙攘攘的人群中不时传来摊主热情的召唤声，顾客们愉快的交谈声，一切都是那么文明，那么和谐。我的目光迅速落在

367

一摊青蟹上，仿佛嗅到了青蟹那诱人的香味。买蟹的人可真多呀，还有几位老人家也在其中，只听几位顾客在边排队边交谈着"这蟹以前都是有钱人吃的。""是呀，谁承想这几年大家都富有了，咱小老百姓也能买几只尝尝了！""晚上一起去跳广场舞？""好嘞！"……他们一边幸福地交流着，一边自觉熟练地拿起手机，在支付宝、微信二维码前扫描付款。摊主只顾着招呼客人，并没有管客户付款与否。我仔细观察了一会儿，发现我的担心是多余的。

愉快的购物很快结束了，我跟着妈妈满载而归。坐在车上，我不禁感叹：近几年，在习爷爷的带领下，中国人民上下一心，撸起袖子努力干，终于迎来了翻天覆地的变化。科技变强了，人民富有了，山更绿了，天更蓝了，国家强大了，属于人民的"小康"终于到了。

许方馨月/文，四年级　指导老师：葛玲芬

手机也有小康

"两个小朋友呀，正在打电话呀，喂！喂！喂！你在哪里呀？哎！哎！哎！……"每次听到这首儿歌，我就想起有一次在家翻箱倒柜无意间发现的一个小秘密。那是一个大抽屉，里面十几个手机，大小不同，形态各异。这不，这一重大发现，还引出了一次家庭会议呢！

奶奶第一个说："说起这手机，我们那时候可没这玩意儿，如果谁家有个什么心急火燎的重大事情，得走很远的路，跑到邮政局，才能打上电话！"

妈妈走过来，拿起一个黑色的大匣子。这大匣子又大又笨，还有一根长长的天线。我想：这也是手机吗？简直是块砖头！妈妈得意地说："后来我们家里安装了电话，参加工作后，我又买了个大哥大，这个可是手机的鼻祖呢！虽然很笨重，但它是无线电话，比固定电话方便多了。那个年代，拿着大哥大漫步在街头，路人都会投来羡慕的眼光呢！"

接着，爸爸把手机按购买时间排好，一一演示给我看。随着时间的推移，手机的体积越来越轻巧，屏幕却越来越大，从黑白到彩色，铃声也是越来越悦耳。这时，爸爸从口袋里拿出新款华为手机，给我演示说："几年前，钱包、手机、钥匙这三大件走到哪儿都是不能少的，现在手机功能越来越强大，我只要带上华为手机，什么事情都可以解决，看电视、玩游戏、买股票、订宾馆、听歌曲、看新闻、打电话……不但可以'闻其声'，还可以视频'观其颜'……"

我边听边看，直点头。常听大人们谈论"全面小康"，看来小小的手机现在已经融入了我们的生活。从手机里，我看到了科技日新月异的进步，看到了我们生活翻天覆地的变化。这时，爸爸用手轻轻一点，手机里立即飘出动听的歌声："房子大了，电话小了，感觉越来越好；商品精了，价格活了，心情越来越好；天更蓝了，水更清了，环境越来越好……"

　　哦！原来手机里也有小康！

蔡涵钰/文，三年级　指导老师：孙依宁

爷爷的念想

现在电视节目越来越丰富多彩，而且各个平台都有，我喜欢在电视上看综艺，在手机上刷抖音，用笔记本上网课，用电话手表听有声故事……

可爷爷，他似乎从头到尾只用电视机看新闻，一边看还一边碎碎念！这不，电视里放着中华人民共和国成立71周年的新闻，爷爷戴着老花眼镜看得津津有味，我拿着新买的飞机模型玩具从电视机前穿过，他突然冲我说："孙女你真幸福啊，赶上了小康社会！幸福哟！"

我不明白爷爷为什么突然这么感慨万千！看了眼手里的模型飞机，我撒娇地扑倒在爷爷怀里："爷爷，是不是因为你小时候没有我这么棒的玩具，所以羡慕嫉妒恨了呀！"

"别说玩具了，爷爷小时候，能吃饱喝足就很幸福了！"爷爷似乎陷入了回忆，"那时候日子是真的苦，刚打完仗又遇到'文化大革命'，家里是真的穷啊，就靠着几亩地生活。基本上吃的都是自家种的菜和粮食，如果餐桌上能看到一点点肉，那不是过节就是过大年。"

我听着爷爷的回忆，突然想到，一直以来，我都有点嫌弃爷爷不爱干净，吃饭时米粒掉在桌面上，还要捡起来塞嘴里。现在，我突然有点理解他了，毕竟是从小苦惯了，所以有些习惯已经根深蒂固了！

为了让爷爷忘记过去的苦日子，我逗他开心，说："爷爷，那都是过去很久的事啦，现在我们家有三层大楼房，大鱼大肉你若想吃，爸爸妈妈随时给你买，等我长大赚钱了，还会给你买衣服，带你去旅游！"

爷爷欣慰地摸着我的头说："爷爷有养老金，现在不愁吃穿了，你要是孝顺爷爷，就去拿手机，给这个电视机拍个照吧！"

我被爷爷的话惊呆了，表示非常不理解！爷爷笑嘻嘻地关掉电视，然后去他那个"百宝箱"里拿出一张已经泛白了的黑白照片，感觉年代太久，受潮了，看不清是个啥东西！爷爷指着照片告诉我，这是他年轻时置办的第一个大家电，一台黑白电视机，后来爸爸读初中时，家里买了彩电，爷爷的古董电视就拿去镇上回收了，也不知道爸爸用了什么办法，给爷爷捎回了一张老电视的照片，爷爷就一直珍藏到了今天！

"孙女啊，你知道爷爷为什么这么爱看新闻吗？因为这个社会变化太快了，就连门口那条泥埂路也变成了水泥路，现在又加宽成双向行驶的大柏油路了！你们买东西都不用付现金了，如果爷爷不每天看新闻，就要跟这个时代脱轨啦！你看这张照片上的电视机，曾经可是时髦得很，但短短几十年，它经历了彩电、液晶电视的升级，到如今，你们都用电脑、手机了，估计将来这台电视机也要被淘汰了，所以，我想让你给它也拍个照，留着念想，以后也可以拿着给你的孙子孙女们看！"

听了爷爷的话，我开心地向妈妈借来手机，咔嚓咔嚓，我不仅拍下了现在的电视机，我还去拍了冰箱、油烟机，甚至我们这幢农村大别墅……我觉得我拍下的不是一张张照片，而是一个新时代的印记！

张雨轩/文，五年级

外公的"忆苦思甜"

我的外公已经70多岁了，他的老家在温州瑞安，少小离家，工作生活一直都在湖州，到了这个年纪就非常想念自己的家乡，更渴望能带着儿孙们回去走走看看。前年，外公终于圆梦了。他带着外婆、我们一家和舅舅一家，一起回到他的家乡。

行驶在宽阔的高速公路上，外公感慨万千，说他以前回家坐火车要一天，下了火车还要坐拖拉机颠簸好几个小时才能到家，现在的交通真是发达啊！

一路前行，外公和我们回忆起了他小时候的事。外公小时候家里非常穷，兄弟姐妹又多，能吃上一顿饱饭是一件非常幸福的事。到了20世纪60年代三年困难时期，庄稼没有收成，锅里的稀饭都能数清有多少粒米；实在没有办法了，只好上山挖野菜，剥树皮。家里实在是养不了那么多小孩，太婆只好把老三老四送给别人家去养了。我听了感到很不可思议！

外公说，他那时还考上了县里的高中，但是家里是不可能让他去上学的。为了减轻家里的负担，外公决定去当兵，在16岁的时候就独自离家。我又吃了一惊，现在，16岁的孩子还无忧无虑地生活在父母的怀抱里呢。

说着说着就到目的地——瑞安了。外公到达后的第一件事情就是带我们去他小时候住过的地方看看。外公家的老房子在半山腰，虽然现在修好了上山的公路，但那盘山公路还真是让人胆战心惊。终于到了，映入眼帘的是一间土坯危房，因为常年失修，房子都快塌了，屋里有好几根很粗的圆木顶着房梁。外公站在门口，比画着告诉我们，这是灶间，那是卧房……我看着这些泥房子，望着那盘山公路，实在是难以想象以前那样的生活。

我们下山后，姑婆热情地邀请我们去她家吃饭。姑婆家是一幢五层小洋楼，屋里装饰得整洁干净，屋外还有个大院子，种着各式各样的花草，相当漂亮。席间听着外公他们唠家常，知道了他们有的住在了城里，买了商品房，有的还住在乡村，盖起了小洋房，家家户户都买了车，日子过得有滋有味。外公辈的老人都在家里安享晚年；舅舅阿姨们有的做生意发达了，有的出国了，还有的成了博士，都让人羡慕不已；我这一代则衣食无忧，快乐成长。

愉快的旅程结束了，经过这次旅程让我更明白为什么外公经常会"忆苦思甜"，为什么说我们这一代的生活是多么的幸福。前段时间听妈妈说，外公他们兄弟姐妹商量后把老房子拆了，盖起了新房子，说有机会大家一起再去山上走走看看。相信老家的明天一定会更好！

任栀墨/文，六年级　指导老师：张莺

374

黑白老照片

外婆家的一个柜子里，静静地躺着一张泛黄的黑白老照片。

照片里，一棵硕大的文旦树下挂着一白色布匹，一群人饶有兴致地拥在一起看着白布上模糊的画面，里面那对青年夫妇就是外婆和外公，那个怀抱里的娃娃就是我的妈妈，那是他们人生第一次看电影留下的纪念照。尽管照片整个泛黄还有少许霉点，但她仍舍不得扔掉，总觉得时间飞逝，依稀是昨日之事。

我时不时拉着外婆，让她给我讲述她们以前的事情。外婆说："我小时候啊，母亲在我十几岁就去世了，父亲的脚被蛇咬过，没有钱医治，留下残疾，下有两个弟弟一个妹妹。如果去干农活，一个人根本没办法养活一家五口，我坚信只有知识才能改变家里的困境。我很幸运那会儿女孩也能上学，我白天一边挖野菜养猪，一边上学；夜晚完成作业和农活后，挑灯刺绣换取兄妹几人的学费。就这样坚持读完小学和初中，还上了隔壁村当时唯一的五七高中。每天四五点就要起床，翻山越岭好几公里的山路才能到学校，后背驮着一箩筐野菜，胸前挂着一布袋课本，两只手牵着弟弟妹妹们一起上学……"虽然外婆含着泪光诉说着，但是满脸洋溢着幸福的笑容。

外公告诉我，他小时候家里是有名的"葫芦七兄弟"，"新三年，旧三年，缝缝补补又三年"，七兄弟年龄依次相差一两岁，一件衣服可以轮着穿七个轮回。那时候根本没有玩具，他们仅有的玩具就是小石子、竹子做的小炮筒，小树杈做的弹弓。

听着这些不可思议的故事，我深深地陷入了沉思……

反观如今，我们玩的是各种仿真枪、激光玩具枪，音效逼真极了！一年四季，我们春有毛衣，夏有短袖防晒衣，秋有卫衣，冬有羽绒服。前几天妈妈因为参加婚礼还给我网购了好几套衣服，别提多帅气了。我无法想象翻山越岭几公里山路才能上学的情景，我们每天上下学坐着小汽车，眼观四周都是林立的高楼大厦，一条条宽阔的水泥路；更不用担心饿肚子，顿顿都是营养丰富的大餐；想看电影，一部手机或者去电影院就可以了……别提有多幸福了！

岁月蹉跎，我们享受小康生活的同时，还有什么理由不努力学习为祖国的繁荣富强添砖加瓦呢？过去是一张"泛黄的黑白老照片"，何不让我们一起携手拍摄出一张更美好的"全面小康的彩色照片"呢？

沈祖韩/文，五年级　指导老师：郭秋英

我们的互联网生活

"奶奶，奶奶，你知道我今天去哪里上课了吗？"奶奶被我问蒙了，"傻孩子，你还能去哪里，你不就在你们自己班里上课吗？"耐不住兜圈子的我，迫不及待地说："哎，您真是不懂，"摇头叹气，一脸自豪，"我上了高桥小学一位名师的课啦，还跟那里的几个孩子一起朗读、猜谜语，我还回答了孔老师的问题呢。"奶奶越听越糊涂了。

是的呀！奶奶哪里会知道这是我们学校最先进的互联网同课分享活动。我们三个班级的同学一起上课，有优秀的资源我们可以一起分享，通过互联网我们听老师讲课，我们也能跟老师一起声情并茂地朗读，跟高桥的同学们一起互动，回答问题，讨论难题，真的太神奇了！

奶奶终于缓过神来了，一边拍拍脑门，赞叹我们生活在新时代的幸福，一边又开始唠叨我从小到大听了千千万万遍的她的成长历史："在奶奶那时候，连读书都是一件很奢侈的事情。爷爷奶奶虽然没能读多少书，但在党的带领下，在大环境的影响下，奶奶学会了做衣服，爷爷成了技术工人。慢慢地，社会上能自强自立的机会越来越多，靠着爷爷奶奶这一辈的勤劳，你爸爸妈妈那一辈都能顺利求学，我们的小日子才慢慢好起来。"

奶奶正起劲地自顾自地说着苦难史。妈妈一脚跨进门，听到奶奶在忆苦思甜，立刻安慰着说："要是奶奶在社会开放的网络年代，凭您的聪明才智一定也会有很大成就的。有你们的苦，才换来了我们今天的幸福。今天我网上的客户又下了一个大单……"

全家的赚钱大能人就数我妈妈了。自从开了网店，她用自己的专业才能，做着原创亲子品牌。这几年，妈妈还拥有了自己的互联网电商公司，帮其他人代运营互联网店铺。妈妈平时努力工作的样子，特别美丽。

如今这个时代，我们拥有了更好的学习机会，各种学习平台和方式是老一辈人从来没有见过、体验过的。我想这就是新科技新互联网的力量，据说也是我们杭州互联网城市的特色呢！

我虽然还小，只是一名普通的三年级少先队员，但明白"少年强则国强"的道理。我会继续努力，传承先辈们的勤劳智慧，用浙江人的实干精神，在这个民风开放、土壤肥沃的大地上继续发光，发热。

俞玥可/文，三年级　指导老师：王莉舒

听妈妈讲过去的故事

　　说起小康家庭，妈妈给我讲了她的成长故事。

　　妈妈出生在20世纪80年代，那时候家庭条件还比较艰苦，家里面的家用电器除了黑白电视机基本就没有其他的了。那时候的黑白电视机很大，后面有个"大鼓包"，打开电视看到的是灰白的雪花点，要过一会儿才会有图像。那时候的电视节目很少，妈妈最喜欢看的动画片有《海尔兄弟》《哪吒闹海》。妈妈小时候特别喜欢和外公一起骑着外公的大自行车，满街跑。那时候的自行车很大，黝黑黝黑的，中间一个铁三角架子，后面是一个很大的三角形停车架，车子停下来特别威武，就像解放军叔叔在站岗一样。那时候的小朋友都很羡慕妈妈能坐在这么大的自行车上到处玩。妈妈说那时候她感到特别自豪，在那个人人开"11"路的年代，妈妈家里已经开始骑自行车了。

　　时间慢慢过去，到了20世纪90年代。那时，家里的黑白电视机变成彩色电视机了。妈妈看见别人家新买了彩电，心里别提多羡慕，三天两头往别人家跑。彩色电视的图像看起来更加逼真，同样是花朵，一个是黑白的，只知道这个是花朵，一个是彩色的，像真的在公园里看到一样。外婆每次都要三催四请妈妈才愿意回来，为了这个，妈妈经常挨揍。

　　又过了几年，妈妈长大了，时代也在慢慢发展。妈妈家里的家用电器也增加了很多新成员，有洗衣机、电冰箱、录音机等。最大的变化要数电视机了，它越来越大，越来越薄，越来越轻巧。以前的"大鼓包"不见了，变得很薄，可以像镜子一样挂在墙上。妈妈小时候大大的自行车，也变得越来越轻巧了，下面的三角形停车架不见了，更新成一个小小的支架。不但轻巧而且美观，还增加了变速器，有两三个齿轮，只要用一点点力气就可以走很远。不多久又出现了电动自行车，那时候我已经出生了，妈妈抱着我坐在马路边看着人来人往，以前半小时才能到达的地方，现在电动自行车只要10分钟就到了。

我也由一个"小不点"逐渐长大了，家里新买了一辆小汽车。汽车有四个轮子，全身褐色，前面有两只大大的眼睛，一到黑暗的地方就睁大双眼，特别有神。它跑起来很稳，一点也不颠，尤其在刮风下雨时，简直就是妈妈的好帮手，我们再也不用淋成落汤鸡一样去学校了。科学技术真是改变了我们一家的生活，让我们家的生活水平发生了明显的变化。

短短的时间，我们的祖国母亲发生了翻天覆地的变化。我们的小家从里到外都焕然一新，外公外婆每天都感叹科学技术的力量真是强大。"民亦劳止，汔可小康"，经过了几代人的努力终于得以实现。作为祖国的新一代，我们也要更加努力，更加勤奋，为了中华民族的伟大复兴而不懈奋斗。

易佳越/文，三年级　指导老师：贺天韵

老房子的自述

　　我出生在晚清时期，坐落在京杭大运河南端，杭州仓前的余杭塘河畔。我坐北朝南，面水临街，四进一弄。

　　我的前三进是章太炎的曾祖父所建，回想起来，那还是在太平天国之前。临街的第一进是培昌南货店，是太炎祖父为赈济族人、乡邻而建。街市的两侧排列着茶楼、酒馆、作坊、当铺，每到节假日，琳琅满目的商品排成一行，人流熙熙攘攘，好不热闹。

　　最后一进建于民国初年，是太炎先生长兄章椿伯先生居住的地方。还记得那些墙上铺陈着的密密麻麻的爬山虎，在夏日的微风下摇曳，似乎将杭城的闷热扫退了一些。

　　同治七年，章太炎先生在此出生，并度过了他人生中非常重要的二十二载。太严先生的书桌临着"扶雅堂"的漏窗，先生学识甚广，经学、史学、哲学、文学等各方面的书籍都有所涉猎。每到傍晚，他常对着余杭塘河，拿本诗集看淡淡的余晖洒落在水面上，余晖给眼前这一片繁华的街景增添了几分朦胧和诗意。

　　然而眼前这繁华的街市，却也曾几度繁荣，又几度衰颓。江南水乡的粉墙黛瓦，无数个花前饮酒、月下听蝉的日子一去不返，战乱纷争不断，百姓颠沛流离居无定所。在那些朝不保夕的日子里，人们企盼着能过上风调雨顺、丰衣足食、国泰民安的生活。

　　中华人民共和国成立后，百废待兴，人们辛勤耕耘，重拾梦想。这里又慢慢焕发出了昔日的光彩。2006 年 5 月，我有了一个新名字，叫"章太炎故居"，并光荣地成为第六批全国重点文物保护单位。2014年，我身旁的这片区域也有了新名字，叫"梦想小镇"，据说这是一个可以成就梦想的地方。

河水开始整治，沿岸的杂草变成了层次分明的景观，周边的建筑拔地而起。工作室、展厅、餐馆、书吧、民宿……新的商业模式在我身边涌现出来。夕阳、晚风配合着河边咖啡厅飘出的爵士音乐，将灯光摇曳成旖旎的夜色。川流不息的行人和一张张恬淡惬意的笑脸，映衬着这泱泱盛世的繁华景象。

我身边有了许多新朋友，他们来到这里，回顾着百年前的历史和太炎先生波澜壮阔的一生。无数人络绎而来，实地考察，想把新的创业政策、发展模式和运行机制推广到全国各地。这里变成了新型众创空间、巨型孵化器、创业青年的社区和信息经济的新马达……

怀揣梦想的青年人，用知识武装头脑，用科技推动进步，让这块土地在新的时代里焕发出生机。在历史和现代的交融中，我仿佛看到无数和太炎先生一样的年轻人，夜以继日，勤勉耕耘。我被他们的创业精神所感染，也日日夜夜感受着梦想的力量……

宁萌/文，三年级　指导老师：于李丽

爸爸的小康路

星期五晚上，我从书法兴趣班回家，路过一家蛋糕店，想着今天是爸爸的生日，就去买了一个大蛋糕，准备给爸爸一个惊喜。我在家等啊等，快要睡觉的时候，爸爸才加完班回家，看到蛋糕，他说："这么大的蛋糕，晚上怎么吃得完？真浪费！"我忍不住嘟囔："不就是个蛋糕嘛，浪费一点又没什么大不了！"爸爸一本正经地说："想当年，饭都吃不饱！"

从爸爸口中，我知道了爸爸小时候的事。那时爸爸生活在一个偏僻的小村子里，还是全市最后一个通电的村子。爸爸住的是祖上留下来的木头房子，爸爸家是全村最后一户通电的人家。小学校是由一座破庙改建成的，而且多个年级合班复式上课，每逢庙会祭祀学校只能停课。教室就是开放的大厅，只有一面墙。最难熬的是冬天，寒风呼啸，全身冷得直哆嗦。上学放学都要穿越一条泥泞的林间小路，每逢下雨天，爸爸都光着脚走路，一来是穿着鞋容易滑倒，二来是不想让鞋子弄坏弄脏。在如此恶劣艰苦的环境下，爸爸坚持上完了小学，每年农忙时节还要去田间劳动。爸爸印象最深的是，由于人小，大人一排插九株秧，爸爸就一排插六株秧。爸爸的同学好多都辍学外出打工了，而爷爷奶奶省吃俭用，坚持供养爸爸上学。爸爸去镇上读中学，才第一次发现外面的世界如此精彩。爸爸喜欢读书，经常把买饭菜的钱省下来去书店买书，现在家里还有好多纸张发黄了的名著，爸爸一直舍不得扔。大学毕业后，爸爸去了全市海拔最高的一所山村学校教书，因为爸爸知道那里的孩子上学不易，生活不易，他愿意把美好的青春奉献给需要他的地方。再后来，随着山村学校撤并，爸爸也顺利通过上级的招录考试，到城里工作并安家了。

听完爸爸传奇般的经历，我不禁感慨万千，平时在书上报纸上看到的故事竟然也发生在我的爸爸身上，我好奇地问："老家人民的生活如今怎么样了？什么时候带我回老家看看？"爸爸说："现在，老家发生了翻天覆地的变化，村民都住上了宽敞的别墅，政府给了村里许多优惠政策，村民主要靠工业谋生了，原先的田地成片承包给种植大户了，村民的收入也越来越高了，随着交通出行的改善，和外界联系更加密切了，已经全民奔小康了。"

夜深了，我吃了爸爸切下的一片蛋糕，看着宽敞的房间，心情不免有些沉重。爸爸那一代人为了过上小康生活，不断地努力奋斗，而我这一代人为了祖国和家乡的繁荣富强，应该努力去挑起重任。

韩城竹/文，四年级　指导老师：陈美红

阿太的幸福生活

　　葛岭山脚，毗邻秋水山庄，背靠宝石山，那座位于西子湖畔、白墙黑瓦的古宅就是我阿太的家。今天我们全家去探望我的阿太。一进门，我和妹妹便开心地抱住她，甜甜地唤一声"阿太"，87岁满头银发的老人用她略带颤抖的双手抱紧我们姐妹俩……

　　每次来看望阿太，我们总会搬条小板凳坐在阿太跟前听她讲以前的故事。阿太说她小时候很可怜，她家的房子在战争中被炸毁了，后来好不容易到杭州在西湖边安下了家，可是木结构的老宅子不争气，总是逢雨必漏。那时的西湖也不过是一个淤泥滩，要是再碰上江南梅雨季节，湖水泛滥，大水会一直漫到家里，家具无一幸免，阿太的风湿也是那时候落下的。唯一幸运的，大概就是雨后早上出门的时候，能在淤泥滩里捡到几条活蹦乱跳的小鱼。每次讲到这里，阿太总会哈哈哈地笑起来，皱纹也随即舒展开来，曾经的苦难生活不曾磨灭阿太对生活的热爱和乐观积极的心态。妹妹大口吞下半块还没有嚼烂的橘子，兴奋地喊："抓鱼去咯！"妈妈抱起妹妹，微笑着向我们解释了我们杭州西湖清淤改造工程、老旧小区改造工程，还有以我们西湖区为代表的五水共治工程。正因为实施了这些提升居民生活品质的政府工程，这些西湖的老邻居才拥有了更加美好和舒心的生活环境。

　　我们正聊着，社区的工作人员来探望阿太，告知她社区为她安排的节后体检事项，志愿者姐姐还送来了中秋月饼和水果。阿太忙不迭地说着感谢的话语，擦拭着凳子招呼大家一起坐下来。阿太告诉我们，她妈妈在战争中失去了生命，她从小没有人照顾，很可怜；现如今不但儿孙们孝敬她、陪伴她，而且社区和社会各界也都以各种方式关怀着她，使她在杭州过上了"人间天堂"的幸福生活。

日光渐渐西斜，大人们忙着做晚饭去了，留下我和妹妹陪着阿太坐在门口飘香的桂花树下，听她为我们哼唱一首古老的歌谣。哼唱声渐弱，阿太用粗糙的大手拉着我们的小手，嘱咐我们要做好孩子，好好学习，天天向上。站在白发苍苍的阿太面前，我看到她的眼睛里好像起了一层薄雾，于是我郑重地点点头。阿太的眼睛亮起来了，嘴角也扬起来了，我小小的心里充满了力量。

回家的路上，我们姐妹俩一起骄傲地哼唱着阿太今天教我们的歌：没有共产党就没有新中国……我希望我的阿太天天健康，幸福快乐地等着我长大！

齐晗言/文，三年级　指导老师：潘敏

我的"小康"访谈录

我们马上要进入全面小康社会了，以前的生活和现在的生活有什么不同呢？我准备做个"小康"访谈录。

我先采访了爸爸："您觉得过去的生活和现在有什么变化吗？"爸爸想了想，说："我觉得用电的变化最大。过去老是停电，看电视的时候，最怕看到精彩的地方突然停电了，我就急得不行。我那时候最喜欢看的一部动画片播出时间是晚上七点到八点，却总是突然停电。我非常生气，心想，怎么又停电了呢，好不容易等到了这个时候，又白等了。那时候，我们家旁边还有个发电机厂，但是没用，发电量不足，只能轮流供电，今天给这个地方供，明天给那个地方供。我们就只能看着这近在眼前的发电厂干着急。如今不一样了，不会随便停电了，即使停电，也很快恢复通电了。"

原来，用电的变化这么大呀。我说："要是现在，这样三天两头停电，我估计做作业都要点蜡烛了。"爸爸说道："就是这样的，以前我的桌子上就经常放着蜡烛，一停电就赶紧点上蜡烛。"

这时候，妈妈刚好从外面回来。我又去采访妈妈："妈妈，您觉得以前和现在相比，最大的不同是什么？"妈妈正急着要上卫生间，她说："我想想，一会儿告诉你。"从卫生间出来，她就说："我觉得最大的不同是上厕所。以前家里没有卫生间，更谈不上抽水马桶。一般人家上厕所只能蹲露天粪坑，苍蝇成群，臭气熏天，上完厕所就飞一般逃出来。条件好一点的人家，也只是在粪坑上面用茅草搭一个棚，可

387

以稍微遮挡一下，就是茅厕。现在完全不同了，家家都有卫生间，什么节水马桶呀，防臭马桶呀，智能马桶呀，上完厕所就会自动冲水，整个卫生间又干净又漂亮，我们家的某些人还一边上厕所一边看书、玩手机呢，很享受的样子。这一切，以前想都不敢想！"

我知道，妈妈这是在说我。听完，我红着脸笑了。没承想，奶奶听了，又接着说："就是，某些人每次躲进厕所，门一锁就不肯出来。要是换成以前的茅坑，看他还能待多久！"

我拉着奶奶的手，说："好了好了，以后再也不这样了。"没等她俩开口，我便赶紧转移话题，问："奶奶，您也说说，您觉得这几十年来，变化最大的是什么？"奶奶早有准备，她说："我感触最深的是吃的变化。"她脱口而出，眼神突然变得飘忽起来。她慢慢说道："以前，我们总是吃不饱饭。米不够了，就把糠撒在米里，和米一起煮。那饭吃到嘴里，感觉和吃土一样，真的是难以下咽。有时候，我们连这样的饭都吃不上，只能吃番薯、大头菜。现在什么吃的都有，只是大家再也不敢随便吃了，怕发胖，还特地吃减肥药。"奶奶越说越激动，又补充道，"还有，以前没什么车，再远的路也是要靠两条腿走的。后来，慢慢地有了自行车、摩托车，再后来又有了汽车。现在人一天'走'的路，以前人一个月都走不到。还有穿的，以前我们愁啊，愁没衣服穿，现在呢，你看看你们，哪个人的衣服不是满满地挂了一柜子？"

听了他们的话，我终于对小康生活有了更深的理解，也明白了我们现在的生活来之多么不易。

张炳权/文，四年级　指导老师：刘雅丽

寻找小康的足迹

周末的早上，我看爸爸正在"学习强国"，一道题目里提到"全面建成小康社会"，我就问："小康是什么？"

奶奶抢着回答说："吃穿不愁，生活富裕，就是小康。"我说："那我们不是一直都小康着吗？"爸爸笑着说："小康不是一个人的小康，是大家的小康，是能感受、能体会的。待会儿爸爸带你兜一圈，你就知道什么是小康了。"

早餐后，爸爸开了电动车，带着我开始了我们的"小康之旅"。我们从家里出发，到了大润发这儿的康济桥，沿桥边小路拐去了东门大街。

往西开了几十米，爸爸指着路南面一座废弃的桥说："这座桥叫罗星桥，小时候爸爸经常来玩。以前桥这边是街道和居民区，但是过了桥就是农田了。对了，桥下向东有一条小路，延伸过去是一所学校，名叫罗星中学，妈妈就是在那读的初中。而这座罗星中学所在的位置，现在就是你读书的地方——嘉善县第二实验小学。"我很兴奋地说："真的啊？我和妈妈在同一块土地上读书求学，好神奇啊！"

我们继续往前开，看到路边立了一块石碑，上面写着"魏塘叶宅"。爸爸说，这里沿街有九间门面，所以以前都把这里叫"九间头"。爸爸说："小时候，九间头开了杂货铺，摆了几个玻璃柜子卖一些生活用品和零食点心。现在生活条件好了，用玻璃柜子卖商品的店铺已经被淘汰，人们更愿意去超市，在货架上自己挑选琳琅满目的商品了。"

再往前，就到了日晖桥。爸爸说，他小时候上学每天都要从这座桥上通过。桥下是一个小型的农贸市场，沿街两边会有菜农摆摊，街边的店铺也有几家卖肉的。当时人们的主要交通工具是自行车，还有很多人是靠步行。这一带人来人往熙熙攘攘的，好不热闹。只是现在看来，当时的卫生环境都比较差，地面也总是湿漉漉的，还是现在的农贸市场干净卫生。

　　我们继续往前，到了华亭桥下的文化市场，爸爸指着那些建筑说："这块地方是我所读小学的旧址。开始叫启东小学，后来改名为魏塘一小。当时学校很小，操场是煤渣铺就的，教学楼就两三幢，班级也比较少，每个年级只有3个班。现在魏塘一小已经搬了，名字也改成了杜鹃小学。比起以前的魏塘一小，杜鹃小学的硬件设施真是强上千倍万倍了。"

　　我们从华亭桥下穿过，来到了人民桥。爸爸说，以前人民桥下有码头，妈妈小时候住在城南施王港村，乡间道路崎岖不平，出来更多时候是乘船，一个小时都到不了人民桥码头。现在交通方便了，从人民桥开车去施王港村只要十分钟。我突然想起外婆和我说过一件事：妈妈小时候，有一次荸荠吃多了拉肚子，因为已经是晚上了，没有船，家里又没有自行车，是外婆背着妈妈走到人民医院看病的……

　　我们从解放路回家，对比这儿楼宇林立、车水马龙的情景，我似乎听到了老街正用它的古朴安静向我述说着小康的真正含义……

　　　　　　　　陈姝/文，四年级　　指导老师：陆真传

四台照相机

  国庆假期里，我们去外婆家帮忙整理东西，准备给外婆搬新家。外婆说外公生前留下四台照相机，但她不懂照相机，所以让我们帮忙看一看。我自告奋勇地说："我曾经在摄影社团待过，我懂照相机。让我来看一下吧。"

  我们来到柜子旁，外婆拿出了第一台照相机。我拿过来掂了掂。"哇，好沉啊。"我感慨道，"这照相机到底怎么用啊？为什么没有数码显示屏啊？"我妈在一旁说："这照相机是我小时候，你外公买来给我在西湖边拍照的。拍照时要人工手动对焦。而且拍完之后，你也不知道拍得好不好，得去暗房里洗了胶卷才知道。别看它这么笨重，在当时可高级了，花了你外公好几个月的工资。"

  说着外婆拿出了第二台照相机。妈妈看着照相机说："这不是傻瓜照相机吗？"我好奇地问："什么是傻瓜照相机呀？""虽然这台照相机也是用胶卷的，但是它不用人工对焦，也不用调焦距。比第一台照相机方便多了。就是傻瓜也能拍。"我妈解释说。我接过了傻瓜机，这个照相机比第一台照相机轻多了。据说妈妈刚工作那年带着这台照相机去玉龙雪山拍照，当时照相机坏了，胶卷全部曝光了，一张照片也没留下。妈妈当时气得想扔了这台傻瓜机，但外公舍不得，一直说修修还能再用。

  外婆拿出的第三台照相机，我一眼就认出这是一台数码照相机。可是这台照相机数码屏幕特别小，比身份证还要小一些。我妈妈说这台照相机是外公在我出生时买的，是用来记录我的成长的。这时，爸爸从书房里走出来，看见了这台照相机，说："这台照相机的像素才510万，现在一个普通手机的拍照像素也有2000万了。"看来这台相机也没用了。

最后外婆拿出了第四台照相机。这台照相机出奇得大，也出奇得重。它的样子和我们平时用的数码单反相机差不多。那几年外公外婆出国旅游，都是用它来拍照的。爸爸接过相机看了看说："这台相机倒是有2000万像素。妈，你以后出去旅游拍照的时候可以用。"可是外婆摇了摇头说："我现在出去拍照都是用手机的，又方便又轻巧。这个我也用不了。"

看着这四台已经跟不上时代的照相机，外婆沉默不语，似乎在回忆与外公在一起的日子。过了一会儿，外婆叹了口气说："新家的地下室足够大，这四台照相机就不扔了，放在那儿做个回忆吧。"

岁月流淌，如今这四台相机虽然都光荣退休了，但它们记录了岁月，它们见证了我们家族的成长史，也见证了我们国家如何走向繁荣富强。

唐周阳/文，五年级　指导老师：许小军

从"指尖"到"舌尖"的美味

"小康"是什么？书上说，"小康"一词最早出自《诗经·大雅·民劳》的"民亦劳止，汔可小康"，指的是生活安定。作为一名资深的"吃货"小胖，我觉得"小康"就是住得起房，吃得好饭。

听爷爷说，他和奶奶出生的时候正好赶上三年困难时期，那时候大人都吃不饱饭，别说小孩子了，地里的番薯都是无比美味的佳肴。爷爷是村里公认的种田能手，但是在那个吃"大锅饭"时期根本就没有办法发挥他的优势。田里的产出根本就不够村民们吃，多亏了袁隆平爷爷研究出来的杂交水稻，提高了亩产量，从150千克到300千克，再到1000千克，增产的粮食养活了好多人呢！农田耕种手段也发生了日新月异的变化，从大水牛犁田到手扶拖拉机，从人工引渠浇灌到抽水泵，现在村里的农业示范田已经用直升机喷洒农药，用无人机监控农田情况了。现代化农业的发展大大节省了农民的劳动力，现在的农民都不再是"面朝黄土背朝天"的形象，与过去相比，那是大大的不同。以前，"吃"只是为了填饱肚子，现在，"吃"已经变成了享受，香脆的山核桃，美味的石笋干，质嫩爽口的牛肉，Q弹雪白的年糕，光想象都让人流口水。

科技的发展带来的不仅仅是富足的生活，更多的是生活的便利。妈妈说她第一次吃杧果是在小学五六年级，外公去广州出差，坐火车带回来的。因为那时候交通不够便捷，杧果、荔枝这些水果都生长在南方，不易保存，所以不能长时间运输。但是现在飞机、高铁都可以帮助运输，我们不仅能吃上全国各地的水果特产，还能吃到国外的美食呢。互联网的发展让农村淘宝商家遍地开花，帮助农民伯伯把当地的农产品运送到全国各地，更别说5G时代的来临，随时随地手机下单，让美味从"指尖"到"舌尖"，这是智能化带来的便捷。

科学技术是第一生产力，我一定要努力学习，将来为小康社会添砖加瓦！

徐啸洋/文，四年级　指导老师：胡芳琴

表姐的婚宴

　　10月2日是表姐的大喜之日，我们全家都要回老家参加她的婚礼。那天晌午，"咚咚咚！噼里啪啦！"震耳欲聋的鞭炮声响彻云霄，"新娘来了，新娘来了！"村里的大人孩子一齐向门口拥去。

　　只见十几辆车门两边拴着红色气球的车徐徐停在大舅家门前，打头的黑色轿车被彩带、红花打扮得非常漂亮。车门开了，新郎下车走到另一侧请新娘下车，表姐身穿白色婚纱，手捧鲜花，像白雪公主一样漂亮，人们在一旁纷纷赞美。新郎、新娘进了新房，新房里的家具都是欧式风格的，上面贴着"囍"字。房间是粉色调的，眼前摆放着一张巨大的床，华丽的装饰，让人感觉身处童话王国中。床的另一头，是一个精致的梳妆台。梳妆台上摆着许多名贵的化妆品，衣柜里整齐地挂放着衣物……旁边的落地窗，射入耀眼的阳光，满屋子都笼罩着温馨和喜悦的气息。随后婚礼仪式举行了半个小时，酒席开始，一道道美味佳肴，让我垂涎欲滴，有龙虾、甲鱼、鳗、螃蟹、鲍鱼、啤酒鸭哦！让我美美地大吃一顿。新郎和新娘给每一桌的客人敬酒，大家也都送上了真心的祝福。

　　婚礼酒席经过三个小时结束了，我和家人也纷纷与新郎新娘告别。我坐上车望着窗外，如今的老家面貌一新，发生了翻天覆地的变化。宽敞的马路上飞奔着一辆辆名牌小汽车，路边鲜花竞相开放，街道两旁高楼林立，购物商场里人山人海。一个个新小区里别墅成排，绿树成荫，小区广场的健身器材齐全，老老少少都在广场上玩得不亦乐乎。

记得我小时候，过年妈妈带我回老家，可我总是哭闹着不去。说夏天屋子里被蚊虫咬，连电风扇都没有，热得睡不着觉；房屋都是用砖瓦砌成的，路弯弯曲曲，泥巴粘在鞋上特别难受；没有购物超市，买不到我想吃的零食。后来听妈妈说老家跟以前比有了天壤之别。我听了都怀疑她说的不是真的。可这次回老家参加表姐的婚礼，老家的变化彻底改变了我之前的印象，眼前是一个日新月异的新农村。

　　作为新时代的小学生，我们要加倍珍惜今天的幸福生活。我们是祖国的栋梁，要好好学习，为我们国家的崛起奉献自己的力量，迎接更加美好的小康生活！

范陆霖/文，五年级

我家房子的变迁

我喜欢和爷爷聊天，听他讲一讲"老掉牙"的故事。

爷爷告诉我，我家以前住的是瓦房。瓦房面积非常小，屋里光线不充足，一遇到阴雨天就很潮湿，但在当时已经是不错的房子。它是爷爷奶奶结婚时，爷爷的爸爸给盖的新房。那时，厨房里做饭用的土灶是由几块砖砌成的。土灶旁边堆满了柴火，每次烧饭都被熏得一脸烟灰。

后来爸爸出生了，一家三口挤在这么小的房间里。改革开放给农民带来了自建住房的好政策，我家搬进了宽敞明亮的通天房。爸爸也终于有了独立的房间，不用再和爷爷奶奶挤在一起了。厨房里的土灶也变成了干净的煤气灶和煤气瓶。但是通天房也有弊端：周围环境杂乱，卫生条件也差，没有电梯，更糟糕的是自建房的质量不太好，经常外面下大雨，屋里下小雨。

随着改革开放的深入，家乡黄岩也驶上了改革开放的快车道。我家原来的瓦房已经跟不上时代的发展，被国家划入了拆迁区域。随着机器的轰鸣声，一幢幢高楼如雨后春笋般拔地而起。我家搬进了环境优美、交通便利的新小区，幸运的我也在这个时候来到了这个世界。站在阳台上放眼望去，小区旁边公园的美景尽收眼底。家里空调、冰箱、洗衣机等家电应有尽有。厨房做饭使用的是管道天然气，爸爸再也不用扛着沉重的煤气瓶进出了。

最近，爸爸妈妈又买了新开发小区的新房。新小区更大，环境也更加优美，古色古香，中西合璧，绿树成荫，繁花似锦，有小山丘，有溪水流，还有阡陌小道，更有我最喜欢的儿童乐园和游泳池。走在碎石铺成的小径中，享受着阳光的温暖，令人心旷神怡。

我家房屋的变迁，是中国社会发展的缩影。美好的生活激励着我们要更加努力学习，用自己的智慧和双手去创造更加美好的明天。全面小康，我来了！

季亦/文，五年级　指导老师：张莉

幸福的生活

　　每到节假日我们都会回家看爷爷奶奶，每次我都穿上漂亮的公主裙，背上一大堆玩具，开开心心地回家。一到家，爷爷奶奶都会准备我爱吃的饭菜和水果，老早在门口等我们了。

　　每次只要我回家，两个小妹妹也会回家，我们就一起玩玩具。有一次，两个小妹妹为了抢玩具生气了，把玩具扔到外面去了。这时候爷爷看到了，就过来告诉妹妹："你们看，这些玩具多可怜啊，那么新的玩具被你们扔到外面去了，它们身上就会很脏，它们会很难过的啊。"妹妹就去把玩具捡回来了，还给玩具拍了拍灰尘。我们开心地笑起来，围坐一圈，爷爷给我们讲起了故事。

　　爷爷说爸爸小时候可没我们那么幸福，小时候没钱买那么漂亮的玩具，只能自己叠一些小方包，做点小沙袋，跟朋友玩玩小弹珠。那时候也没有新衣服穿，只有过年的时候才会给爸爸买新衣服，不像我们现在经常可以买各种自己喜欢的衣服。

　　爷爷说村子里以前都是老房子，都是泥泞小路，现在已经完全变样了，以前的小路变成宽敞的水泥路，房子也从以前的小矮房变成了小高楼，村里的面貌焕然一新了。以前的他们总是很忙，每天早出晚归下地干活，现在可以在家晒晒太阳，跟人聊聊天，偶尔还能打个牌，生活过得有滋有味。

　　爷爷说他们住在海边的人，以前最怕台风天了。每次台风来临，大家都整晚不敢睡觉，怕小船被淹没，怕屋顶被吹跑。现在房子造得很坚实，再也不用害怕了。我在台风天的时候还回去看了爷爷奶奶，一整晚睡得很安稳，都感觉不到台风的到来。

爷爷说："你们现在每次回家，开个小车，过跨海大桥，很快就能到家。以前出门可麻烦了，要转车，要坐船，在路上要花很长的时间。现在出行是越来越方便了，出远门的话，还有高铁、飞机可供选择，现在的交通真是非常便利。"

我们国家已实现全面建成小康社会的宏伟目标。作为一名新时代的小学生，能够见证这一伟大成就，我感到无比高兴和自豪。但是，我们不能坐享其成，而要努力学习，积极进取。

胡芯蕾/文，三年级

奶奶搬家记

　　有一天，爸爸激动地和我说："奶奶要住新房子啦，我们周末一起去帮忙搬家吧！"我高兴地喊着："太好了，新房子一定很漂亮！"奶奶家在农村，那里交通不便，每到周末，爸爸妈妈总要去超市帮奶奶买好日常用品，带上我一起去看望奶奶。奶奶生活很简朴，平时总舍不得花钱，这次居然要换新房子了，看来，在科技发达的21世纪，奶奶也想追求更美好的生活吧！

　　到了周末，我自告奋勇地帮奶奶整理物品。奶奶家的房子已经很旧了：饭厅的吊扇慵懒地挂在掉了漆的房顶，窗户生锈了，无精打采地嵌在墙上，楼梯破了好几个洞，一踩上去就会发出痛苦的"呻吟"。我们将物品擦干净、包装好，放在箱子里，再一件件装上车子，"哈！大功告成！"我欣喜不已。

　　汽车驶入了新小区，漆黑的柏油马路，一排排的绿植，一幢幢崭新的房子高高耸立着，气派极了。奶奶家在六楼，幸好小区配备了电梯，我们轻轻松松就将一件件物品搬进新家，再也不担心爬楼梯啦。到了家，首先就是那金色铁门热情地欢迎着我们，一进门就是宽敞的客厅，里面各种崭新的电器一应俱全，阳台上种满了花，到处喜气洋洋。炎炎夏日，我正想开电风扇纳凉，奶奶却为我开了以前农村人想都不敢想的空调。爸爸还说，奶奶以后买东西十分方便，不仅可以网上购物，还能让商家送菜到家；小区还配有社区食堂，服务设施应有尽有。"奶奶，您住在新家可真方便啊！"我夸赞道。"是啊，多亏了党的好政策！我们老家的房子拆了，政府安置了新房子，这样我们才过上了好日子啊！"说完奶奶的脸上就绽开了花！奶奶的笑容是那么好看，这笑容感染了我。原来，老百姓还有这样的好福利啊！我们经常听到的，要实现全面小康的希望真的要变成现实了。

是啊！小康是山间的清泉，给爬山的路人解渴；小康是温暖的阳光，照亮人们的心田；小康更是中国特色社会主义的象征，是祖国富强起来的见证！我愿意，从现在做起，好好学习，为实现中华民族的伟大复兴努力奋斗！

单宸鑫/文，六年级　指导老师：楼说行

第十辑

稻田里的守望者

这些"稻田里的守望者"，用勤劳的双手供养着我们，
他们是最可敬最可爱的人！

稻田里的守望者

小时候，只要我剩饭，外婆就会吓唬我：浪费粮食，响雷打头。我吓得赶紧把饭扒拉干净，还故意发出响声，显得碗干净见底。

我的外婆老家在农村，她小时候，读书之余，都是要下地帮忙干活的，所以外婆对粮食格外珍惜。外婆已经离开农村几十年，在她身上看不出农民的影子，但是我的姨婆、姨公都是地地道道的农民，他们已近七十岁，几乎每天都要下地做农活。

我见过他们劳动的样子，那是春末一个很平常的傍晚，太阳逐渐西沉，耀眼的光束躲进了连绵的山峰里，将山的边缘染成了赤红色，像是山顶上烧起了的火焰。太阳的余晖从山峦的两旁射了出来，照在田间，田间被染成了赤红色，映在各家门墙上，成了一道道别致的黄金满地的图案。妈妈带着我去田里喊姨公回来吃晚饭，田埂很窄也很长，一路走着，脚下簇拥着说得出名、说不出名的各种野花儿。它们随遇而安又无比坚强。一路上，我看到田间地头都有农民伯伯弯着腰在劳动，他们戴着草帽，穿着单薄的粗布工作服，赤着脚踩在泥潭里，手上动作不停，虽然天气不是很炎热，但是他们早已汗流浃背。

走了差不多二十分钟，我们来到姨公劳动的田边，远远就看到姨公和其他农民伯伯劳动的身影。姨公的劳动速度和他的年龄不成正比，只见他左手拿着一把秧苗，右手分出一根，头也不抬，插秧插得又快又准，没几分钟，整整齐齐的一排秧苗就插好了。我喊了一身"姨公"，姨公听到，慢慢直起腰，手无意识地捶了捶后腰，朝我咧开嘴笑了："哎，平安来了。"我连忙说："姨公，您都干了一整天，辛苦啦，回家吃饭吧。"姨公朝我摆摆手，说："好，我把最后一点秧插好就回去。"

又过了大约半个小时，姨公收拾家伙和我一起回家。回去的路上，我问姨公："插秧之后到稻米成熟，还需要多少步骤呢?"姨公说："稻田也像你们小朋友一样，需要精心护理。秧苗插好后，就要经常来治虫、除草。到了6月，茎秆开始长出稻穗，除草就要更加勤快一点。8月份，稻子基本长熟了，这时稻米需要大量水分和养分，就要从水库引来天然水进行灌溉。到9月底、10月份，就可以提上镰刀去收割稻谷了。收割大概需要2个星期，收割结束的稻子放在太阳底下晾晒，这样晒出来的谷子，才会有阳光的香味。11月，晒好的谷子就可以进行脱壳制米了。我们南方的水稻可以种两季，但是现在粮食还是充足的，所以还是种一季的多。"我听得一愣一愣的，原来我们平时吃的稻米，需要那么长时间的培育，而且每一个阶段都需要农民伯伯付出大量劳动和汗水。

"锄禾日当午，汗滴禾下土。谁知盘中餐，粒粒皆辛苦。"我回头望着姨公黝黑而满是皱纹的脸，手背上清晰可见的青筋，满是泥垢的指甲缝，一股崇敬感油然而生：这些"稻田里的守望者"，用勤劳的双手供养着我们，他们是最可敬最可爱的人!

周平安/文，四年级

406

一盆吊兰

我也不记得是何时拿来的，但那盆吊兰的的确确在那儿，在那个不起眼的角落里。我挺钟爱它，可是未见它开花。

它全身嫩绿，充满生机，整个植株就是一团盛放的礼花，分外夺目。叶片形状也很有趣，如同一把把刺刀，且苍翠的绿中又带点淡淡的黄，典雅而不失娇嫩。尤其是它的茎，是细长的枝条，缓慢往下长，节点处还会长出一小撮新叶，像一个个绿色的小风铃在风中摇曳。

我本以为此"吊兰"非彼"兰"，不会开花，可有一天起床时我不经意间瞟了它一眼，不禁惊叹一声，它的枝头上竟然开出了淡紫色的花，小小的花苞可爱极了，可是花却是垂在茎上的，那它怎样传播花粉呢？于是我上网查了一下吊兰的繁殖方式。原来它是先将茎上的花伸向地面，再插进泥土，就这样将种子种在里面了。这时我们只要浇浇水，它就可以扎根、发芽了。我十分欣喜，等花插进泥土，立刻去浇了水，期盼着种子发芽。

冬天到了，我惊奇地发现，吊兰开始慢慢枯黄，叶片也渐渐萎缩了，干巴巴的枝条更是无力地垂下。我的心也渐渐下沉，沉到谷底。我还不安地想：吊兰会不会彻底枯萎？土里的种子还会不会发芽？望着北风呼啸的大地，我颓然走上阳台，默默地将吊兰抱起，放到屋里。看着这般惨状，我也失去了希望，轻轻地把它放回原位。春天又来到了，当我偶然去阳台打扫卫生时，心不禁跳得飞快——吊兰，竟然没有被寒冬打倒，重新焕发了生机，枯黄的枝叶又变成新绿，又长出了生机勃勃的花枝！而且，它旁边的小种子也已发芽，阳光照耀着它们，显得格外耀眼。

吊兰顽强地挺过了寒冬，在春天又茁壮成长，我们也要学习它的品质，不能被"寒冬"打倒，要做生活中的强者。

洪启程/文，六年级

致敬历史　文化小康

一寸山河一寸血，十万青年十万军。

少年随着拥挤的人群，举着"还我青岛"的横幅在街上游行。前面绑着麻花辫的姑娘举着拳，高声喊着"外争主权，内惩国贼"。在一片叫喊声中，少年似乎看见前面的军阀举起了枪，扣动了扳机。

"一腔热血付民国，誓扫倭奴出山河。"硝烟弥漫，炮声四起，血染了半边江山，分不清黑夜白昼。少年在一阵耳鸣声中醒来，他抬起头用力眨了眨干涩的双眼。在火光中他依稀看见前面身着军装的战士一个个倒下，身后又有无数同样的人向前冲去。少年被毒气熏得晕晕乎乎，他看不清前面的战况，他只是拿起身旁死去男孩腰间的步枪，跟上了身旁人的步伐。

少年仰头看着高大的男人站在天安门的城楼上，大声宣布："中华人民共和国，中央人民政府，在今天正式成立了。"

"大风泱泱，大潮滂滂。洪水图腾蛟龙，烈火涅槃凤凰。文明圣火，千古未绝者，唯我无双；和天地并存，与日月同光。"

中华上下五千年，始于河姆渡文化，延续至今。这个民族在历史长河中留下的所有痕迹，变法改革、起义革命、经济文化建设等举动，无不是为了这个国家能抬起头，能向上走。

20世纪初，梁启超在《新中国未来记》中描绘了新的"中国梦"，然而那是一个未能完成的梦，一个残破的梦。为了能将中国建设成一个强大的国家，孙中山先生耗费毕生精力撰写《建国方略》，明确指出中国未来的发展方向。中国古代思想家把小康社会作为比较现实的目标，小康是一种财产私有、生活宽裕、上下有序、家庭和睦、讲究礼仪的社会形态。它是诱人的社会思想，表现了普通老百姓对宽裕理想生活的追求。而在我看来，小康社会具体就是——人民的生活更加美好。

"中国算是一个幸运的国家吗？我走过的山路是徐霞客曾经留宿过的，我走过的关隘是六国曾经逡巡而不敢向前的，我驻足远眺的城楼是于谦曾经坚定守卫过的，我现在能驰骋的西北草原是霍去病曾经为之奋战过的。我还能吃到苏东坡当年喜欢的红烧肉，还能饮到李太白当年举杯邀月为之如痴如醉的花间美酒，我还能在众多浩劫后读到前人的筋骨血肉，我还能在大喜大悲后脱口而出一句话，而这句话他们曾经用来形容自己的爱恨情仇。这片土地留给我们后人最大的礼物大概就是这么两件吧：一件是历史，一件是文化。前者可鉴世，后者可润心。"

周恩来总理在"四一二"反革命政变之后说过："为了中国革命的胜利，我周恩来定鞠躬尽瘁，死而后已。"周总理，如今山河换了新颜，飞机也不用飞两遍，曾经的十里长安街如今繁华如斯，山河无恙国富民强。这盛世，如您所愿。

我为生在这样的国家而骄傲。

黄一诺/文，高二年级　　指导老师：竺辽妍

他 们

午后吹起了微风，水面轻轻漾动，模糊了山峰的倒影。半山坡上，碧绿的茶树整齐排列着。微风送来青草的气息，隐隐夹带着从文化中心传来的轻盈的歌声。透过树隙可以看到村民们三三两两在地里劳作。小学校中，学生们正在自习。他坐下来，打算歇一会儿……

"老王，种茶的事怎么样了——你这是要去哪?"他扣上一顶草帽，一条腿刚跨出村委会大门："能行。还有几家没谈拢，我再去走动走动。"他抬脚走进烈日下的炎热里。种茶的事虽眼下没几家同意，然而他确信必能成功——这可是关系到全村的大事，不能不成。他下了排除万难的决心，要是缺钱，就先垫上手头那万把块积蓄。

"你可甭忽悠我啦，就咱这破地儿，能种茶? 就算种成了，能值几个钱啊? 可拉倒吧。"又一扇门在他的面前"砰"地关上。他抹去脖子上直往下淌的汗水，走向下一家。种茶的事，他已谋划了好久，农科院曾派技术员来勘察过，村子里的土是微酸性，正适合种茶，可村民们却不松口，不愿种这从未种过的东西，也不相信种茶能致富。这已经是他第三次走访了，还是同前两次一样吃了个闭门羹。此时是下午两点，正是太阳最烈的时候。他感到后颈上的汗不断地流啊流啊流。喝口晒得微微发热的水，走过毫无遮蔽的田埂，他重新打起十二分的精神，敲响下一扇旧门。"老乡啊，上回说的种茶的事，考虑得咋样啦?""书记啊，你上回说种茶的事，能详细讲讲吗?"他来了精神："这事好着哩! 上次有技术员来，说咱们这地儿好种茶，让咱把山坡上

411

开了搞承包，上头派人来教咱们种，村上办公司负责收购。没啥可担心的。""那……那钱哩？我手头，咳，有点儿紧——""钱？小事儿！"他大为振奋，把手向空中一挥，似乎又有了使不完的劲儿："先贷点儿款，等种茶有收成了慢慢还嘛！""那……那我们家先包上五亩试试。"空气似乎不复闷热。

山坡上开出了一垄垄梯田，茶树在初春的空气中吐出嫩绿的小芽。村里刚试办了第一届李花节，成绩斐然。他却并不打算休息休息——还没到胜利的时候。村民们虽然通过办农家乐、种李种茶发展了经济，但文化生活上并没有走向小康。有的村民因为赌钱，甚至输掉了一整季的收入，这可不是小事。他的目光聚焦在远方：小康不仅应该在经济上，更应该在精神上。为此，他想了很多，也学习了很多。一个计划在他心中渐渐成型：文化礼堂、学习班、图书室……勾画出一幅蓝图，一幅真正的小康蓝图。

"老王，图书室计划进购一批农业方面的书籍。咱们商量商量。""哎，就来。"他转过头去看了一眼远山，又开始奔忙了。

他叫王家元，是四川春风村一名普通的党员。千千万万个他推动了时代的车轮，凝结在他们身上的，是"锲而不舍"的坚持，是"先天下之忧而忧"的奉献，是"为有民生多壮志"的万丈豪情！在奔小康的路上，他们一步一个脚印地走着，不怕苦不怕累地走着，拨开密布的荆棘，用汗水和日月育出鲜花，用丹心与年华铺出道路。走着，坚定地走着，无畏地走着。终于，小康生活来了！

李沈依/文，八年级　指导老师：朱晓兰

那墙爬山虎

　　三十年前，母亲不顾家人的反对，毅然决然嫁给了长她十二岁的父亲。父亲四处行医，带着母亲来到小镇。小镇民风淳朴，所以父母就定居了下来。

　　父亲是一位受人尊敬的外科医生。母亲是个家庭主妇，替父亲招待病人。父亲儿时家境不错，父母恩爱也很开明。父亲的医术高超，对于跌打损伤的外伤治疗很是拿手，特别是他的膏药，货真价实，用了简直药到病除。全家搬至小镇不到一年，整个小镇乃至外镇的人都知道父亲的名号了，很多病人不远千里慕名而来。

　　每次病人来诊所，母亲总会拿出家里上好的茶叶、瓜子招待。那段时间，他家的光景日见好转，买了房，盖了楼。每天诊所就像镇上的活动中心，大家都愿意来喝个茶，聊个天。他就是大家都宠爱的小孩。

　　在他记忆里，每到晚饭后，只要没病人，父亲总会和母亲一起牵着他去散步。他走得累了，父亲便会用那撑起全家的手把他轻轻托起来，举在高空中旋转，刚开始他还会害怕地大叫，后来他就放开了，张开双臂，做出鹰击长空的姿势。他特别喜欢在父母手中腾空而起的感觉，刺激而又踏实。

　　那天晚饭后，他们刚走出家门，他就发现屋子墙角新长出一株小苗。他扯着爸爸的衣角问："爸爸，这是什么？会长出西瓜吗？"

　　父亲端详了一番，说："不像，像是爬山虎。"

413

"爬山虎，会长出老虎吗？"他从来没听过这个名字。

"爬山虎是一种会爬墙的植物，以后爸爸给你看，它有个小爪子，像老虎爪子。"

"好吧，爸爸，你一定要记得哦！"

以后，几乎每天一家人都会围着这株爬山虎，看着它一天天长大。父亲还会用放大镜帮他找爬山虎的脚。那，真是美好的回忆。

依稀记得是在他六年级时，家里的气氛开始变得尴尬起来。父母从之前的相敬如宾到彼此少言少语，再到后来的恶言相向。隐约中，他知道父亲变了心，出轨了。母亲的好言相劝换来的是拳脚相加，失望至极的母亲终于在某个夜晚不辞而别，再也没有回来。家，就这样散了。

正值青春期的他，面对破碎的家，面对新来的阿姨，面对别人异样的目光……他再也无法像儿时那般无忧无虑，他将这一切归罪于曾经那么高大的父亲，是父亲，毁了他，毁了母亲，毁了家，毁了一切……

于是，书，他不好好读了。抽烟、喝酒、逃学、玩游戏，甚至聚众赌博、斗殴……他不想这样，他又只能这样。整整三年他没有与父亲和继母说话。青春期的那股倔强，压抑得他叛逆无比。

父亲出轨这件事在小镇上传得沸沸扬扬，这个曾经幸福美满的家庭像被轻轻拂向地面的玉石，大家除了掩面叹息，也渐渐少了走动。

父亲每天面对让他头疼的儿子，再也不能一心一意经营诊所。终于在他初三那年，心力交瘁的父亲因突发心脏病甩手而去。继母也搜刮了家里所有的积蓄和金器无声离去。

父亲留给他一幢空荡荡的房子。对，那只是房子，没有家人，没有温度的房子。他的生活、他的心也像这空荡荡的房子一样，没有了依靠，没有了希望。有时候在人群中，他感觉自己只是孤身一人，身边虽然挤满了人，可他却再也无法融进他们的生活，他像个隐形人，更像个行尸走肉。

在家的最后一晚他梦见墙上的爬山虎越长越高，直通云霄。他不停地去撕扯爬山虎，随着爬山虎被剥落，整堵墙轰然倒塌。

他，两手空空地离开了小镇。走出小镇那一刻，他回头看了看，只看到那满墙的爬山虎在风里轻轻荡起绿色的涟漪，绿得晃眼。

他需要一个全新的开始。一个崭新的自己。一个身无分文、初中学历的他只身来到了县城。那一年，他十八岁。

当饥肠辘辘的他站在垃圾桶前，对着垃圾桶里剩余不多的鸡腿，他不知道该怎么办。肚子实在太饿了，可来县城三天了，他没有找到事儿做，因为带的钱不多，每天只能勉强吃一点，今天晚上他已经没钱买吃的了，今晚不吃明天怎么去找工作？稚气未脱的他踌躇不决。他抬头看了看天，拼命想忍住眼眶里的泪水，他看到了满墙的爬山虎，多么熟悉的爬山虎啊！他呆住了，任由思绪在这爬山虎里游走……一个小男孩的脸从窗户里伸了出来，同时钻出窗子的还有昏黄温馨的灯光。小男孩问道："爸爸，楼下的大哥哥是谁？"

男孩的声音让他惊醒，他有点慌，手不由自主地拿起了垃圾桶里的鸡腿。

"爸爸，大哥哥在捡垃圾吃！"小男孩边说边走进屋里。他听了，又慌得扔了鸡腿，想走却拔不动腿，他索性蹲下来抱头哭了起来。"哥哥，你别哭，我给你吃面包，这是我最爱吃的面包了。"

他不想抬头，不想让这个善良的小男孩看到他的窘相，可是他又不忍心拒绝。他伸手接住了面包，拔腿就跑了。

之后，每次他心情落寞时总会到那幢楼下站一会儿，看看爬山虎，看看那个窗子……

春天如约而至。虽然还有些许料峭，但只要能见到阳光，就让人心生温暖。他渐渐摸到了找活儿干的门路，建筑工地、小饭店端盘子、去商场送货……只要老板不讲究，他就不挑工作，到处打零工。每天转辗于各个工种之间，生活很充实，他没有时间去回忆，去懊恼。他每天辗转在这些临时工作的场地，一年又一年。五年的光阴在忙碌中悄然而逝。

二十三岁的他凭那股拼了命去做的狠劲终于打动了一家装修公司的老板。老板和他签订了合同，将他培养成了一名专业的装修工。

工作稳定了，心也渐渐定了下来。每到夜深人静，虽然黑暗会包裹着他，但他心里总觉得有一束光，他会告诉自己，只要努力，一切都会好起来，他要去找回母亲，找回那个家。

日复一日，虽然生活平静得没有一丝涟漪，但是忙碌让他的每一天都变得很美好。在装修公司上班的两年，他脸上的笑多了，那张棱角分明的脸竟有了几分帅气。

就在他只想如此平静地度过余生时，一个叫静的女孩闯进了他的生活。就像她的名字一样，这是一个非常安静的女孩，在装修公司做前台，孤身一人在这里闯荡。每天的朝夕相处让他们两人惺惺相惜。静有时会给他带早点，他有时会帮静搬快递，两人的目光交汇时时光就像静止了一般。

又是一个春天。两个奋斗的年轻人，谁都不会向对方提什么要求，一切都顺理成章，他们租了一个小小的套间就结婚了。没有亲朋好友的祝福，没有喧闹喜庆的婚宴，他们有共同的心愿——好好经营这个家。

陆品仰/文，七年级

王昌龄，我想对您说

王昌龄，我喜欢您的豪迈、您的沉郁。您才高八斗，热爱祖国。

您有"但使龙城飞将在，不教胡马度阴山"的壮志豪言，有"忽见陌头杨柳色，悔教夫婿觅封侯"的思君之情，有"洛阳亲友如相问，一片冰心在玉壶"的高风亮节。您用铮铮傲骨撑起盛唐之身，用一颗"冰心"撑起盛唐之风；您守着一颗爱国之心，化为盛唐的魂。

王昌龄，我想对您说："您是如此有才情、才华，为何不去当官呢？"您远在盛唐也似乎听见了我的问话。您没回答，可用行动给了我最好的回答。您在开元十五年登进士第，任秘书省校书郎。您常常与李白、高适、王维等边塞诗派、田园山水诗派的代表人物一起郊游、喝酒，玩得不亦乐乎。

上天并没有给您幸运的生活。开元二十七年，您被贬岭南。好在上天没有把您的门关拢，给您留了一条缝。您最亲爱的好朋友并未嫌弃您，他们给您送来了安慰的诗。因此，您没有消沉下去，您依旧是那么乐观地写下"青山一道同云雨，明月何曾是两乡"。

您的爱国之心依旧激烈，它让您满腔热血地来到了边塞。"黄沙百战穿金甲，不破楼兰终不还"出自您手；"烽火城西百尺楼，黄昏独坐海风秋"出自您心。战死沙场，名垂千古是您最大的愿望。您像一颗明珠，装点着盛唐。

王昌龄，历史会记住您，会记住您那颗晶莹剔透的"冰心"……

赵涵宇/文，五年级

417

一只口罩

"丁零零"一阵急促的电话声，把你从梦中惊醒。

"店长，您好！我是！好！我马上去仓库找。"店员小张对着电话恭恭敬敬地回话。接着，你听到了一阵急匆匆的脚步声，然后就是一阵"噼里啪啦"翻箱倒柜的声音，瞬间打破了夜的寂静。

"报告店长，我找了半个多小时了，也没见那三大箱口罩，要不明天早上我问一下老凡。"店员小张搁下电话后，长叹一口气，自言自语道："来这儿上班快一年了，店长从未深夜打电话，这么急，累死我了。"

第二天清晨，店员小张与老凡的对话，又一次把你吵醒了，你一句，我一句，你听出了个大概：疫情大爆发，武汉危急，各地积极响应政府号召紧急抽调医务人员和医用物资前往武汉驰援。店长接到市卫生局的命令，紧急筹备口罩，他想到了店里应该还有三箱库存，于是就有了昨晚上的那一出。谁知，那三箱口罩，因为平时销量不好，积压在店内的小仓库一年多了。老凡在一次清理库存时，看着积满灰尘的外箱实在占地方，又没什么价值（0.1元/个），就把它们送人了。

过了些日子，你陆陆续续地从店员小张、老凡和来店里买药品的顾客口中得知：疫情越来越严重了，全国各地都缺口罩。顾客来了一拨又一拨，进门就问有没有口罩卖，得到的回复是：没有！

口罩，瞬间成了香饽饽。一开始，你有些茫然，往日人们冷漠的眼神，如今都变成了热切的期盼。你甚至还听说，你在孟加拉国的

"远亲"来到中国后，身价倍增，虽然他们长相平平（还不如你），出身贫寒（简装，每50个装一个白盒，连件"衣服"都没有），可是现在他们的市场价是10元/个。你下意识地看了看自己，作为一只口罩，你突然感到一丝庆幸：你的外面套了一个透明尼龙袋（干净又卫生），比你那孟加拉国的兄弟体面；你被一直安放在展示柜里，你头顶的那块玻璃，就是你所能见的最大的"天空"。这里很安全，虽然有人说它像囚笼，你却将它比作福地，因为罩在你身上的尼龙袋上贴了个不干胶，上面标注了三个字"非卖品"，你把它视为保护伞，就好比皇帝御赐的"黄马褂"。

正当你默默地自我欣赏时，一个小伙子走进店里："有口罩卖吗？"

"没有！"——这是店员小张的声音，这回复，这声音，听得你耳朵都快起老茧了。

"这柜子里，不是还有一只吗？"小伙子一边指着你，一边和小张理论。

"这是样品，非卖品！"

"我出100元，你卖不卖？"

"不卖！这是唯一的一只口罩了，是样品！"

小伙子悻悻地走了，临走还不忘回头看了看你——很久没有人这么为你争先恐后了，可你，还是一如既往的平静。

又过了些日子，疫情逐渐散去，店里终于迎来了你的新兄弟，同在一个屋檐下，只是他们在仓库里，你在展示柜里，不能见面，但也似乎多了些温暖。小张百无聊赖地站在店门口与人聊天："小伙子，口罩有了，5元1个。""太贵了，再说疫情马上就要结束了，我还要它干吗？"哦，原来是上次那个小伙子，你在想。这次他门也没进，更没看你一眼，便走了。

你曾经平淡无奇，你一度珍贵无比。有人将你比作黄金，有人视你贱如蚂蚁。平凡或神奇，高贵或无奇，冷漠或抬举，你依旧是你，从容而淡定。任凭世界变幻万千，人性贪厌无常，也不管世人如何评价你，你始终坚持做自己：宠辱不惊，平心静气，没有波涛，没有涟漪。

诸葛雨昕/文，八年级　指导老师：王健

生活的滋味

坐在自家院子里的小椅子上，手捧一碗茶，芬芳馥郁，一小口一小口地啜几下，甜的、苦的、淡的、热乎乎地滋润着这乡下的生活。

每天争取做个叫醒太阳的人，吃完早饭偶尔会捧上一碗热乎乎的茶，坐在椅子上品尝着茶水的滋味。暖暖身子，润润喉咙。天空渐渐蓝了起来，气温也渐渐升高。坐不住了，去湖边遛一遛狗也未尝不是一件趣事。

从自家院子往远处望，在正面，无论哪个方向，都能望到连绵起伏的山，治愈人们疲惫的心灵，朝山的方向走去，那里有个"蓝溪湖"，正是我遛狗的好地方。途中劳动人民已挑着担子朝田园方向走去。

过了马路，就到了蓝溪湖。湖中间坐落着一条大坝，就好像把湖分成了两个部分，太阳慷慨地把光芒撒在湖面上，波光粼粼，不愧是湖水向日金鳞开。水波一层层向外加大扩散，直到消失在我的视野中。蓝溪湖的水皆缥碧，千丈见底。游鱼细石，直视无碍。我的小狗奔向湖水浅处，喝水去了，只听它"汪！汪！"叫了几声。朝着它叫的方向看过去，是一个老爷爷！他竟站在一个极其简陋的竹筏上，挥舞着一根细细的篙，待他朝我这边划过来，我才发现竹筏上挂着鱼笼，上面竟还趴着一只狗。一人一狗和睦相处，真是艺高人胆大。老爷爷也是辛苦的。他一整天都要在这边捕鱼。正午的太阳很烈，可他一个老人家就靠这个维持生活。

421

有时他也能部到很多鱼，那时他的脸上必然洋溢着满足的笑容。湖边也必定不缺垂钓者。有些人一时兴起，从早上钓到晚上。有钓到大鱼小鱼的，当然也有一无所获的，不过大家都很乐在其中呀。

　　水的一侧连着山，正如朱自清所说的，"湖在山的趾边，山在湖的唇边；他俩这样亲密，湖将山全吞下去了。吞的是青的，吐的是绿的"。

　　绕蓝溪湖走了一圈，我也该回家了。小狗在前面带着路，十分幸福满足的样子。再次望向田园，妇女们仍然在辛勤劳作。这个过程是艰辛的，但最后的成果是令人快乐的。

　　生活不会处处风平浪静，只有感受生活中的种种快乐、酸苦、平淡以及诗意，我们才算真实地体会到生活中的百般滋味。

林佳颖/文，八年级

和平是什么

我问妈妈和平是什么？

妈妈说：和平是我们能幸福地生活。

我问爸爸和平是什么？

爸爸说：和平是经过历史碾压的车辙。

我问奶奶和平是什么？

奶奶说：和平是没有逃亡，没有饥饿。

我问爷爷和平是什么？

爷爷说：和平是没有硝烟，没有战火。

我问老师和平是什么？

老师说：和平是天安门广场高昂的国歌。

我问蓝天和平是什么？

五星红旗上空飞过一群白鸽。

愿世界充满和平，我爱我的祖国！

潘亿乐/文，五年级　指导老师：施晓菲

回家的路

伴着夕阳西下

我踏着最熟悉的那条小路回家

微风拂过脸颊

落日淡化喧哗

当静下心来你会发现

周围美得像一幅奢华的动态壁画

我踏着这条路

每一步都用心感受

万物生长的大自然

繁华热闹的夜市摊

车来车往的加油站

风景如画的西湖畔

每一处都让我为之欣喜

当花草从路缝中探头而出

我看到了坚强与希望

当听到夜市摊的欢声笑语

我看到了城市的生机与力量

当车辆在加油站里不断进出

我看到对生活的向往与追求

当每次路过那美丽的西湖

我看到自己好像也融入其中

我喜欢回家的路

这不只是我通向家庭的爱与怀抱之路

也是我感受万物美好的快乐之路

仇梓卓/文，三年级　指导老师：杨丽慧

变形记之石头

　　清早，我变成了一块石头。那石头不大，却圆圆滑滑，十分精巧可爱。我躲在路边的一块大石头边左顾右盼……

　　一个阿姨抱着一个正在哇哇大哭的小男孩经过这儿。小孩子的泪水顺着红扑扑的脸颊向下流，突然，他朝着我这个方向看过来，一下子就不哭了，晶莹的泪珠卧在那小小浅浅的眼窝里，阳光照上来，照出了闪闪金光。我连忙看看自己，哎，没有手臂也没有腿，就是一块平平无奇的石头啊，我瞬间紧张起来，脑子一片空白，屏住呼吸，紧紧地盯着那个小男孩。小男孩的妈妈发现了异常，问："怎么了？"小男孩指指我，用不标准的普通话说："妈妈，妈妈，那里有一块漂亮的石头！"

　　我轻轻叹了一口气，啊，原来只是喜欢石头啊！小男孩的妈妈连瞥都不瞥我一眼，就用一种略为不耐烦的声音对小男孩说："雨雨啊，乖！妈妈还赶着上班呢，你今天也还要上幼儿园！可别迟到了。"

　　小男孩一听妈妈的话，又开始号啕大哭："不要嘛不要嘛！我要那石头嘛！"小男孩的妈妈眉头不由得拧成了个疙瘩，走到我身边一把把我拽起，放到小男孩雨雨的手上："喏！总好安心了吧！我们得快些走了！"

　　我忐忑不安地看着雨雨。雨雨很快就沉浸在自己的世界里了，他瞪着圆溜溜的眼睛，把我翻来翻去，用手抚着我光滑的表面，弄得我喘不过气来。雨雨把我竖了起来，一手托着我，一手拎着我旋转，周围的世界在我眼中飞快地流过，一圈又一圈，我恶心得想吐，却又什么也没吐出来。

雨雨突然双手合拢，将我笼在里面，手上的一股热气朝我袭来，这也太闷了！雨雨咧着嘴一脸得意地问妈妈："妈妈！你猜猜我手里是什么？"妈妈抱着雨雨正气喘吁吁呢，便用一种无可奈何的口气，简短地回答："石头啰！"此时，在雨雨手掌里的我透过缝隙勉强呼吸着，很是难受。雨雨开心地展开了手："猜对啦！妈妈真厉害！"啊，空气！新鲜的空气！我大口大口地呼吸着，这感觉真棒！

我被雨雨捏在手里，一路晃荡着到了地铁站。

一上地铁，雨雨就坐在妈妈膝上睡着了。不知不觉中，雨雨的手就垂下来，垂到了地铁的椅子上，我便滑了下来，滚到了座位底下，好痛啊！看来连石头都难当。

这时，地铁慢慢停了下来，随着惯性，我一下子就滚到了地铁门口，一个拎着扫帚和簸箕的保洁员看了看我，轻轻地捡起了我，我默默地闭上了眼睛，其他就什么都不知道了。

我只知道，等我睁开眼睛时，我待在一块大石头旁，左顾右盼，我又变回了自己……

陶姝/文，六年级

附　录

作品名录

[全集完]

扫二维码，出一本自己的书

jiazuo.cc/publish